看懂 中国产能过剩

Understanding China's Overcapacity

徐滇庆 刘颖 著

图书在版编目(CIP)数据

看懂中国产能过剩/徐滇庆,刘颖著. —北京:北京大学出版社,2016.8
ISBN 978-7-301-27456-9

Ⅰ. ①看⋯　Ⅱ. ①徐⋯ ②刘⋯　Ⅲ. ①生产过剩—研究—中国　Ⅳ. ①F124

中国版本图书馆 CIP 数据核字(2016)第 195840 号

书　　　名	看懂中国产能过剩 KANDONG ZHONGGUO CHANNENG GUOSHENG
著作责任者	徐滇庆　刘　颖　著
责任编辑	黄炜婷　叶　楠
标准书号	ISBN 978-7-301-27456-9
出版发行	北京大学出版社
地　　　址	北京市海淀区成府路 205 号　100871
网　　　址	http://www.pup.cn
电子信箱	em@pup.cn　QQ:552063295
新浪微博	@北京大学出版社　@北京大学出版社经管图书
电　　　话	邮购部 62752015　发行部 62750672　编辑部 62752926
印 刷 者	北京中科印刷有限公司
经 销 者	新华书店
	730 毫米×1020 毫米　16 开本　18.5 印张　274 千字 2016 年 8 月第 1 版　2016 年 8 月第 1 次印刷
印　　　数	0001—6000 册
定　　　价	58.00 元

未经许可,不得以任何方式复制或抄袭本书之部分或全部内容。
版权所有,侵权必究
举报电话:010-62752024　电子信箱:fd@pup.pku.edu.cn
图书如有印装质量问题,请与出版部联系,电话:010-62756370

前　言

学风浮躁是21世纪初叶中国的一个流行病。有些荒谬的事情，官员讲，企业家讲，媒体讲，讲来讲去就好像成真的了。譬如，产能过剩就是一个鲜明的例子。

在官方文件中多次明确地指出，钢材、水泥、平板玻璃、原铝和造船是产能严重过剩的五大行业。说产能过剩，很容易被民众接受。人们亲眼所见，近年来，许多钢铁、水泥、平板玻璃、原铝、造船企业的设备闲置在那里，有些工厂几乎停工。2015年第一季度，许多工业部门的产出大幅度下滑。有人说，经济结构调整中最突出的任务就是化解过剩产能。

该如何化解过剩产能？自2002年以来，国务院、发改委三番五次下令，凡是严重产能过剩的行业，一律不再审批新的企业。但年复一年，该批的批了，不该批的也批了，新冒出来的企业好像都拿到了批文。整治产能过剩，整来整去，越整越严重。实践证明，这帖药不管用。倘若一本经念了一百回还不顶事，多念一回就能解决问题吗？

到底产能过剩是个什么性质的问题？这要求我们端正学风，从理论、实践上仔细推敲。

最近几年，每到暑期我都在北京师范大学国民核算研究院进行一些核算方面的研究，参与编写《国民核算研究报告》。国民核算研究院的研究人员年轻有为，充满了工作激情。他们不辞辛苦，收集了大量数据。在此基础上，我开始琢磨产能过剩的问题。到底钢铁、水泥、平板玻璃、原铝和造船五大行业的产能过剩严重到什么程度？是怎么形成的？其实，只要坚持"不唯上、不唯书、只唯实",并不难发现产能过剩背后更深层的原因。

谈起产能过剩就绕不开一个悖论:如果真的产能过剩,从长期来看,产量就一定会下降。可是,从2002年至今,钢材、水泥、平板玻璃、原铝、造船等行业的产出都翻了好多番,产销两旺,并未出现大规模库存积压的现象。哪里有这种道理?在产能过剩的状况下,无论是国有企业还是民营企业都大力增加投资,而且生产出来的产品基本上都卖掉了。从逻辑上讲不通嘛!究竟产能过剩是真还是假?或者说,是在某一段时间内存在过剩产能,而在另一段时间内并没有过剩产能?这需要很认真地对理论进行推导,对事实进行推敲。

如果套用传统的产能过剩定义,很可能造成严重的误解。中国经济高速增长,在很多年份市场需求以两位数的速度上升,而旺盛的市场需求必然拉动投资。按照中国的国情,在计算产能过剩的时候最好采用下一期而非当期的市场需求。此外,不能把那些被淘汰的高污染、高能耗的产能包括在下一期的统计中。采用创新的定义之后,能够比较客观地揭示产能过剩的变化。2008年以前,在钢材、水泥、平板玻璃、原铝和造船等行业基本上不存在产能过剩;恰恰相反,在许多年份产能不足,这是推动投资居高不下的最根本的原因。2008年,政府推行了4万亿元大投资,许多领域中的投资速度超过了市场需求。2012年,政府推行了"历史上最严厉的房地产调控政策",限购、限贷、限价压抑了房地产需求,误导了居民的理性预期,造成房地产大滑坡。政府干预破坏了经济体系的内部联系,导致系统功能紊乱。这很可能是当前产能过剩最重要的原因。只有找到产能过剩的原因才能对症下药,采取正确的对策,引导宏观经济走出困境。例如,只要加大廉租房的建设,当前钢材、水泥、平板玻璃等行业的产能过剩必能迎刃而解。

在研究产能过剩问题时应鼓励百家争鸣。我的观点只不过是一家之言,不一定对。写成本书的目的就是抛砖引玉,如果有人指出书中的缺陷和失误,本人实在感激不尽。期待着在认真的学术探讨中让我们的认识更接近真理。

几乎所有的作者都会真诚地向家人献上他们的谢意,我对此深有同感。写作是一项非常耗时、耗力的事情,要集中精力思考,一个字一个字地敲出数百页来。没有一个稳固的后方,怎么可能全力以赴?多亏了夫人关克勤几十年如一日,朝夕相伴,为我创造了良好的思考和写作环境。对她的感激之情是难以言表的。

在写作本书的过程中得到了许多朋友的帮助。衷心地感谢张曙光、郑玉歆、姚洋、周其仁、卢锋、李玲、许定波、李稻葵、霍德明、茅于轼、汤敏、左小蕾、邱东、宋旭光、赵楠等人的支持和帮助。

刘颖是东北财经大学的青年教师。虽然她不是我直接指导的学生,但是自她来到加拿大作为访问学者跟我学习一年之后,我一直把她当作自己的学生。她勤奋好学,积极努力,在本书的写作过程中做了大量的工作。北京师范大学国民核算研究院的贾帅帅、杜立新、蔡小芳、王辛睿、何宗樾、徐丽笑等同学帮助整理数据,查找资料,特别是贾帅帅掌握数据非常全面,处理数据的能力很强,总能够以最快的速度完成交给他的任务。如果没有他们的支持和各方面的帮助,想在这么短的时间内完成本书的写作根本就不可能。

非常感谢北京师范大学国民核算研究院提供的无与伦比的研究条件;非常感谢加拿大西安大略大学休伦学院的同事们替我承担了许多教学和管理工作,大力支持我投入有关中国经济问题的研究。

我和北京大学出版社合作多次,非常愉快,非常钦佩他们的高效率和严谨的工作态度。郝小楠等人提出了许多很好的建议,在此再次表示衷心感谢。

徐滇庆

2016 年 5 月

目　　录

第一章　用创新的定义评估产能过剩　/ 1

　　一波又一波的产能过剩舆论　/ 2
　　治理产能过剩的效果不彰　/ 4
　　产能过剩的理论探讨　/ 6
　　产能过剩的数据是从哪里来的　/ 12
　　产能过剩的基本特征　/ 14
　　过度投资和产能过剩　/ 18
　　产能过剩的舆论源头　/ 19
　　用创新的定义解释产能过剩　/ 20
　　产能过剩的三种基本类型　/ 28
　　对症下药，有的放矢　/ 30

第二章　钢材产能是否过剩　/ 34

　　节节高升的钢材产量　/ 35
　　绝对过剩与相对过剩　/ 55
　　人均钢材消费量的拐点　/ 59
　　住房需求与钢材产能过剩　/ 79

钢材需求增速和倒 U 形拐点 / 82

人均钢材消费量的长期预测 / 85

钢铁行业产能利用率 / 87

钢铁企业利润率 / 91

短板是导致产能过剩的主要原因 / 92

第三章　水泥产能是否过剩 / 95

似是而非的水泥产能过剩 / 96

节节高升的水泥产量 / 109

水泥产量的拐点 / 124

城镇化与水泥需求 / 132

各国城镇化增长率与人均水泥消费量关系的实证分析 / 148

城镇居民住房总面积和人均住房面积 / 152

城镇住房和水泥需求预测 / 168

基建投资、交通与水泥需求 / 178

水泥生产的地域布局和集中度 / 182

房价与水泥产能过剩 / 186

只要大盖廉租房，水泥产能就不会过剩 / 190

第四章　平板玻璃产能是否过剩 / 195

平板玻璃产能越限越高 / 195

高速增长的平板玻璃产业 / 196

平板玻璃的三次负增长 / 199

对平板玻璃产能过剩的质疑 / 201

平板玻璃行业的产能利用率 / 202

平板玻璃产量与建筑业竣工面积 / 203

从居民住房需求预测平板玻璃产量 / 205

平板玻璃企业的更新换代 / 209

迎接平板玻璃产业的大发展 / 211

第五章 原铝产能是否过剩 / 213

越调控,原铝的产能越大 / 213

全国原铝产量的上升态势 / 216

中国原铝产量的横向比较 / 218

原铝进出口 / 226

人均原铝消费量的倒 U 形曲线 / 227

人均原铝产量的预测 / 231

原铝企业利润率与产能过剩 / 233

原铝产业的空间转移 / 235

原铝库存与能源战略储备 / 240

不断开拓原铝需求,促进原铝产业大发展 / 242

第六章 造船产能是否过剩 / 244

中国造船业的辉煌历程 / 245

评价造船业景气的指标体系 / 247

形势逆转,乐极生悲 / 249

惯性驱动,逆势扩张 / 252

为什么中国造船业产能过剩特别严重 / 254

不平坦的复苏之路 / 255

造船业的寡头垄断竞争特征 / 257

整顿、重组、创新,提高竞争力 / 260

发挥比较优势,再振造船业雄风 / 262

第七章 产能过剩与政府作用 / 265

"看得见的手"和"看不见的手" / 266

动态地看待政府作用 / 268

解放生产力,促进社会进步 / 269

政府在经济发展中应该做的事情 / 270

产能过剩是市场失灵还是政府失灵 / 273

控制产能过剩与腐败 / 275

漩涡中的尴尬角色 / 277

不要歧视民营经济 / 281

整治产能过剩的策略 / 282

参考文献 / 284

第一章

用创新的定义评估产能过剩

导 读

- 治理产能过剩喊了十几年,效果不佳,事与愿违。
- 很难把西方常用的产能过剩理论照搬到中国。根据以往有关产能过剩研究采取的对策似乎都没有达到预期的目标,在部分解决一些问题之后留下了更多的困惑。
- 企业提供的产能数据存在严重的歧义性和不确定性,可信度不高。
- 不能简单地根据设备闲置、产品价格下降、企业利润减少、投资回落等现象就断定产能过剩。导致产能过剩最主要的原因是过度投资,若要治理产能过剩必须从过度投资入手。
- 产能过剩的舆论源头是掌握着审批大权的官员和国有企业负责人。前者有追求寻租空间之嫌,后者往往试图维持垄断、排斥竞争。
- 传统的产能过剩定义没有考虑市场需求的时间序列,没有扣除必须淘汰的落后产能,很可能夸大产能过剩。
- 采用创新的定义较好地解释了产能过剩的变迁过程。以钢材为例。在1991年以前,全国钢材产能和市场需求基本均衡;1992—1994年,钢材产能不足,刺激了各地加大对钢材的投资;1995—1998年,钢材产能基本合理;从1999年开始,钢材产能长期处于不足状态,钢材投资和生产高速增长。在

2008年4万亿元大投资之后,钢材产能大幅度提升;在2011年受到房价调控政策的影响,钢材产能从不足转为过剩;在2013年钢材产能过剩6 997万吨,钢铁行业一片萧条。

● 产能过剩大致可分为短板过剩、局部过剩、周期性过剩三种基本类型。钢铁、水泥、平板玻璃属于短板过剩,原铝属于局部过剩,造船属于周期性过剩。针对不同类型的产能过剩应当采取不同的对策。

一波又一波的产能过剩舆论

人们对产能过剩并不陌生。自2002年以来,产能严重过剩的呼声此起彼伏,不绝于耳,频频见诸各类政府文件和媒体。

2013年5月6日《人民日报》发表文章:"产能过剩将成常态,销售利润几乎为零,钢铁业:如何迈过生死线?""多家权威机构都表示,中国钢铁行业的产能过剩将长期持续,国内钢材市场也将长期供大于求。"文章提出一个尖锐的问题:在产能过剩的大背景下,钢厂如何才能顺利越过盈亏生死线而生存下去?"政府之手"又该如何应对"市场之手"?

2013年5月13日《人民日报》又刊登了一篇文章:"水泥业:产能扩张必须急刹车"。文章声称:"2012年全国新型干法水泥实际产能已达30亿吨。产能富裕程度超过30%。""更让人担忧的是,未来市场消化能力已经不容乐观。伴随中国经济进入中速发展阶段,高投资拉动下的水泥需求高增长时代一去不复返了。"

自2010年以来,中国的经济增长速度逐年下滑,从2010年的10.4%下降到2015年第一季度的7%。[①] 有人认为,产能过剩是导致经济增长速度下降的主要原因之一。他们的逻辑是,由于产能过剩使得企业经济效益下降,企业利润下降,投资不断减少,拖住了经济增长的后腿。

---

① 《中国经济景气月报》2015年第5期,第8页,按不变价格计算。

国家统计局负责人指出:"目前我国钢铁、有色、建材、船舶等多个工业行业均面临产能严重过剩的现象。2012年年末,我国粗钢的生产能力超过10亿吨,水泥的生产能力超过31亿吨,电解铝的生产能力超过2400万吨,造船能力占世界近50%,而产能利用率均未超过75%。"[①]"产能过剩导致工业经济效益下滑。产能过剩导致企业无序竞争加剧,利润水平下降、负债率和亏损面上升。2012年规模以上的工业利润比上年增长5.3%,增速比上年回落20.1个百分点,是2008年全球金融危机爆发以来的最低增速。2013年,黑色金属冶炼和压延加工业、有色金属冶炼和压延加工业利润率分别为2.22%、3.11%,在41个工业大类行业中居倒数第三位、第四位。其中,产能过剩严重的炼钢利润率仅为0.87%,电解铝为-0.57%,明显低于整个工业6.11%的利润率水平。"[②]

"严重产能过剩行业的投资负增长。2013年10月下发的《国务院关于化解产能严重过剩矛盾的指导意见》(国发〔2013〕41号)指出,2012年年底,我国钢铁、水泥、电解铝、平板玻璃、船舶产能利用率均明显低于国际通常水平,是产能严重过剩行业,国家要采取各种措施化解产能过剩问题,坚决遏制产能盲目扩张是主要措施之一。受产能严重过剩、企业经营困难和国家严控新上项目的影响,2013年这五大产能严重过剩行业投资均为负增长。钢铁行业投资在2012年增速大幅度回落的基础上下降2.1%,其中炼铁行业投资下降22.1%;水泥行业投资下降6.5%,连续3年负增长;电解铝行业投资下降13.2%;平板玻璃制造业投资下降8.5%;船舶及相关装置制造业投资下降10.9%,其中金属船舶制造业投资下降41%。"[③]

2015年第一季度,国民经济大幅度下滑,产能过剩显得越发严重。受到建筑业衰退的影响,建筑业上游的水泥、钢铁、平板玻璃行业遭遇空前困难。水泥产量从2014年5月的2.34亿吨下降为2015年3月的1.61亿吨。2015年第一季度,水泥产量同比下降20.5%,平板玻璃同比下降6.6%,生铁下降

---

① 参见许宪春:《经济分析与统计解读》,北京:北京大学出版社,2014年版,第93页。
② 同上。
③ 同上书,第152页。

2.4%，粗钢下降1.2%。① 2015年前4个月，煤炭产量同比下降6.5%，大中型钢铁企业销售收入同比下降14.48%。② 2015年1—2月，全国国有企业利润下降21.5%。大中型钢铁企业亏损面已经接近50%，钢铁行业销售利润率只有0.85%，许多钢厂亏损累累③；石油、建材、化工和机械等行业的利润降幅较大；钢铁、水泥、平板玻璃、有色、煤炭、石化等行业全行业亏损；建筑业的下游行业也一片萧条；家用电冰箱产量下降9%，电视机下降2.4%。④

产能过剩的舆论很容易被人们接受。放眼看去，确实有许多钢铁、水泥、平板玻璃、造船、炼铝企业由于订单不足而不能开动全部设备，经济效益不佳，叫苦连天。难怪有些人大声疾呼，产能过剩已经成为威胁国民经济持续高速增长的心腹大患。因此，一定要制止钢铁、水泥等行业的产能过剩。

治理产能过剩的效果不彰

治理产能过剩并不是一个新的话题。自2002年以来，月月叫、年年叫"狼来了，狼来了"，喊得人们渐觉麻痹，习以为常。可是，治理来、治理去，效果不彰，事与愿违。产能过剩好像越治理越严重。

于是，有人悲观地说："产能过剩将成为常态。"⑤

这句话无论是放在计划经济体制下还是放在市场经济体制下都不合逻辑。

计划经济体制强调各部门综合平衡，如果某个部门产能过剩，计委必然下令减少投资，要不了多久就会克服产能过剩的问题。事实上，计划经济在绝大多数情况下属于短缺经济。无论企业生产什么、生产多少，"皇帝女儿不愁

---

① 《中国经济景气月报》2015年第5期，第13页。由于水泥的保存期只有3—4个月，进出口量极小，销售半径300公里，因此水泥产量是一个很好的衡量经济景气程度的指标。水泥产量大幅度下降反映出建筑业上下游各个行业都很不景气。
② 《人民日报》，2015年6月1日。
③ 《人民日报》，2015年1月30日。
④ 《中国经济景气月报》2015年第5期，第13页。
⑤ 《人民日报》，2013年5月6日。

嫁",只要生产出来就能卖掉。除非乱指挥、瞎折腾,否则出现产能过剩的状况并不多。①

在市场经济体制下,如果某个行业的产能果真严重过剩,企业很快就会陷入困境。倘若产品卖不出去、设备闲置、利润下降甚至亏损,企业必然减少投资,致使产量逐步下降。只要市场机制能正常起作用,产能过剩的结果就必然是产量逐步下降,最后达成新的市场均衡,产能稳定在某个较低的水平上。市场的不确定性和人们对信息掌握的局限性决定了经济周期上下起伏。随着经济周期的变化,产能过剩和产能不足交替出现。产能过剩绝对不会成为"常态"。无论如何,产能过剩只会是一个短期现象。

可是,在最近十几年里,按照媒体的报道,产能过剩就像幽灵一样,一直在困扰着中国经济。令人难以理解的是,在一片产能严重过剩的呼声中,钢铁、水泥、平板玻璃等行业的产量节节上升。粗钢产量由2003年的2.22亿吨增加到2013年的8.13亿吨;水泥产量由2003年的8.62亿吨增加到2013年的24.19亿吨;平板玻璃产量由2003年的2.77亿重量箱增加到2013年的7.93亿重量箱;原铝(电解铝)的产量由2003年的272万吨增加到2013年的2 190万吨;2003年造船业完工量为641万载重吨,2013年完工量上升为4 534万载重吨。② 如果产能真的过剩,那么产出理应下降,为什么越整越高了?

在许多政府文件中反复强调:"国家要采取各种措施化解产能过剩问题,其中坚决遏制产能盲目扩张是主要措施之一。"究竟采取了什么措施?说穿了,除了加强审批还是加强审批。从2000年以来,国家发改委在许多文件中三令五申,凡是产能过剩严重的行业,新建企业一个都不批。颇为吊诡的是,新建的钢铁厂、水泥厂一个接一个投产,它们都得到了发改委的批文。这是怎么回事?

"实践是检验真理的唯一标准。"无论是正式文件还是网络上的帖子,经常把严肃的经济政策研究当作娱乐、儿戏。不管有没有根据,随便议论,任性瞎说,即使出现明显的失误,也很少有人较真。是听信"舆论"还是尊重基本事

---

① 例如,1958年"大跃进"之后针对浮夸造成的相对产能过剩,不得不实施"关、停、并、转"的大调整。
② 钢材和水泥数据来自《中国统计摘要2015》,第115页。

实、相信经济规律呢？在产能过剩的问题上确实需要端正学风，认真思考，探索究竟。

当前争论的焦点有：为什么市场机制解决不了在钢铁、水泥、平板玻璃、原铝和造船等行业出现的产能过剩问题？有没有必要扩大政府权力，用产能过剩为借口强行干预经济？

产能过剩的理论探讨

西方经济学教科书和文献中涉及产能过剩的内容并不多。

在经济周期理论里面谈到了产能过剩。经济周期可分四个阶段：繁荣、衰退、萧条、复苏。在经济繁荣期，市场需求旺盛，即使全部开动机器也难以满足需求，于是人们增加投资，添置机器设备，不断提高产能。可是，人们往往对市场预期过于乐观，从而导致过度投资。由于投资有滞后期，新建的企业投产之后才发现市场需求低于预期，一部分厂商拿不到足够的订单而闲置部分设备。在激烈的竞争过程中，产品价格下跌，企业利润下降，迫使一些在竞争中处于劣势的企业不得不退出市场。经济进入衰退期、萧条期，市场需求低迷，各行各业普遍地出现产能过剩。当经济复苏期到来时，订单纷至沓来，设备闲置率降低，逐渐迎来下一个经济繁荣期。

产能过剩既有浪费资源的消极面，也包含着一些积极因素。在经济衰退和萧条时期，设备利用率下降，被闲置的肯定是那些比较落后的设备。淘汰陈旧设备是经济周期低谷时期的必经之路，从而为技术、设备和工艺的更新换代创造了契机。人们逐步将产能过剩行业的人力、物力、财力转移到生产效率更高的新兴产业，改善了资源配置。

经济周期是市场经济的普遍规律。过去有经济周期，今后还有经济周期。试图消除经济周期是不切合实际的幻想。产能过剩和产能不足，周而复始、交替存在，天经地义、不足为奇。唯有提高企业的管理水平，疏通信息渠道，做好对经济周期的预测，才能减少过度投资的风险，缓和产能过剩的冲击。

有些经济学家将产能过剩作为一个专题，进行了深入的剖析。1933 年，张伯伦(Chamberlin)在《垄断竞争理论》一书中提出,由于垄断者具有操控价格的能力,他们获取最大利润的手段不是增加生产而是提高价格。在垄断状况下存在长期的产能过剩。Wender(1971)、Spence(1977)等指出,厂商的策略性竞争行为是造成产能过剩的原因之一。为应对潜在竞争对手的进入威胁,在位厂商有可能利用产能过剩构筑行业壁垒,使得潜在竞争对手面临无利可图的风险而放弃进入,从而维持其相对垄断地位。植草益(2000)指出,在市场博弈中,厂商会以过剩的生产能力向客户和合作伙伴显示其实力。毫无疑问,这些论述是正确的,但是并不完全适用于当前中国的现实。

Chamberlin(1947)给出了完全产能(full capacity)的概念。在给定资本存量和要素投入价格的情形下,企业长期平均成本曲线最低点所对应的产量是企业希望长期保持的产出水平,即为完全产能。这一概念从微观经济学的角度提出了产能的界定方式,获得了广泛认可(Hickman,1957;Johansen,1968;Berndt 和 Morrison,1981)。不过,这一理论是建立在成本函数的基础上的,很难付诸实践。即使把研究目标局限于一个特定的企业,获得长期成本函数的困难依然很大。在讨论宏观经济政策的时候,几乎没有办法找到足够的统计数据以得到全行业成本函数的各项参数。上哪儿去找到这个"企业长期平均成本曲线"呢?因此,有些经济学家毫无隐讳地指出,这种定义存在较大的缺陷(Demsetz,1959)。

有些学者把历史最高产出纪录称为潜在产能,把产能过剩定义为当前产出和潜在产能的差距(Klein,1960)。这种方法看起来比较直白,却隐含着许多内在矛盾。必须关注出现历史最高产出纪录的背景,也许来自外部市场的需求拉动,也许来自某种非经济因素;其结果也许是正面的,也许是负面的。在出现历史最高纪录之后,也许是经济繁荣,也许紧跟着就是供求失衡,库存大幅度上升,损失惨重。拿历史最高产出纪录作为潜在产能未必合理。

有些学者从生产方程的角度解读产能过剩。Johansen(1968)认为,产能是在可变要素的获得不受制约的条件下,利用已有的工厂和设备在单位时间内所能得到的最大产出。许多学者不赞同这种定义,他们指出,怎么可能没有任何制约地获得生产要素呢?更何况生产要素之间的替代弹性非常低,在各种能源、运输、市场、法规的约束下,最大产出只不过是一种理想状态。事实上,最大产出属于不可持续的短期概念,而讨论投资策略时须关注长期趋势,在研究产能过剩的时候不能过于抽象和理想化。

Shaikh 和 Moudud（2004）强调工程技术产能（engineering capacity）和经济产能（economic capacity）之间的区别。他们指出,技术上能够实现的最大产出未必是最佳的经济选择。有些学者进一步把产能分解为设计生产能力和有效生产能力。设计生产能力是指在理想状况下的最大可能产出;有效生产能力是指考虑要素和产品组合、设备维修、产品质量等多种因素之后的优化结果。虽然这些论述有助于更深刻地认识产能过剩的实质,但是由于许多要素很难定量,相互之间的替代弹性不确定,因此在讨论治理产能过剩时没有多大的用处。

不难发现,上述研究都基于两个假设:其一,市场经济;其二,相对稳定的供求均衡状态。对于西方发达国家而言,这两个假设基本上都可以成立;可是这两个假设却与中国的实际脱节。中国正处在由计划经济向市场经济转型的过程之中,政府在经济中的作用远远强于纯粹的市场经济。没有哪个发达国家有发改委这样一个强势干预经济的机构。迄今为止,许多国有企业负责人是有行政级别的政府官员,某些国有企业的目标函数并不一定是利润最大化。把中国假设为纯粹的市场经济,似乎过于理想化。如果说中国已经实现或者基本实现了市场经济,为什么还要深化改革？

西方发达国家的总需求相对稳定;可是,改革开放以来,中国的需求往往以两位数的速度在增长。由于需求高速增长,因此拉动了投资。假若投资增速高于需求,势必出现产能过剩。假若投资增速低于需求,很可能出现产能不足。

显然,很难把西方常用的产能过剩的定义照搬到中国。

近年来,许多学者从不同的角度解释具有中国特色的产能过剩。

第一,投资者信息不完全,导致投资失误。在市场经济中不可避免地出现经济周期。产能过剩和产能不足交替出现,形成一个又一个周期。出现产能过剩是厂商信息不完全的必然结果。没有人对未来发生的事情估计得完全准确，因此产能过剩是不可避免的。

林毅夫等(2010)提出，单一厂商根据市场价格信号制定投资策略时是理性的，但是众多厂商可能同时涌向相同的产业，结果很可能是非理性的。如果全社会对某一行业的良好前景存在共识，就会引发大量企业和资金同时像海潮一样涌入一个或几个行业。在投资设厂过程中，各企业难以估计投资总量信息，彼此协调困难。等到形成产能之后就很可能供大于求，导致产能过剩。潮涌现象在本质上可以被解释为市场失灵。

第二，政府失灵。周其仁(2006)、祝宝良(2005)等认为，产能过剩问题之所以在中国特别严重，其原因主要是政府失灵。由于在官员晋升考核标准中过多地强调经济增长率，使得各地政府具有强烈的干预投资的冲动。他们利用土地、财税等各种优惠政策招商引资，热衷于高投入、高产出的行业。许多生产资料领域的投资具有地方政府的背景，往往投资过度。此外，中央政府和地方政府之间的博弈也导致政府失灵，最终加剧了产能过剩。

第三，扭曲的退出机制加剧了产能过剩。周其仁(2005)指出，完全由国有垄断、政府定价的行业(如电信、石化等)，其产能过剩并不严重。基本上由市场竞争主导的行业，其产能过剩的情况经常发生，但是市场机制会很快起到调节作用，因此产能过剩的情况也不严重。发生产能过剩的行业往往是那些多种所有制并存、政府干预较多的行业，如钢铁、水泥、平板玻璃等。一般来说，国有企业占比较大、大企业较多的行业，其产能过剩往往比较严重。如果因产能过剩而必须让部分企业退出，那么各级政府从财税、就业和地方GDP增长率的角度考虑，就会宁可让中小企业和民营企业退出，也不愿意让大型国有企业退出。倘若效率较高的民营企业进入这个行业，而效率较低的国有企业在政府的保护下不能及时退出，很可能出现较长时期的产能过剩。如果政府继续给予国有企业信贷和财税上的帮助，产能过剩的状态就会久拖不决。

左小蕾(2006)也认为，"一些比较容易创造GDP增长且生产效率不高的国有企业与民营企业并存的制造业容易出现产能过剩的问题。这些制造业领域，通常允许民营资本进入。国有企业效率不高，民营企业可在控制成本、提高效率方面与国有企业一争高下，获取这个行业的超额经济利润。只要还有利可图,民营资本就会蜂拥而至,增加投资扩大产能,争取更大的份额。国有企业面对民营资本的竞争,由于有政府扶持资金,因此不甘落后、不计成本地增加投资,扩大规模,与民营企业争利。比如钢铁、水泥和电解铝等产能严重过剩的行业,就是由于民营竞争者投资、新的产能参与,引来国有企业投资进一步扩大产能的结果。但是,在这个应该由市场调节供求均衡的最关键的环节上,'看得见的手'干预了市场。行政干预一定对国有企业有利,包括信贷政策、产业整合政策。最近,国资委关于钢铁行业集中度的规定,不但不能解决产能过剩的问题,还可能引发国有钢铁企业为了提升集中度而开启下一轮大肆扩大产能的投资,最终只是迫使民营企业退出市场"。

第四,中小企业融资难是加剧产能过剩的重要原因之一。刘西顺(2006)认为,"大中型企业从事着石化、钢铁等重要生产资料的生产,向全社会提供上游产品;部分中小企业及民营企业对大中型企业的生产资料进行深加工,形成最终消费品;还有一部分中小企业及民营企业成为大中型企业的卫星厂、协作厂,提供配件、销售、服务等业务;它们都与大中型企业建立了相当程度的、相互依存的正连接关系。大批中小企业及民营企业陷入歇业、停产或隐形破产状态,它们的生存水平明显下降,其'消费'和'传导消费'大中型企业生产资料的能力也在持续降低,使得大、中、小企业的正连接关系遭到损害,原本处于均衡状态的生产、流通、消费和分配关系在生产加工环节出现了梗阻,进而间接影响了大中型企业的生存水平,最终演化成部分行业的生产资料的产能过剩。信贷集中是助推产能过剩的基本成因。大中型企业不再需要贷款,中小企业及民营企业又得不到贷款,大量资金就闲置在金融机构的手里。因此,银行的流动性过剩既是长期以来信贷配给的必然反映,也是信贷供需市场转换期间的暂时过剩,同时又是经济结构性过剩的具体货币表现"。

"相对廉价而又源源不断的信贷供给,使多数大型企业产生了'资金幻觉',并激励其不得不为'富余资金'寻找更多的投资出路,致使许多企业抛开市场、在内部自我延伸产业链条,抛开主业、在陌生领域盲目追逐热门行业,开展粗放式、多元化经营和低水平重复建设。这是导致钢铁、汽车等行业产能过剩的基本动力之一"。

第五,生产过剩危机的发生缘于收入分配关系被扭曲。王建(2006)认为,由于收入向少数人集中,导致社会储蓄和投资倾向高而消费倾向低,由此放大了生产规模却缩小了消费。这种生产与消费的不对称达到一定程度,就会爆发生产过剩危机。

上述分析各有各的道理,相信国家发改委制定产能调控政策的人也注意到了这些观点。可是,按照这些分析采取的对策似乎都没有达到预期的目标,在部分解决一些问题之后留下了更多的困惑。2012年以前,那些产能严重过剩的部门(如钢材、水泥、平板玻璃、原铝、造船等行业)的投资一直保持在高水平上,产出持续上升,产能过剩似乎越来越严重。久而久之,人们不禁对这些解释本身也产生怀疑。

例如,按照经济周期理论,产能过剩和产能不足交替存在。产能过剩通常出现在经济下行的谷底。随着经济复苏,产能利用率回升,过剩产能将随之消失。可是,按照官方文件,进入21世纪以来,中国的钢材、水泥等行业长期处于产能过剩状态。这显然不符合经济周期的一般规律。再如,潮涌现象表明,从长期来看,潮起之后必然潮落,怎么十几年来一直在"涨潮"?就算在某些年份存在企业投资的"羊群效应",倘若没有草吃,羊群还会继续跟进吗?

在短期内,信息不充分可能导致投资失误;可是,只要时间足够长,人们就会源源不断地得到新的信息,如库存积压、利润下降、价格下跌等。这些信息很快就会纠正企业错误的投资策略。以信息不充分来解释企业投资失误只能用于短期。简而言之,几年光景,再笨的企业家只要亏了本,总会从市场上得到信息,发现此路不通。怎么可能在十几年内持续对"产能过剩"的行业大规模投资?显然,只要利润依然是企业追求的目标,在一个比较公平的竞争环境中,企业迟早会得到必要的信息,调整各自的过剩产能。如果企业持续向某个部门投资,这个部门的产能过剩很可能是一个假象。

毫无疑问,地方政府官员为了获得晋升而盲目追求经济增长率,热衷于投资大型基础工业,导致钢材、水泥等行业产能过剩。倘若果真"产能过剩"了,产品卖不出去,搬起石头砸自己的脚,不改也得改。2012年以前,钢材、水泥等行业的投资持续增长。2012年以后,市场需求萎缩,很快就会让那些头脑发热的官员冷静下来,对这些行业的投资就会急剧下降。换言之,在2012年以后确实出现了产能过剩,那么,在2012年之前产能是否真的过剩了?

众所周知,国有商业银行"嫌贫爱富",把70%以上的贷款都送给了国有企业。中小企业、民营企业贷款难的问题至今尚未得到充分解决。可是,只要市场机制依然起作用,银行的贷款行为就会受到约束。例如,在2008年4万亿元大投资的时候,银行主动上门,鼓励沿海各省投资造船。2011年以后,造船业陷入困境,产能严重过剩,哪家银行还敢大手大脚地给船厂放贷?

产能过剩问题上的种种悖论提醒我们,很可能在某个最基本的地方出了错。在讨论产能过剩的时候,通常人们假定产能和产出的数据都是正确的。如果产能过剩的数据错了,上述分析就很可能成了无源之水、无本之木。所以,有必要从源头上理清产能过剩的定义和资料来源,客观地评定在什么时候真的出现了产能过剩,在什么时候产能过剩只不过是表面假象。

产能过剩的数据是从哪里来的

众所周知,产出和产能是两码事。

产出数据或者来自市场交易和税收,或者来自抽样调查。一般来说,产出数据涉及税收和上下游的投入产出关系,比较准确,容易进行复核、验证。

产能数字是怎么出来的?

统计产能有两种思路:一种是自上而下的宏观计量方法,例如峰值法、产出缺口法、企业投资决策模型优化法、资本存量法等;另一种是自下而上的调查统计方法,选择若干企业作为样本,定期调查其产能。无论采取哪种方法,前提是原始数据必须可信。

统计部门要求各家企业自报产能,可是,企业报的产能数字是否靠谱?不一定。

第一,对于许多企业来说,统计产能的规则并不清晰。举个例子,一个饭店的产能是多少?能不能拿有多少饭桌、多少椅子,再乘上循环次数来计算"产能"?倘若如此,恐怕没有一家饭店的产能不过剩。饭店老板宁肯多摆几张饭桌也不愿意让客人转身就走。除了每天晚饭前后,饭店的椅子能坐满吗?

第二,能否完全利用企业的设备取决于许多技术因素。在企业内部很可能存在人员、技术、能源、原材料等短板,限制了全部设备的开动。企业统计自身产能的时候往往假定所有设备都能正常开动,其结果必然是夸大了企业产能。

第三,有些人把企业最高的生产纪录当作产能。其实,这很不靠谱。

有些历史纪录是不合理的。如果违背经济规律,在短期内也许可以创造一个高纪录,但很难持续下去。改革开放之前,只要一有什么"最高指示"或者召开什么代表大会就要搞"献礼"。为了创造高产纪录,破坏正常的生产流程,拼人力、拼设备,不顾工人安全,违章作业。在某些矿山,打破正规的采掘平衡,不抓掘进,不管维修,在富矿区乱开乱采,竭泽而渔,杀鸡取卵。蛮干胡来,往往能够创造出一个又一个惊人的纪录,主管官员也会因此而得到晋升。可是,随后的生产难以为继,频频发生重大安全事故,不得不倒退、调整,造成严重的资源浪费,付出昂贵的"学费"。如果拿这些最高产出纪录作为标杆,就只能带来灾难性的后果。

第四,企业出于自身利益考虑未必讲实话。恰如巴曙松(2006)所指出,"在项目申报时,厂商尽量高报产能,为未来的发展预留空间;在实际建设和生产时,则根据实际情况调整产量,增加了自身的灵活性。很多厂商虚报自己的产能,既可能是为了预留发展空间而未必完全用足这些产能,也是防范在可能出现有保有压的调控中不但不被压而且能够获得兼并其他厂商、整合产业的发展机会。而地方政府希望新建项目的产能越大越好,不但代表着它们的'政绩',而且意味着创造更多的就业机会和提高纳税能力。产能也代表了当地的经济实力,便于增强自身在招商引资方面的吸引力。因此,在这次产能过剩行业调查中获得的数据存在很大的'水分'"。

第五,在统计产能的时候,必须将技术落后的高污染、高能耗的产能撤除。随着科学技术进步,企业必须不断更新设备,与时俱进。在20世纪80年代,大量乡镇企业一哄而上,其中有许多高污染、高能耗的小高炉、小水泥立窑等。在许多老企业中,许多设备早已过时,效率差、能耗高,或者污染严重。对于大多数企业来说,必须不断地淘汰陈旧设备,引进新技术、新设备,节能减排,新陈代谢。如果把这些老设备都计入产能,很可能夸大产能数据,得出产能过剩的结论。在企业上报的产能数字中是否扣除了高能耗、高污染、技术落后、即将被淘汰的产能?由于产能数据和实际产出没有直接的、确定的联系,很难复核与查证。

第六,产能数据是取自某一个时间点还是某一段时间的均值?正在兴建或者即将投产的设备算不算当期的产能?众所周知,在产出统计上有明确的规定,可是在产能统计上这个边界很不清晰。

诸如此类问题使得产能数据存在严重的歧义性和不确定性。

如果各个企业上报数据的口径不同、可信度不同,那么无论采取自上而下还是自下而上的统计方法,汇总之后都没有多大意义。毋庸讳言,产能数据中充满着各种问号,可信度不高。

仔细研究一下治理产能过剩的文件,不难发现这些文件所依托的产能数据存在着严重的偏差。非常遗憾,有关部门从来不公布产能数据的统计过程,很少召开认真的学术研讨会,很少见到有价值的研究成果。对于学术界的质疑,某些官员采取回避、躲闪的态度,既不肯定也不否定,敷衍塞责,能拖就拖。显然,如果统计出来的产能数据的可信度较差,产能过剩的结论自然疑问重重,难以服人。

学风浮躁,使得治理产能过剩成了一出极不严肃的闹剧。

产能过剩的基本特征

具体来说,产能过剩的基本特征如下:

(1) 闲置设备超过了合理的界限;

(2) 利润下降,经营困难;

(3) 供大于求,产品价格下降;

(4) 投资逐渐回落,产出增速下降;

(5) 库存量上升。①

不过,这些特征都是表面现象,能不能一看到这些特征出现就断定产能过剩?不一定。

第一,设备闲置。由于市场的不确定性很强,在一般情况下,为了追求利润最大化,面对市场的不确定性,企业必须把生产能力保持在相当水平上,保留一定的产能储备。一旦取得市场订单,很快就能组织生产,按期交货。企业必须在闲置一部分设施的成本和错过一部分订单的损失之间选择一个折中点。保持产能机动性所支付的成本很可能低于错过订单的损失。在市场竞争中,顾客就是上帝,订单就是生命。保留一定的机动产能是企业拓展市场,谋求利润最大化的最佳选择。

企业的产能可以分为两个部分:运行产能和储备产能。显而易见,必要的储备产能不属于产能过剩,企业设备闲置有一个合理区间。一般来说,企业的储备产能占20%,运行产能占80%。保留15%—20%的机动产能是合理的、必要的。从静态来观察,企业设备利用率在80%—85%内属于正常状态。倘若设备利用率超过85%就属于产能不足,超过95%就称为产能瓶颈。

落实到具体的企业,设备利用率的"合理"边界因时而异、因厂而异,必须具体问题具体分析,不能"一刀切"。正如卢锋教授所述:"一定程度的闲置产能有助于调节和平滑需求波动,发挥类似于合理库存的调节功能。一定程度的产能闲置剩余,对于保证较高竞争程度、提升消费者福利、实现市场经济优胜劣汰机制具有促进作用,构成充分发挥市场竞争机制的一个因素。在宏观总量周期变动过程中,库存调节需要通过产能闲置程度的变动加以实现,产能闲置率对于库存调节具有蓄水池功能。"②

按照国家统计局数据,1995—2008年,钢铁行业静态产能利用率平均值

---

① 时任中国钢铁协会副秘书长戚向东对判定行业严重过剩给出了六项指标:一是产品库存持续急剧上升,销售呈现停滞状态;二是产销率大幅下降,供求关系严重失衡;三是产品价格大幅度回落,长期处于成本线以下;四是行业出现大面积的亏损,企业被迫举债经营;五是一批企业相继倒闭或破产;六是进口严重受阻,出口不计成本,国际贸易摩擦频频发生。他认为,如果以上六项指标在相对较长时间同时存在,就说明产品已经出现严重过剩。

② 卢锋,《大国追赶的经济学观察》,北京:北京大学出版社,2014年版,第698页。

为 86.3%,1999—2008 年为 85.7%。按照中钢协数据,钢铁业产能利用率在 2001—2008 年全部高于 85%。从静态产能利用率的角度来看,似乎并不能得出钢铁业产能过剩的判断。①

第二,企业利润。企业利润的高低取决于市场竞争,导致企业利润下降的因素很多,不能一看到利润下降就断定是产能过剩。1993—1998 年,钢铁企业的利润率从每吨 300 元下降到几乎为零。在这个时期内并没有人大喊产能过剩。从 1999 年开始,吨钢利润率节节攀升,到 2007 年达到每吨 340 元。恰恰在这个时期,国家发改委连续下文要整治钢铁行业产能过剩。由此可见,企业的利润高低和产能过剩与否并不一定相关。正如卢锋教授所指出:"数据显示除个别年份外,非国有企业资产和权益利润率都显著高于国有企业,说明钢铁部门非国有企业盈利能力较强。几家欢乐几家愁,有的企业还能盈利,可是有的企业亏损得一塌糊涂。利润数据仍不支持我国钢铁业持续大范围存在严重产能过剩的判断。"②

在市场竞争中,经常会见到某些企业生产的产品卖不出去,货款收不回来,利润下降,资金周转遇到障碍,导致厂商不敢再继续开动全部生产线,叫苦连天。有人说这是"产能过剩"。这种说法并不确切。企业产品卖不出去的原因很多,很可能是由于这家企业在竞争中处于劣势。企业要从自身找原因,尽力提高生产效率,重新夺回市场份额。

在讨论产能过剩的时候要区别是在宏观意义上还是在微观意义上的产能过剩,是某个企业的生产能力闲置还是某个行业的生产能力闲置。如果是某个企业产能过剩,这是微观层次上的问题,属于市场竞争范畴;如果是某个行业产能过剩,可能是宏观层次上的问题,涉及政府政策。

第三,价格波动。价格反映了市场供求关系。受到国内和国际市场的影响,只要市场供求不平衡,价格很快就会上下波动。众所周知,从投资到形成产能有一个明显的时间滞后。调整产能的速度要比价格变化慢得多。倘若一看到产品价格下降就调整投资、缩减产能,也许调整尚未完成,市场价格又上

---

① 卢锋,《大国追赶的经济学观察》,北京:北京大学出版社,2014 年版,第 703 页。
② 同上书,第 706 页。

升了。按下葫芦浮起瓢,穷折腾。例如,2003年,钢铁工业在工业总产出中仅占7%,可利润却占到22%,普通钢材价格在当年翻了一番。在价格和利润的刺激下,大批民营企业投资钢铁产业,民间投资几乎增长100%。但是,好景不长。2005年前9个月,钢铁需求增长了19%,与2002—2004年的需求增长率大体持平,钢产量却增长了27%。从2005年3月起,钢材价格暴跌,中厚板钢材跌到了线材价格,线材则跌破了成本价。有的时候,价格上蹿下跳,不能一看到产品价格下降就说产能过剩。

反过来,产品价格上升却能够证明这个行业尚未出现产能过剩。道理很简单,看到产品价格在上升,企业必然尽可能多地开动设备以谋求更大的利润。1995—2009年,钢材产能过剩的呼声从未间断;可是,线材、螺纹钢、中厚板、热轧无缝管、热轧薄板、热轧卷板等主要钢材品种的价格都在显著上升。显而易见,如果产能真的过剩、供大于求,产品价格理应下降。在这段时间内,钢材价格数据变化并不支持钢铁行业产能过剩的判断。

第四,投资。投资数据的变化对于判断产能过剩与否具有很重要的指标意义。众所周知,投资分为政府投资和民间投资。政府投资受到各种利益集团和政府官员政策取向的影响,有的时候与产能过剩的关系并不密切。可是,民营企业就不一样了,它们的投资决策和切身利益密切相关。春江水暖鸭先知,企业家判断产能是否过剩要比学者和官员更准确。1998—2011年,民间对钢铁、水泥等行业的投资有增无减,民营企业在这段时间内获利甚多。我们不能排除在某些企业、某些地区确实有产能过剩的问题,但是全国民间投资的总体数据不支持钢铁和水泥等行业产能过剩的判断。[①]

第五,库存量上升是否可以作为产能过剩的判定标准?随着生产增长,库存量也必然增长。衡量企业存货是否合理的标准并不是存货的绝对值,而是存货的可销售天数。即使存货绝对数量增加了,如果可供销售的天数并没有增加,这种情况也属于合理库存。2008年以前的钢材、水泥和平板玻璃的库存数据都不支持产能过剩的判断。

---

① 卢锋,《大国追赶的经济学观察》,北京:北京大学出版社,2014年版,第706页。

过度投资和产能过剩

导致产能过剩最主要的原因是过度投资,在这一点上人们并没有异议。显然,产能过剩是果而不是因,不能因果倒置。若要治理产能过剩,则必须从过度投资入手。

西方各国的经济发展用了一二百年的时间,相对而言,其消费、投资、产出的变化都比较平稳,总需求增长每年不过1%—3%。可是,中国要在短短的几十年内跨越这个过程,钢材、水泥、平板玻璃、原铝等工业产品的产出和需求都急剧上升。从2007年到2013年,最终消费增长率都在两位数;在2014年,还保持在9.1%的高增长水平。为了适应不断高速增长的需求,投资在中国GDP中的比重也远远超过西方各国。2010年,世界资本形成率的平均水平为19.9%,其中高收入国家为18.1%,而中国的资本形成率高达48.2%。[①]

从资本形成的变化速度来看,资本形成增长率在2007年高达24.7%,2008年为23.3%。近年来,资本形成增长率略有降低,但是2014年依然保持在7.6%的水平上(见表1-1、图1-1)。

表1-1 最终消费与资本形成增长率   单位:亿元

年份	最终消费(亿元)	最终消费增长率(%)	资本形成总额(亿元)	资本形成增长率(%)
2007	136 438	18.8	109 624	24.7
2008	157 746	15.6	135 199	23.3
2009	173 093	9.7	158 301	17.1
2010	199 508	15.3	192 015	21.3
2011	241 579	21.1	227 593	18.5
2012	271 718	12.5	248 389	9.1
2013	301 008	10.8	274 176	10.4
2014	328 311	9.1	295 022	7.6

资料来源:《中国统计摘要2015》,北京:中国统计出版社,2015年版,第34页。

---

① 资本形成率数据来自《国际统计年鉴2013》,第46页。

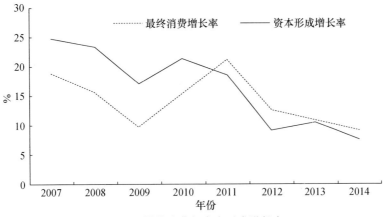

图 1-1　最终消费与资本形成增长率

在 2007—2010 年,资本形成增长速度高于最终消费;可是在 2010—2014 年,资本形成增长率低于最终消费。从一般逻辑来谈,2011 年以前,人们不断增加投资,很可能是产能不足;2011 年以后,投资的增长速度低于消费增速,很可能出现了产能过剩。

产能过剩的舆论源头

什么人最喜欢把产能过剩挂在嘴边?

第一,控制着审批大权的官员。只要不停地喊产能过剩,他们手中审批项目的权力就会越来越大,寻租空间也跟着越来越大。只要大权在握,就不怕没有人来"跑部钱进"。实践证明,只要行贿到位,所谓加强审批往往流于形式。严格来说,产能过剩属于宏观经济范畴,纠正产能过剩的重点是规范政府政策,提高政府服务水平,把官员干预经济的权力关进笼子里;而绝对不是开倒车,扩大政府官员的权力,通过审批来进一步扰乱市场秩序。

有些人认为产能过剩是当前经济增长速度滑坡的主要原因。治理产能过剩的措施主要是加强政府审批,严格限制投资新的企业。这在逻辑上似乎说不通。限制投资之后,经济增速更低,岂不是适得其反?

第二,国有企业老总。某些国有企业的负责人以为只要不停地喊产能过剩,就有可能阻止民营企业进入,维持相对的垄断地位。打个比方,如果有家饭店的老板看到附近新开几家饭店,为了保证客源,立刻大叫产能过剩,主张限制别人开张。在饮食业,人们用脚投票,饭菜不好,顾客就跑。没人登门,不是人们不吃饭而是另有选择,不能责怪产能过剩。

某些官员和国有企业老总具有很大的话语权,很容易影响舆论走向。第一线的民营企业家很了解市场动向,只要他们断定尚有利润空间,就一定会努力寻找发展空间。在大多数情形下,他们没有足够的信息和数据反驳官员们讲的"产能过剩",也不愿意得罪地方政府,于是经常保持沉默。他们当中有些人虽然不讲话,却改头换面,打擦边球,不择手段,行贿送礼,千方百计取得许可证。只要行贿成本低于预期的市场利润,行贿就成为他们的"理性选择"。

用创新的定义解释产能过剩

为什么对于产能过剩众说纷纭,乱象丛生?其中很重要的一个原因是大家对产能过剩的定义不一致。在讨论产能过剩的时候,必须找到一个平台,让争论双方能够相互沟通、有的放矢。也就是说,要弄清楚产能过剩的定义;否则,公说公有理,婆说婆有理,白白浪费时间。

通常统计部门要求企业上报的产能中包括运行产能和储备产能。为减少因市场不确定性与厂商预期的不一致而造成的订单损失,厂商往往以一定的闲置要素投入来应对市场需求不确定性。有些文献称之为储备产能或者要素窖藏。显然,这是厂商应对市场不确定性的理性选择。

按照一般常见的解释,如果总产能大于本期的市场需求就称为产能过剩。产能过剩的定义:

$$S_t = (Y_t + Z_t) - D_t$$

产能过剩 =(运行产能 + 储备产能)- 市场需求 (1-1)

其中,S_t 表示当期的产能过剩,Y_t 表示运行产能(近似当期的产出)。Z_t 表示储备产能,D_t 表示当期的市场需求。由于西方各国的市场需求相对比较稳定,因此在计算产能过剩的时候无论采用本期需求还是下期需求,区别并不大。

产能利用率 = 运行产能 ÷ (运行产能 + 储备产能)　　　　(1-2)

例如,某个工厂有80台设备生产运行,还有20台设备处于检修、备用状态,该厂的产能利用率为80%。有的人说,产能过剩近似等于储备产能(即产能过剩20%),说明产能没有过剩。看起来,还是说没有过剩的更靠谱。比较准确的说法应当是,产能过剩等于运行产能减去市场需求,不能把储备产能当作产能过剩。

在没有产能过剩的情形下,如果库存量没有发生重大改变,那么市场需求近似等于运行产能,可以用产出数据近似表示运行产能。

仔细琢磨,这个定义看似简单却不符合当前中国的国情。关键在于:

第一,这个定义中的变量没有时间序列概念。也就是说,仅仅采用当期数据来说事。归根结底,研究产能过剩的目的是探索合理的投资策略。投资形成的产能在下一期投入生产,有明显的时间滞后。我们必须动态地观察产能和市场需求之间的相对关系,不能孤立、静止地讨论产能过剩问题。因此,决定是否产能过剩的是下一期的供求关系。也就是说,在讨论产能过剩的时候应当用下期的市场需求,而不是本期的市场需求。按照本期数据计算得出产能过剩的结论;可是,如果考虑下一期大幅度增长的市场需求,真实状况就很可能是产能不足。如果产能增长幅度高于需求就可能出现产能过剩,如果产能增长幅度赶不上需求就会出现产能不足。倘若拿本期的市场需求判断下一期是否产能过剩,无异于刻舟求剑。因为西方国家的市场需求基本稳定,所以用哪一期的需求都没有太大的问题。可是,中国在改革开放之后市场需求急剧增加,这是在讨论产能过剩的时候不得不注意的差别。

第二,在讨论产能过剩的时候,不能把即将被淘汰的落后产能包括在内。尽管西方国家也有淘汰落后产能的事情,但是在中国,这项任务特别繁重。在20世纪80年代,成千上万个乡镇企业一拥而上,混杂了不少高污染、高能耗的设备。尽管在过去已经淘汰了不少落后设备,但是时至今日,更新换代的任务依然非常繁重。根据中钢协的报告,截至2012年年底,全国小于400立方米高炉的产能约有4 300万吨,小于30吨转炉的产能约有2 000万吨,在轧钢方面也有近30%的设备达不到国际、国内先进水平。大量落后设备亟须逐步淘汰。① 水泥行业淘汰落后产能的任务很重。改革开放以来,遍地兴建水泥立窑,不仅能耗大、效率低,还严重污染环境。为了保护环境、实现可持续发展,必须用先进设备逐步取代那些高污染、高能耗的设备。

有人说,落后产能也是产能。没错,不可能在一夜之间把所有的落后产能统统淘汰。研究产能过剩的目的是探讨合理的投资策略。在新增产能当中,一部分用于满足不断增长的市场需求,另一部分用于取代那些落后产能,逐步更新。因此,不能把那些理应被淘汰的落后产能全部计入下一期产能。

一般认为,合理的储备产能占总生产能力的20%左右。当储备产能超过总生产能力的20%时,产能过剩才出现(Corrado 和 Mattey,1997;窦彬,2009;钟春平,2014)。在本章中为了方便说明问题,合理储备产能占比选取20%。在具体分析产能过剩问题的时候,合理储备产能占比可以因行业、时间而异。

企业正常运行时,可以假定运行产能与市场需求相等,以保持企业库存水平稳定。若 $S_t > 0.2 \times (Y_t + Z_t)$,则说明存在产能过剩;若 $S_t < 0.2 \times (Y_t + Z_t)$,则不存在产能过剩。

$$S_t = 0.8 \times (Y_t + Z_t) - D_t > 0$$

因为 $Y_t = D_t$,则公式变为

$$S_t = 0.8 \times Z_t - 0.2 \times D_t$$

当储备产能高于市场需求25%时,$S_t > 0$,产能过剩;当储备产能低于市场需求25%时,$S_t < 0$,产能不过剩。

显然,过剩产能受到生产能力与市场需求的动态影响。当某段时间内生产能力增长快于市场需求时,产能过剩状况会有所恶化;反之,当某段时间内生产能力增长慢于市场需求增长时,则产能过剩状况会有所缓解。当市场需求增长明显地快于生产能力时,甚至会出现产能不足、供不应求的状况。

历经数百年的工业化进程,西方发达国家的基础设施已相对完善。无论从绝对量还是增速来讲,西方国家对于钢铁、水泥等产品的需求都比较容易预

---

① 《21世纪经济报道》,2013年8月23日。

测,因而在评估产能过剩状态时无论采用本期需求还是下期需求,其区别并不大。

根据中国的国情,在产能过剩的定义中应当在运行产能和储备产能的基础上扣除落后产能,加上在下期形成的新增产能,再减去下期市场需求。产能过剩的计算公式应当表述为

$$S_t = 0.8 \times (Y_t + Z_t - L_t + I_{t+1}) - D_{t+1}$$

产能过剩 = 0.8×(运行产能+储备产能－落后产能+

投资后在下期形成的产能)－下期市场需求　　（1-3）

其中,L_t表示被淘汰的落后产能,I_{t+1}表示下期投资新增产能,D_{t+1}表示下期市场需求。实际上,$(Y_t + Z_t)$是指t期产能,而$[(Y_t + Z_t) - L_t + I_{t+1}]$是指$t+1$期产能。产能过剩状况的动态示意如图1-2所示。

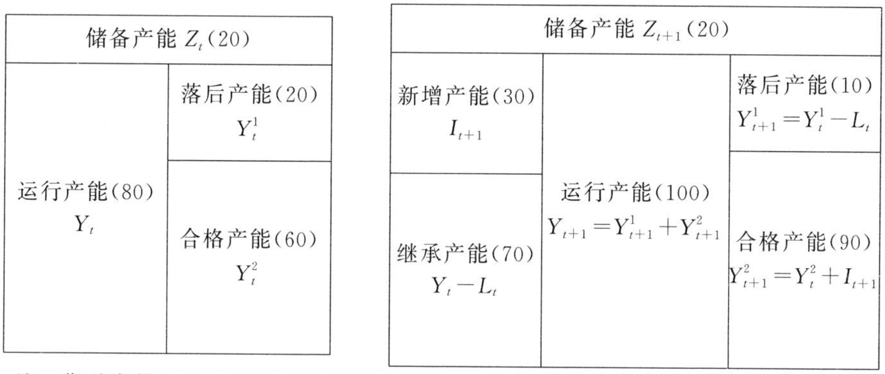

储备产能 Z_t(20)	
运行产能(80) Y_t	落后产能(20) Y_t^1
	合格产能(60) Y_t^2

储备产能 Z_{t+1}(20)		
新增产能(30) I_{t+1}	运行产能(100) $Y_{t+1} = Y_{t+1}^1 + Y_{t+1}^2$	落后产能(10) $Y_{t+1}^1 = Y_t^1 - L_t$
继承产能(70) $Y_t - L_t$		合格产能(90) $Y_{t+1}^2 = Y_t^2 + I_{t+1}$

注:t期总产能为100单位,其中运行产能为80单位,储备产能为20单位;运行产能中包括20单位落后产能和60单位合格产能。$t+1$期总产能增加至120单位,其中储备产能仍为20单位,运行产能为100单位;运行产能中包括10单位落后产能和90单位合格产能。$t+1$期较之t期新增产能30单位,淘汰落后产能10单位,合格产能净增30单位。

图1-2　产能过剩状况的动态示意

假设在t期总产能为100单位,其中运行产能为80单位(合格产能60单位,落后产能20单位),储备产能20单位。运行产能生产出来80单位的产品都销售出去,库存没有发生变化。在这种情况下,市场需求等于运行产能,即80单位。

按照当前流行的算法,t期储备产能等于总生产能力的20%,企业处于产能过剩的临界点,没有必要投资兴建新厂。在有些文件中把这种状况称为产

能过剩。

如果下一期市场需求增加为100单位,则运行产能必须达到100单位才能满足市场需求。在此期间,淘汰落后产能10单位(还有10单位的落后产能留待以后处理)。在这种情形下,合格产能必须达到90单位。假定储备产能还保持20单位,则这段时间内需要增加投资30单位。也就是说,从投资的角度来看,在t期根本不存在产能过剩,而且产能不足30单位,必须投资兴建新厂才能满足市场需求。

显然,两种不同的统计方法导致完全不同的政策建议。

有些人在讨论产能过剩的时候把未来三五年计划新建的产能都考虑进去,这种算法值得斟酌。由于投资钢铁、原铝、造船等行业需要较长的时间才能形成生产能力,因此在研究产能过剩的时候只能考虑下一期新增产能,而不能把正在施工兴建的产能都计算进去;否则有可能高估产能过剩。市场需求也要相应改为下期的市场需求。如果拿当期的市场需求来计算,也会高估产能过剩。

以钢材为例。2005年,全国钢材产能41143万吨,钢材产量37771万吨,也就是说产量近似于运行产能,储备产能为两者之差3371万吨。在政府文件和报纸上,有些人认为钢材产能过剩。事实上,如果扣除的落后产能数量比较大,下期的市场需求增加比较多,产能过剩就会减少,甚至有可能出现负值,即产能不但不过剩反而不足。

从统计资料中很难找到各年淘汰落后产能的数字。根据国家发改委与工业和信息化部的报告,2006—2012年,总计淘汰落后产能1亿吨,平均每年淘汰1666万吨。[①]另外一组数据表明,在"十一五"期间总共淘汰落后钢铁产能7200万吨,平均每年1440万吨。如果钢铁行业不景气,淘汰落后产能的数量就会有所上升。例如,在2014年钢铁行业很不景气,淘汰落后钢铁产能3100万吨。[②] 工业和信息化部于2014年6月底出台《钢铁工业转型发展行动计划

---

① 淘汰炼钢产能数据来自"中国钢铁亏损怪圈:8年新增产能超淘汰产能6倍",《第一财经日报》,2013年8月5日。

② "钢铁产能过剩的真相:每次调控后都会迎来新一轮狂欢",《财经国家周刊》,2015年5月15日。

(2015—2017)》,目标是在这三年再压缩8 000万吨钢铁产能,平均每年压缩2 666万吨产能。大致上可以假定,每年平均淘汰落后钢铁产能1 600万吨左右。

按照创新的产能过剩的定义处理粗钢数据,1989—2011年,粗钢一直处于产能不足状态;2006年,粗钢产能短缺5 550万吨;2007年,粗钢产能短缺4 548万吨;2008年,由于受到美国金融危机的冲击,粗钢产能过剩630万吨;2009—2011年,在4万亿元大投资的推动下,粗钢产能再度处于不足状态;直到2012年在"历史上最严厉的房价调控政策"的影响下,建筑业逐步萎缩,在2013年粗钢产能过剩4 854万吨(见表1-2)。

表1-2 粗钢过剩产能　　　　　　　　　　单位:万吨

年份	生产能力(年均值) Y_t+Z_t	产出量(运行产能) Y_t	表观消费量 D_t	储备产能 Z_t	年度净增生产能力 I_t-L_{t+1}	过剩产能 $S_t=0.8Z_t-0.2D_t$
1989	6 541	6 159	7 103	382		
1990	6 957	6 635	6 828	322	416	−1 108
1991	7 601	7 100	7 018	501	644	−1 003
1992	8 333	8 094	8 594	239	733	−1 528
1993	9 007	8 956	12 611	51	674	−2 481
1994	10 030	9 261	12 181	769	1 023	−1 821
1995	11 174	9 536	10 110	1 638	1 144	−712
1996	11 804	10 124	11 246	1 679	630	−906
1997	12 111	10 894	11 966	1 216	307	−1 420
1998	12 874	11 559	13 170	1 315	763	−1 582
1999	13 984	12 426	13 618	1 558	1 110	−1 477
2000	14 755	12 850	13 809	1 905	771	−1 238
2001	16 038	15 163	17 065	874	1 283	−2 714
2002	18 425	18 237	20 572	188	2 388	−3 964
2003	23 058	22 234	25 858	824	4 633	−4 512
2004	30 197	28 291	28 731	1 906	7 139	−4 221
2005	38 195	35 324	36 195	2 871	7 998	−4 942
2006	44 813	41 915	39 340	2 898	6 618	−5 550
2007	54 140	48 929	43 586	5 211	9 328	−4 548

(续表)

年份	生产能力 (年均值) Y_t+Z_t	产出量 (运行产能) Y_t	表观消费量 D_t	储备产能 Z_t	年度净增 生产能力 I_t-L_{t+1}	过剩产能 $S_t=0.8Z_t-0.2D_t$
2008	62 731	50 306	46 548	12 425	8 591	630
2009	68 114	57 218	57 442	10 896	5 383	−2 772
2010	75 914	63 723	61 206	12 191	7 800	−2 488
2011	83 179	68 528	66 793	14 650	7 265	−1 639
2012	91 160	72 388	68 758	18 771	7 981	1 265
2013	103 265	77 904	77 173	25 361	12 105	4 854

资料来源:钢材产能和产量来自《中国工业统计年鉴》,其他为计算所得。表中钢材产量数据比较可靠,可是对于产能数据不能不有所保留。

在新的产能过剩的定义下,1991年以前,全国钢材产能基本均衡;1992—1994年,钢材产能不足,刺激了各地加大对钢材的投资;1995—1998年,钢材产能基本均衡,略有过剩;在渡过亚洲金融危机的冲击之后,中国钢材产能从1999年开始长期处于不足状态;2006年,钢材产能缺口高达7 032万吨;各地大幅度增加对钢材生产的投资,2009年钢材增长率高达14.8%[(69 405−60 460)/60 460],2010年为15.7%[(80 277−69 405)/69 405],2011年为10.4%[(88 620−80 277)/80 277](见表1-3)。

表1-3 钢材过剩产能 单位:万吨

年份	生产能力 (年均值) Y_t+Z_t	产出量 (运行产能) Y_t	表观消费量 D_t	储备产能 Z_t	年度净增 生产能力 I_t-L_{t+1}	过剩产能 $S_t=0.8Z_t-0.2D_t$
1989	6 453	4 859	5 600	1 594		155
1990	7 037	5 153	5 313	1 884	584	445
1991	7 517	5 638	5 642	1 879	481	375
1992	8 088	6 697	6 985	1 391	571	−284
1993	8 846	7 716	10 622	1 130	758	−1 220
1994	10 136	8 428	10 536	1 708	1 291	−741
1995	12 721	8 980	9 784	3 741	2 585	1 036
1996	13 907	9 338	10 515	4 569	1 187	1 552
1997	13 609	9 979	10 847	3 630	−298	735
1998	13 894	10 738	11 623	3 156	285	200

(续表)

年份	生产能力 （年均值） Y_t+Z_t	产出量 （运行产能） Y_t	表观消费量 D_t	储备产能 Z_t	年度净增 生产能力 I_t-L_{t+1}	过剩产能 $S_t=0.8Z_t-0.2D_t$
1999	14 491	12 110	12 256	2 381	597	−546
2000	15 101	13 146	12 428	1 955	611	−922
2001	16 537	16 068	15 798	469	1 436	−2 784
2002	19 701	19 252	19 133	449	3 164	−3 467
2003	25 636	24 108	24 048	1 528	5 936	−3 587
2004	33 827	31 976	27 582	1 851	8 191	−4 036
2005	41 143	37 771	34 747	3 371	7 316	−4 253
2006	47 545	46 893	37 766	651	6 402	−7 032
2007	63 041	56 561	41 843	6 480	15 497	−3 185
2008	75 150	60 460	44 686	14 689	12 109	2 814
2009	79 858	69 405	55 144	10 453	4 709	−2 666
2010	92 458	80 277	58 757	12 181	12 600	−2 007
2011	105 244	88 620	64 120	16 624	12 786	475
2012	116 409	95 578	66 006	20 831	11 165	3 464
2013	134 030	106 762	74 086	27 268	17 621	6 997

资料来源：钢材产能和产量来自于《中国工业统计年鉴》，其他为计算所得。表中钢材产量数据比较可靠，可是对于产能数据不能不有所保留。

这就解释了为什么在1998—2005年有那么多的企业不断增加对钢铁行业的投资。这个时期是中国钢铁行业的黄金岁月，钢材产量节节上升，钢铁企业获利甚丰，一片欣欣向荣。尽管有关部门总在大喊钢材产能过剩，但是总产能仍继续上升。

2011年，受到"历史上最严厉的房价调控政策"的影响，钢材产能从不足转为过剩；2013年，钢材产能过剩6 997万吨，大批钢厂不得不减产甚至停工，钢铁行业一片萧条。

存在的就是合理的，必须客观地探索经济运行状态背后的规律。

如果粗钢和钢材产量不断上升，投资持续处于高位，很明显，这种状态属于产能不足而不是产能过剩。官方机构声称的产能过剩属于明显的误判。事实上，无论官方和媒体说什么，企业依然扩大投资，粗钢和钢材产量持续攀升。

看懂中国产能过剩

钢产量从 2000 年的 15 101 万吨上升为 2008 年的 75 150 万吨。

2008 年启动了 4 万亿元大投资,投资的增速超过了市场需求增速。在 2010 年前后逐步形成了钢材生产能力,就在这个时候赶上了"历史上最严厉的房地产调控政策"——限购、限价、限贷,一下子就把商品房销售额打了下来。建筑业大萧条,导致"肠梗阻",住房建设投资下降,既拖累了上游的钢铁、水泥、平板玻璃等行业,也拖累了下游的家电、装饰材料等行业。粗钢和钢材的产能焉能不过剩?

产能过剩的三种基本类型

产能过剩大致上可分为如下三种基本类型[①]:

第一,"短板"过剩。由于经济发展不均衡而导致局部产能过剩。就像木桶一样,如果木板长短不齐,木桶的容量就取决于最短的那块木板。倘若出现了一块短板,其他的板子就可能"过剩"。众所周知,均衡是相对的,不均衡则是绝对的。市场总是在不均衡状态下扩大并发展的。在大工业生产中,国民经济构成一个完整的系统工程,牵一发而动全身。如果在生产链的某一个环节出现障碍,必将影响全体,使得其他生产环节出现"产能过剩"。毫无疑问,为了提高水桶的容量,应当加长短板,而不是锯短其他的长板。

在经济高速增长中,长板和短板是相对的。如果某个部门的发展速度低于其他部门,今天的长板就可能变成明天的短板。在正常情形下,市场机制会自动调整这类不均衡状态,完全用不着政府出面干预。如果导致生产链出现短板的原因来自政府的政策失误,最好的处理办法就是规范政府行为,把官员的权力关进笼子,让市场机制充分发挥作用。千万不要以为政府进一步出面干预就能解决问题。如果政府打着限制产能过剩的旗号,加强审批管理,最终

---

① 有的文章把产能过剩分为五类,有的文章分为八类,说法不一,多数文章从市场现象对产能过剩进行分类。这样分类亦无不可,可是更重要的是抓住导致产能过剩的根源,只有这样才能提出相应的对策。因此,将产能过剩分为"短板"过剩、周期性过剩和局部过剩更符合中国的现实。

很可能是锯短长板,越管越乱。①

第二,周期性过剩。经济周期是经济发展的基本规律之一。经济发展不可能永远向上再向上,而是有起有伏,波浪式地前进。如果市场进入经济周期的衰退期,那么必然出现周期性过剩。企业也只能随之调整,在淘汰落后产能的同时减少投资。

第三,局部过剩。有的时候,在某些地区市场饱和、供过于求,企业的设备闲置率上升;可是在其他地区供不应求。或者,国内市场饱和,而在海外还存在着广阔的潜在市场。导致局部产能过剩的原因是缺乏信息,运输能力不足,融资渠道不畅通,贸易壁垒,等等。在大规模产业升级和产业中心转移的过程中也会出现局部地区的产能过剩。例如,由于沿海地区的收入水平上升较快,轻纺业逐渐丧失了竞争优势,上海周边许多纺织厂搬迁到四川、安徽等地。在长三角地区,纺织业产能过剩;但是在许多内地省市,纺织业才刚刚起步。其实,这并不是真正的产能过剩,而是产业中心转移、资源优化配置的结果。

还有一些现象,人们往往也称之为产能过剩,但严格说来,它们并不是真正的产能过剩。

其一,淘汰落后生产方式不属于产能过剩。从技术进步来看,任何产品都有其特定的生命周期。从研发、投资、批量生产、逐步成熟以至于落伍,最终被新一代产品取代。科技创新、产业升级、更新换代是社会进步的主旋律。在新陈代谢的过程中,落后的产品逐渐失去市场份额,其产能也必然"过剩"。以电脑行业为例,老式的286型、386型电脑逐渐被一代又一代新型电脑取代。那些老式生产设备是不是"产能过剩"?

20世纪80年代,全国投资了300多条彩电生产线。由于平板液晶电视问世,老式的显像管电视机被迅速淘汰,大量电视机厂关门倒闭。在剧烈的更新换代中,中国的电视机产业突飞猛进,在国际市场上逐渐占有一席之地。能不能把20世纪80—90年代的电视机行业大调整也叫做产能过剩?

---

① 自2012年以来钢铁、水泥、家电行业出现的产能过剩很可能与"历史上最严厉的房地产宏观调控政策"有关。正是限购、限价、限贷等政策打乱了经济发展的宏观平衡,大大提高了钢铁、建材、水泥、家电行业的设备闲置率。详见本书第二章。

在二十多年前,柯达和富士胶卷几乎垄断了照片洗印市场;当数码相机问世之后,绝大部分彩色胶卷生产设备都被淘汰了。好像没有人把这些叫做产能过剩。

解放牌卡车从20世纪50年代开始连续生产了三十多年,耗能大、毛病多、可靠性差。改革开放以后,随着新型卡车不断问世,除非迫不得已,很少有人愿意购买过时的解放牌卡车。20世纪80年代,从全国来看,汽车产能严重不足,可是从生产解放牌卡车的长春第一汽车厂来看,产能过剩。

沉舟侧畔千帆过,病树前头万木春。严格地说,淘汰落后不是产能过剩。

其二,环境保护、节能减排淘汰了许多传统的生产方式和设备。20世纪,许多工业基地烟囱林立,浓烟滚滚,污水横流。实施节能减排之后,许多设备被贴上封条,禁止投产使用。显然,不应当把这些污染源的停工称为产能过剩。

其三,有些生产具有明显的季节性特征。例如,每年麦收季节,几十万台联合收割机从南向北次第收割小麦,轰轰烈烈,蔚为壮观,创造了很好的经济效益。收割季节过后,这些收割机保养、入库,以待来年。大多数糖厂也只在甘蔗收获期开工,一年内最多开工两三个月,其余时间都闲置无用。不能把这些看起来闲置的收割机和糖厂设备称为产能过剩。

对症下药,有的放矢

按照有关部门的文件,需要在2015年重点治理钢材、水泥、造船、原铝、平板玻璃等五大部门的产能过剩。从统计数据来看,自2011年以后,除了原铝行业,其他行业的产能利用率都在下滑(见表1-4)。这五个部门产能过剩的原因各不相同。钢材、水泥、平板玻璃的产能过剩和近年来政府房地产政策的失误密切相关,属于"短板"型产能过剩;造船产能过剩属于周期性过剩;原铝产能过剩属于局部产能过剩;这三大类产能过剩的严重程度都与政府产业政策的失误密切相关。

表 1-4　五大部门产能利用率

项目	2011 年			2012 年		
	产量	产能	产能利用率	产量	产能	产能利用率
水泥(万吨)	209 925	293 236	71.6%	220 984	311 995	70.8%
平板玻璃(万重量箱)	79 107	86 185	91.8%	75 050	85 850	87.4%
粗钢(万吨)	68 528	91 666	74.8%	72 388	101 378	71.4%
钢材(万吨)	88 619	118 310	74.9%	95 577	131 679	72.6%
原铝(万吨)	1 768	2 202	80.3%	2 020	2 448	82.5%
汽车(万辆)	1 841	2 379	77.4%	1 927	2 589	74.4%

项目	2013 年			2014 年		
	产量	产能	产能利用率	产量	产能	产能利用率
水泥(万吨)	241 924	337 513	71.7%	249 207	346 614	71.9%
平板玻璃(万重量箱)	79 286	92 787	85.4%	83 128	94 679	87.8%
粗钢(万吨)	81 314	110 537	73.6%	82 231	112 851	72.9%
钢材(万吨)	108 201	145 778	74.2%	112 513	153 843	73.1%
原铝(万吨)	2 544	3 122	81.5%	2 753	3 549	77.5%
汽车(万辆)	2 212	2 784	79.5%	2 373	3 052	77.7%

资料来源:《中国统计年鉴 2014》,第 437、440 页。

针对不同类型的产能过剩,理应采取不同的对策(见表 1-5)。

表 1-5　整治产能过剩的策略

行业	产能过剩性质	应对策略
钢材 水泥 平板玻璃	短板过剩	(1) 大力推进廉租房建设,为低收入家庭提供住房。 (2) 取消限购、限价、限贷等房价调控政策,恢复宏观经济运行正常秩序。 (3) 加大力度淘汰技术落后、高能耗、高污染企业。 (4) 创建海外工业园,帮助中小企业走出国门,开拓海外市场。
原铝	局部过剩	(1) 继续鼓励西部原铝投资,合理配置资源。 (2) 加大产业转移的力度;严格金融纪律,不允许亏损企业拖欠贷款。 (3) 提高原铝库存。 (4) 积极开拓海外市场。
造船	周期性过剩	(1) 在资金上支持具有竞争力的造船企业,等待国际市场复苏。 (2) 兼并重组,提高造船企业的国际竞争力。 (3) 技术创新,开辟海工设备、极地船舶、特殊船舶新领域。 (4) 加强国际市场研究,力求今后给企业提供更多、更准确的信息。

资料来源:作者整理。

看懂中国产能过剩

第一，短板产能过剩。近年来在钢铁、水泥、平板玻璃行业出现的产能过剩缘自2012年错误的房价调控政策。限购、限价、限贷制约了商品房的销售量，错误的许诺改变了市场预期。建筑业变成了国民经济体系中的短板，导致上游的钢铁、水泥、平板玻璃和下游的家电、装修材料、灯具等行业产能过剩。① 显而易见，如果造成经济发展不均衡的原因是政府政策失误，解铃还需系铃人，就必须正视现实，迅速纠正错误；不要削足适履，更不要掩耳盗铃，以一个新错误掩饰先前的错误。我们要认真分析造成经济发展不均衡的原因，对症下药。一旦清除了外界干扰，市场需求就有可能迅速恢复，再涌高潮。倘若错误地限制产能过剩，一刀切、急刹车，则很可能导致经济顾此失彼、大起大落，造成严重的损失。

第二，周期性产能过剩。当经济处于下行期，市场萎缩，设备闲置率上升。在这个时期，订单减少，生产任务不重，正好用来检修设备，淘汰落后产能，更新换代。

一般来说，周期性产能过剩和前期投资相关，而前期投资决策和企业家对未来的预测有关。企业家对未来的预测在很大程度上与本企业的设备利用率有关。有的时候，尽管本企业的设备利用率并不高，但是企业家预感未来市场需求会大幅度增长，为了取得更大的市场份额，他们会增加投资、提高产能。总的来说，企业家更贴近市场，他们对未来市场的判断要比官员和学者更超前、更准确一些。当然，企业家也会失误，可能出现"羊群效应"，大家一窝蜂地增加投资，导致某个部门产能过剩，从而出现经济周期的下一个循环。不过，当市场出现饱和迹象时，企业家会迅速觉察到市场的变化，并且各自调整投资和生产。政府基本上不须在微观层面上干预经济周期，只要让市场机制充分发挥作用，周期性产能过剩往往会很快消失。

当前，中国造船业遭遇严重的产能过剩，其原因是在2008年美国和欧洲遭遇金融危机的时候，非但没有缩减产能，反而大肆扩张，逆势而动，搬起石头砸了自己的脚。由于国际造船市场是寡头垄断市场，为了保持市场份额，中国

---

① 关于钢铁行业产能过剩的讨论详见第二章；关于水泥产能过剩的讨论详见第三章；关于平板玻璃产能过剩的讨论详见第四章。

造船业必须硬着头皮顶住,加强行业内的兼并重组,保住主体企业,撑过困难时期,迎接新的周期。①

为了适应世界经济周期的起伏变化,必须加强宏观经济研究,完善市场信息系统,扩大咨询、信息共享程度,提高企业决策水平。在获取、综合、分析信息上,国家和专业经济研究机构比一般企业具有更强的优势。对于其他企业或其他地区的产能利用率,企业可能缺乏信息渠道,如果国家能够定期公布产能利用率信息,对企业正确决策就肯定有莫大帮助。

第三,局部产能过剩。当前原铝行业的产能过剩属于产业结构调整。如果仅仅从山东、河南的原铝产业来看,确实产能过剩。可是,从全国角度来看,原铝产业具有很大的发展空间。因此,应当适应资源禀赋的配置,将原铝产业的生产中心从山东、河南逐步向西部能源充沛的地区转移。②

运力不足是造成局部产能过剩的另一个原因。一方面,应当按照市场需求和资源禀赋分布状况调整产业布局;另一方面,应当增加运输能力,打通运输系统的瓶颈,只有这样才能疏通物流,互通有无。

如果在海外存在潜在的市场,就必须消除贸易壁垒,创建海外工业园区,帮助中小企业扩大海外投资,走向世界。在这个方面政府大有可为。

在很多情况下,出现局部产能过剩的原因是资金流障碍。由于缺乏融资渠道,使得出现"短板"的企业有心无力。为此,需要大力开放民营银行,疏通中小企业、民营企业的融资渠道。

---

① 关于造船业产能过剩的讨论详见第六章。
② 关于原铝业产能过剩的讨论详见第五章。

第二章

钢材产能是否过剩

导 读

- 在人均钢材产量达到倒 U 形曲线的峰值之前，即使出现钢材产能过剩的问题，也很可能属于短期现象；只有越过倒 U 形曲线的拐点后，才会真正出现钢材产能过剩的问题。

- 从人均钢产量和钢材总产量的增长态势、城镇化速度、人均 GDP 水平、固定资产投资的增长速度、新建住房套数等数据判断，中国人均钢材消费量尚未达到拐点。

- 中国的人均住房面积远远没有达到稳定值。在未来 20 年内，中国人均住房面积和住房总面积都要有一个大幅度的增长，才能满足居民的住房需要。只要大盖廉租房，钢材产能就绝不会过剩。

- 如果工业生产和建筑业加权平均后的增速超过或者基本接近钢材产量增速，就没有理由说钢材消费量会出现拐点。

- 中国钢铁行业的产能利用率高于亚洲各国和非经济合作与发展组织国家的平均值，基本上处于正常范围之内。

- 产能过剩和钢铁企业利润率没有必然的联系。

- 2012 年，政府推出一系列"历史上最严厉的房价调控政策"，这是导致钢铁行业陷于困境的一个重要转折点。表面看来是钢材产能过剩，但根子在于建筑业萎缩而导致的宏观经济失衡。面对钢材产能过剩,是削减钢材产能还是修正干扰国民经济体系均衡发展的错误政策?何去何从,泾渭分明。

节节高升的钢材产量

中国钢材产量突飞猛进

在人类历史上,从来没有一个国家的钢铁行业像中国这样高速增长、后来居上,令全世界刮目相看。

1950年,中国钢材产量为67万吨,而美国钢材产量为8785万吨,英国为1655万吨,日本在第二次世界大战后逐渐复苏,钢材产量为484万吨。相差何等悬殊。中国钢铁产量远远落后于世界主要工业国家。

1958年,中国提出在钢材和主要工业产品上"超英赶美"的口号,掀起了群众性大炼钢铁的高潮。当年,中国粗钢产量为800万吨,英国为1988万吨,美国为7734万吨;中国的钢产量是英国的40.2%,是美国的10.3%。在当时提出这样的口号是需要很大的勇气和自信的。

"大跃进"的结果很不理想,损兵折将,浪费极大,得不偿失。1959年,中国粗钢产量急剧下跌,与西方各国的差距更大了。可以想象,在那个时候,英国和美国的媒体在谈及中国人的赶超时是何等的讥讽和不屑。

1966年,爆发了"文化大革命",粗钢产量从1966年的1532万吨下跌至1967年的1029万吨,下降了32.8%。到1976年"文化大革命"结束时,中国粗钢产量只有2046万吨。在错误的发展战略指导下,中国钢铁工业像扭秧歌一样,进一步、退一步,欲速而不达。

改革开放初期,钢材严重供不应求,只能由国家统一调配,不允许在市场上自由交易、流通,有钱也买不到。

改革开放之后,再也没有强调"以钢为纲"的口号,也没有动员群众大炼钢铁;可是,市场经济像一阵春风,给钢铁行业带来了繁荣。大、中、小钢铁企业遍地开花,钢材产量以两位数高速增长。

全国钢材产量在1998年突破1亿吨,2002年将近2亿吨,2004年突破3亿吨,2006年突破4亿吨,2007年突破5亿吨,2008年突破6亿吨,2009年将近7亿吨,2010年突破8亿吨,2011年将近9亿吨,2013年突破10亿吨,2014年超过11亿吨。中国钢材产量从改革开放初始1979年的2 497万吨到2014年增长44倍;人均钢材产量从1979年的25.77千克上升为2014年的822.89千克,增长31.9倍(见表2-1)。[①] 西方媒体在谈到中国钢铁工业的时候除了震惊,就是不解。

表2-1 全国钢材产量、增长速度、人均钢材产量

年份	成品钢材(万吨)	钢材净增量(万吨)	年度增长速度(%)	人均钢材产量(千克/人)
1949	13	—	—	0.24
1950	37	24	184.6	0.68
1951	67	30	81.1	1.20
1952	106	39	58.2	1.86
1953	147	41	38.7	2.53
1954	172	25	17.0	2.89
1955	216	44	25.6	3.55
1956	314	98	45.4	5.05
1957	415	101	32.2	6.51
1958	591	176	42.4	9.06
1959	897	306	51.8	13.61
1960	1 111	214	23.9	16.81
1961	613	−498	−44.8	9.19
1962	455	−158	−25.8	6.77
1963	533	78	17.1	7.81
1964	688	155	29.1	9.85
1965	881	193	28.1	12.32
1966	1 035	154	17.5	14.07
1967	718	−317	−30.6	9.52
1968	666	−52	−7.2	8.60

---

① 《中国统计摘要2015》,第114页。粗钢是从铁矿石冶炼而来,而钢材数量中不仅包括用粗钢生产的数量还包括用废钢铁冶炼轧制的数量。在钢材的统计数字中存在重复计算。例如,生产中板的钢厂呈报了产量,而另一家钢厂用中板轧制薄板,也呈报了产量。一般而言,钢材数量高于粗钢。

(续表)

年份	成品钢材(万吨)	钢材净增量(万吨)	年度增长速度(%)	人均钢材产量(千克/人)
1969	926	260	39.0	11.63
1970	1 188	262	28.3	14.52
1971	1 389	201	16.9	16.51
1972	1 561	172	12.4	18.11
1973	1 684	123	7.9	19.09
1974	1 466	−218	−12.9	16.28
1975	1 622	156	10.6	17.70
1976	1 466	−156	−9.6	15.75
1977	1 633	167	11.4	17.31
1978	2 208	575	35.2	23.09
1979	2 497	289	13.1	25.77
1980	2 716	219	8.8	27.68
1981	2 670	−46	−1.7	26.86
1982	2 902	232	8.7	28.77
1983	3 072	170	5.9	30.02
1984	3 372	300	9.8	32.52
1985	3 693	321	9.5	35.14
1986	4 058	365	9.9	38.04
1987	4 386	328	8.1	40.46
1988	4 689	303	6.9	42.56
1989	4 859	170	3.6	43.44
1990	5 153	294	6.1	45.39
1991	5 638	485	9.4	48.99
1992	6 697	1 059	18.8	57.49
1993	7 716	1 019	15.2	65.48
1994	8 428	712	9.2	70.71
1995	8 980	552	6.5	74.53
1996	9 338	358	4.0	76.70
1997	9 979	641	6.9	81.13
1998	10 737	758	7.6	86.45
1999	12 110	1 373	12.8	96.67
2000	13 146	1 036	8.6	104.11
2001	16 068	2 922	22.2	126.33
2002	19 252	3 184	19.8	150.36
2003	24 108	4 856	25.2	187.12
2004	31 976	7 868	32.6	246.71
2005	37 771	5 795	18.1	289.72

(续表)

年份	成品钢材(万吨)	钢材净增量(万吨)	年度增长速度(%)	人均钢材产量(千克/人)
2006	46 893	9 122	24.2	357.69
2007	56 561	9 668	20.6	429.18
2008	60 460	3 899	6.9	456.42
2009	69 405	8 945	14.8	521.35
2010	80 277	10 871	15.7	600.11
2011	88 620	8 343	10.4	659.31
2012	95 578	6 958	7.9	707.62
2013	106 762	11 184	11.7	786.53
2014	112 557	5 795	5.4	822.89

资料来源:1949—2007年数据来自《新中国六十年统计资料汇编》;2008—2014年数据来自《中国统计摘要2015》,第114页。

后来居上,遥遥领先

回顾钢铁行业的历史,西方工业强国曾经各领风骚几十年。

工业革命的发源地(英国)曾经一马当先,在1879年成为第一个钢铁生产达到百万吨级别的国家。

美国的钢铁工业从1867年开始飙升,在33年内钢铁生产量增加了516倍,年均增速超过20%。美国在1886年超过英国,成为世界第一大钢铁生产国,并且于1899年成为第一个钢铁产量超过千万吨级别的国家。

德国在1893年超越英国,紧随美国,占据世界第二位。1945年,第二次世界大战结束时,德国的钢铁工业几乎被彻底摧毁。

苏联的钢产量超过德国,紧追美国。1971年,苏联的钢产量(1.21亿吨)超过了美国(1.09亿吨),登上世界第一的宝座。可是,在两个超级大国的争霸中,俄罗斯没能保持优势,苏联解体之后,在1994年被美国反超。

日本钢铁工业是后起之秀。日本钢产量在1961年超过英国,在1964年超过德国,在1980年超过美国,跃居世界第一。但是,好景不长,日本在1990年遭遇金融危机之后一蹶不振,在1998年被美国反超。

世界主要工业国的粗钢产量如表2-2所示,粗钢产量排名前10的生产国如表2-3所示。

第二章 钢材产能是否过剩

表 2-2 世界主要工业国粗钢产量

单位：千吨

排名	1	2	3	4	5	6	7	8	9	10	11	12	13	14	15	16
年份	中国	日本	俄罗斯	美国	印度	韩国	德国	巴西	意大利	墨西哥	法国	西班牙	加拿大	英国	南非	比利时
1949	158	3 111	23 291	70 740	1 374	8	9 156	615	2 055	373	9 152	720	2 892	15 003	636	3 849
1950	610	4 839	27 329	87 848	1 461	4	12 121	789	2 362	390	8 652	815	3 070	16 554	816	3 777
1951	900	6 502	31 350	95 435	1 524	1	13 506	843	3 063	467	9 835	818	3 237	15 890	1 007	5 054
1952	1 349	6 988	34 492	84 520	1 603	1	15 806	893	3 535	537	10 867	904	3 359	16 681	1 258	5 067
1953	1 774	7 662	38 128	101 250	1 531	1	15 420	1 016	3 500	462	9 997	897	3 734	17 891	1 298	4 497
1954	2 225	7 750	41 434	80 115	1 712	1	17 434	1 148	4 207	454	10 627	1 100	2 898	18 817	1 431	4 973
1955	2 853	9 408	45 272	106 173	1 732	11	21 336	1 162	5 395	510	12 592	1 213	4 114	20 108	1 580	5 852
1956	4 465	11 106	48 698	104 522	1 766	12	23 189	1 375	5 908	591	13 398	1 243	4 809	20 990	1 605	6 312
1957	5 350	12 570	51 176	102 253	1 742	17	24 507	1 299	6 787	687	14 096	1 346	4 598	22 047	1 737	6 233
1958	8 000	12 118	54 920	77 342	1 842	20	22 785	1 362	6 271	988	14 616	1 560	3 955	19 880	1 832	5 980
1959	3 870	16 629	59 971	84 773	2 473	38	29 435	1 608	6 762	1 213	15 219	1 823	5 354	20 510	1 895	6 410
1960	8 660	22 138	65 294	90 067	3 286	50	34 100	2 260	8 229	1 500	17 281	1 919	5 270	24 695	2 113	7 141
1961	8 700	28 268	70 756	88 917	4 084	66	33 458	2 443	9 124	1 725	17 570	2 340	5 886	22 440	2 475	6 960
1962	6 670	27 546	78 307	89 202	5 149	149	32 563	2 396	9 490	1 851	17 240	2 311	6 507	20 820	2 634	7 297
1963	7 620	31 501	80 231	99 120	5 885	160	31 597	2 737	10 157	1 974	17 556	2 492	7 436	22 882	2 834	7 279
1964	9 640	39 799	85 038	115 281	6 033	129	37 339	2 938	9 793	2 284	19 780	3 150	8 282	26 651	3 107	8 796
1965	12 230	41 161	91 021	119 260	6 470	185	36 821	2 983	12 660	2 394	19 604	3 516	9 132	27 439	3 293	9 229
1966	15 320	47 784	96 907	121 654	6 660	224	35 316	3 782	13 639	2 780	19 585	3 847	9 093	24 705	3 302	8 917
1967	10 290	62 154	102 224	115 406	6 440	300	36 744	3 734	15 890	3 059	19 655	4 521	8 797	24 278	3 750	9 716
1968	9 040	66 893	106 537	119 260	6 495	372	41 159	4 453	16 963	3 270	20 410	4 971	10 161	26 277	4 060	11 573
1969	13 330	82 166	110 330	128 151	6 514	374	45 316	4 925	16 428	3 470	22 511	5 981	9 350	26 846	4 543	12 837
1970	17 790	93 322	116 000	119 309	6 286	481	45 040	5 390	17 277	3 846	23 773	7 394	11 198	28 291	4 674	12 609

(续表)

排名	1	2	3	4	5	6	7	8	9	10	11	12	13	14	15	16
年份	中国	日本	俄罗斯	美国	印度	韩国	德国	巴西	意大利	墨西哥	法国	西班牙	加拿大	英国	南非	比利时
1971	21 320	88 557	121 000	109 265	6 376	472	40 314	6 011	17 452	3 784	22 859	7 794	11 040	24 153	4 920	12 444
1972	23 380	96 901	126 000	120 875	6 907	585	43 706	6 518	19 815	4 396	24 054	9 564	11 859	25 293	5 343	14 532
1973	25 220	119 322	131 000	136 804	7 354	1 157	49 521	7 149	20 995	4 652	25 264	10 809	13 386	26 594	5 630	15 523
1974	21 120	117 131	136 000	132 196	6 740	1 935	53 232	7 507	23 803	5 046	27 023	11 646	13 623	22 323	5 834	16 224
1975	23 900	102 313	141 000	105 897	7 925	2 030	40 414	8 308	21 836	5 196	21 530	11 115	13 025	20 098	6 570	11 584
1976	20 460	107 399	145 000	116 121	9 313	2 725	42 415	9 169	23 446	5 243	23 221	11 085	13 290	22 274	7 137	12 145
1977	23 740	102 405	147 000	113 701	9 895	2 764	38 985	11 164	23 334	5 529	22 094	11 270	13 581	20 411	7 379	11 256
1978	31 780	102 005	151 000	124 314	10 024	3 180	41 253	12 107	24 283	6 712	22 841	11 469	14 898	20 311	7 903	12 624
1979	34 480	111 748	149 000	123 688	10 004	5 256	46 040	13 891	24 300	7 023	23 360	12 254	16 078	21 464	8 781	13 464
1980	37 121	111 395	147 931	101 456	9 514	8 558	43 838	15 337	26 501	7 156	23 176	12 553	15 901	11 277	9 067	12 344
1981	35 604	101 676	148 517	109 614	10 765	10 753	41 610	13 226	24 778	7 663	21 258	13 020	14 811	15 573	9 005	12 299
1982	37 160	99 548	147 153	67 656	10 997	11 758	35 880	12 995	24 009	7 056	18 402	13 449	11 871	13 704	8 280	10 182
1983	40 021	97 179	152 511	76 762	10 237	11 915	35 729	14 671	21 810	6 978	17 582	13 262	12 832	14 986	7 180	10 266
1984	43 475	105 586	154 238	83 940	10 549	13 034	39 389	18 386	24 110	7 560	19 000	13 379	14 699	15 121	7 732	11 414
1985	46 794	105 279	154 668	80 067	11 936	13 539	40 497	20 455	23 898	7 399	19 008	14 679	13 459	15 722	8 507	10 781
1986	52 208	98 275	160 550	74 031	12 197	14 555	37 134	21 233	22 882	7 225	17 865	11 905	14 081	14 725	8 895	9 803
1987	56 280	98 513	161 887	80 876	13 121	16 782	36 248	22 228	22 859	7 642	17 693	11 691	14 737	17 414	8 991	9 844
1988	59 430	105 681	163 037	90 650	14 309	19 118	41 023	24 657	23 760	7 779	19 122	11 886	15 193	18 950	8 837	11 240
1989	61 587	107 908	160 096	88 852	14 608	21 873	41 073	25 055	25 176	7 852	16 800	12 397	15 458	18 740	9 337	10 956
1990	66 349	110 339	154 436	89 726	14 936	23 125	38 434	20 567	25 452	8 734	19 020	12 658	12 281	17 841	8 619	11 424
1991	71 000	109 649	136 084	79 738	17 100	26 001	42 169	22 617	25 032	7 964	18 432	12 700	12 987	16 474	9 358	11 340
1992	80 935	98 132	117 731	84 322	18 117	28 055	39 711	23 934	24 744	8 459	18 024	12 161	13 924	16 212	9 061	10 332
1993	89 539	99 623	97 809	88 793	18 155	33 026	37 625	25 207	25 848	9 199	17 112	12 858	14 387	16 625	8 726	10 176

（续表）

排名	1	2	3	4	5	6	7	8	9	10	11	12	13	14	15	16
年份	中国	日本	俄罗斯	美国	印度	韩国	德国	巴西	意大利	墨西哥	法国	西班牙	加拿大	英国	南非	比利时
1994	92 613	98 295	77 921	91 244	19 282	33 745	40 837	25 747	26 151	10 260	18 031	13 445	13 897	17 286	8 525	11 331
1995	95 360	101 640	78 804	95 191	22 003	36 772	42 051	25 076	27 766	12 147	18 100	13 802	14 415	17 604	8 741	11 606
1996	101 237	98 801	76 880	95 535	23 753	38 903	39 793	25 237	23 910	13 196	17 633	12 154	14 735	17 992	7 999	10 818
1997	108 911	104 545	80 558	98 485	24 415	42 554	45 007	26 153	25 842	14 246	19 767	13 683	15 553	18 501	8 311	10 739
1998	114 588	93 548	73 950	98 658	23 480	39 896	44 046	25 760	25 714	14 218	20 126	14 827	15 930	17 315	7 956	11 425
1999	123 954	94 192	85 657	97 427	24 296	41 042	42 062	24 996	24 878	15 274	20 200	14 882	16 235	16 298	7 857	10 931
2000	127 236	106 444	98 489	101 803	26 924	43 107	46 376	27 865	26 759	15 631	20 954	15 874	16 594	15 155	8 481	11 636
2001	150 906	102 866	99 619	90 104	27 291	43 852	44 803	26 717	26 545	13 300	19 343	16 504	15 276	13 543	8 821	10 762
2002	182 249	107 745	101 089	91 587	28 814	45 390	45 015	29 604	26 066	14 010	20 258	16 408	16 002	11 667	9 095	11 343
2003	222 413	110 511	106 220	93 677	31 779	46 310	44 809	31 147	27 058	15 159	19 758	16 286	15 929	13 268	9 481	11 100
2004	280 486	112 718	113 112	99 681	32 626	47 521	46 374	32 909	28 604	16 737	20 770	17 621	16 305	13 766	9 500	11 698
2005	355 790	112 471	112 876	94 897	45 780	47 820	44 524	31 610	29 350	16 195	19 481	17 826	15 327	13 239	9 494	10 420
2006	422 660	116 226	119 766	98 557	49 450	48 455	47 224	30 901	31 624	16 447	19 852	18 391	15 493	13 871	9 718	11 631
2007	489 712	120 203	124 169	98 102	53 468	51 517	48 550	33 782	31 553	17 573	19 250	18 999	15 572	14 317	9 098	10 692
2008	512 339	118 739	114 345	91 350	57 791	53 625	45 833	33 716	30 590	17 209	17 879	18 640	14 945	13 521	8 246	10 673
2009	577 070	87 534	97 645	58 196	63 527	48 572	32 670	26 506	19 848	14 132	12 840	14 358	9 292	10 079	7 484	5 635
2010	638 743	109 599	108 200	80 495	68 976	58 914	43 830	32 948	25 750	16 870	15 414	16 343	13 009	9 709	7 617	7 973
2011	701 968	107 601	112 663	86 398	73 471	68 519	44 284	35 220	28 735	18 110	15 780	15 504	12 891	9 478	7 546	8 026
2012	716 542	107 232	110 956	88 695	77 264	69 073	42 661	34 524	27 252	18 073	15 609	13 639	13 507	9 579	6 938	7 301
2013	**779 040**	**110 570**	**108 741**	**86 955**	**81 299**	**66 061**	**42 641**	**34 163**	**24 080**	**18 208**	**15 685**	**14 252**	**12 415**	**11 855**	**7 254**	**7 093**

注：排名次序是按照 2013 年粗钢产量排序。
资料来源：1993 年以前数据来自《帕尔格雷夫世界历史统计（1750—1993）》；1994 年以后来自世界银行数据库。

表 2-3 粗钢产量排名前 10 的生产国   单位：千吨

年份\排名		1	2	3	4	5	6	7	8	9	10
1998	全球 770 000	中国 114 588	美国 98 658	日本 93 548	德国 44 046	俄罗斯 43 822	韩国 39 896	巴西 25 760	意大利 25 714	印度 23 480	乌克兰 23 461
1999	全球 784 000	中国 123 954	美国 97 427	日本 94 192	俄罗斯 51 510	德国 42 062	韩国 41 042	乌克兰 27 390	巴西 24 996	意大利 24 878	印度 24 296
2000	全球 850 000	中国 127 236	日本 106 444	美国 101 824	俄罗斯 59 136	德国 46 376	韩国 43 107	乌克兰 31 780	巴西 27 865	印度 26 924	意大利 26 759
2001	全球 853 000	中国 150 906	日本 102 866	美国 90 102	俄罗斯 58 970	德国 44 803	韩国 43 852	乌克兰 33 110	印度 27 291	巴西 26 717	意大利 26 545
2002	全球 906 000	中国 182 249	日本 107 745	美国 91 587	俄罗斯 59 777	韩国 45 390	德国 45 015	乌克兰 34 538	巴西 29 604	印度 28 814	意大利 26 066
2003	全球 972 000	中国 222 413	日本 110 511	美国 93 677	俄罗斯 61 450	韩国 46 310	德国 44 809	乌克兰 36 900	巴西 31 779	印度 31 147	意大利 27 058
2004	全球 1 060 000	中国 280 486	日本 112 718	美国 99 681	俄罗斯 65 583	韩国 47 521	德国 46 374	乌克兰 38 740	巴西 32 909	印度 32 626	意大利 28 604
2005	全球 1 140 000	中国 355 790	日本 112 471	美国 94 897	俄罗斯 66 146	印度 47 820	韩国 45 780	乌克兰 44 524	德国 38 636	巴西 31 610	意大利 29 350
2006	全球 1 250 000	中国 422 660	日本 116 226	美国 98 188	俄罗斯 70 580	印度 49 450	韩国 48 455	德国 47 224	乌克兰 40 899	意大利 31 624	巴西 30 901
2007	全球 1 350 000	中国 489 712	日本 120 203	美国 98 101	俄罗斯 72 387	印度 53 468	韩国 51 517	德国 48 550	乌克兰 42 830	巴西 33 782	意大利 31 553
2008	全球 1 330 000	中国 512 339	日本 118 739	美国 91 895	俄罗斯 68 510	印度 57 791	韩国 53 625	德国 45 833	乌克兰 37 279	巴西 33 716	意大利 30 590
2009	全球 1 230 000	中国 577 070	日本 87 534	印度 63 527	俄罗斯 60 011	美国 59 384	韩国 48 752	德国 32 670	乌克兰 29 855	巴西 26 506	土耳其 25 304
2010	全球 1 430 000	中国 638 743	日本 109 599	美国 80 495	印度 68 976	俄罗斯 66 942	韩国 58 914	德国 43 830	乌克兰 33 559	巴西 32 948	土耳其 29 030
2011	全球 1 520 000	中国 701 968	日本 107 601	美国 86 398	印度 73 471	俄罗斯 68 852	韩国 68 519	德国 44 284	乌克兰 35 332	巴西 35 220	土耳其 34 000
2012	全球 1 550 000	中国 731 040	日本 107 232	美国 88 695	印度 77 264	俄罗斯 70 209	韩国 69 073	德国 42 661	土耳其 36 000	巴西 35 524	乌克兰 32 912
2013	全球 1 650 000	中国 822 000	日本 110 595	美国 86 878	印度 81 299	俄罗斯 69 008	韩国 66 061	德国 42 645	土耳其 34 654	巴西 34 163	乌克兰 32 771

资料来源：2001 年以前的数据来自 http://www.worldsteel.org/；2001 年以后的数据根据世界银行数据库（http://minerals.usgs.gov/minerals/pubs/commodity/stell/）整理。

中国钢产量的起点非常低；可是，改革开放以来，中国钢铁行业突飞猛进，迅速赶上并超过了一个又一个工业强国。

1975 年，中国粗钢产量 2 390 万吨，超过了英国的 2 009.8 万吨。

1982年,中国粗钢产量3 716万吨,超过了德国的3 588万吨。

1993年,中国粗钢产量8 953.9万吨,超过了美国的8 879.3万吨。

1994年,中国粗钢产量9 261.3万吨,超过了从顶峰跌落的俄罗斯的7 792.1万吨。

1996年,中国粗钢产量10 123.7万吨,超过了钢产量不断下滑的日本的9 880.1万吨。

中国人的赶超历程非常精彩,不仅实现了当年"超英赶美"的口号,而且把世界各工业大国远远抛在身后(见图2-1)。中国粗钢总产量不断刷新纪录,与其他国家之间的差距越来越大。2013年,中国的钢产量7.8亿吨,是美国的9.0倍,英国的65.7倍,日本的7.0倍,德国的18.3倍,俄罗斯的7.2倍。

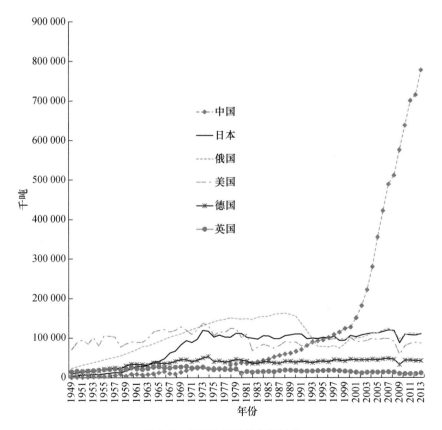

图 2-1 中国钢产量的赶超过程

中国钢材产量占世界的份额

在第二次世界大战后,除了美国、加拿大外,各工业大国生灵涂炭、满目疮痍,经济莫不遭到重创。英国、法国的钢铁产量较之第二次世界大战前大幅度下降;德国、日本战败之后,钢铁产量几乎归零;唯独美国钢铁行业持续增长。1947年,美国粗钢产量7 700万吨,遥遥领先,占全球钢产量的61%。可是,随着世界经济逐渐恢复,美国粗钢产量占全球的比例逐年下降,在1954年只占41%左右。[1] 2013年,全球粗钢产量16.5亿吨,美国产量8 687.8万吨,占比为5.27%。[2]

中国钢材产量在世界的占比与美国形成鲜明对照。中国钢产量在1980年仅占全球的5.18%,1992年突破10%,2002年突破20%,2005年突破30%,2009年突破40%,2013年接近50%(见表2-4)。

表2-4 中国粗钢产量占世界份额

年份	中国粗钢产量(万吨)	全球粗钢产量(万吨)	中国所占份额(%)
1980	3 712	71 640	5.18
1981	3 560	70 723	5.03
1982	3 716	64 556	5.76
1983	4 002	66 375	6.03
1984	4 348	71 025	6.12
1985	4 679	71 890	6.51
1986	5 221	71 398	7.31
1987	5 628	73 550	7.65
1988	5 943	78 010	7.62
1989	6 159	78 594	7.84
1990	6 635	77 043	8.61
1991	7 100	73 359	9.68

---

[1] 《帕尔格雷夫世界历史统计(1750—1993)》。
[2] 世界银行数据库。

(续表)

年份	中国粗钢产量(万吨)	全球粗钢产量(万吨)	中国所占份额(%)
1992	8 094	71 980	11.24
1993	8 956	72 757	12.31
1994	9 261	72 511	12.77
1995	9 536	75 319	12.66
1996	10 124	75 099	13.48
1997	10 891	79 985	13.62
1998	11 459	77 851	14.72
1999	12 395	79 021	15.69
2000	12 850	85 016	15.11
2001	15 163	85 217	17.79
2002	18 225	90 516	20.13
2003	22 234	97 105	22.90
2004	27 280	106 254	25.67
2005	35 579	114 781	31.00
2006	42 102	125 011	33.68
2007	48 971	134 812	36.33
2008	51 234	134 327	38.14
2009	57 707	123 829	46.60
2010	63 874	143 276	44.58
2011	70 197	153 721	45.67
2012	73 104	155 947	46.88
2013	82 199	164 930	49.84
2014	82 270	167 015	49.26

资料来源:http://www.worldsteel.org/。

2003年,中国钢产量超过了世界排名第2(日本)和第3(美国)钢产量的总和。2009年,中国钢产量超过美国、日本、德国、意大利、俄罗斯等排名世界第2到第10的总和。2014年,中国钢产量占据了全球钢铁行业的半壁江山,或者说中国钢产量接近了其他所有国家钢产量的总和。

全球钢材增量集中在中国

2000—2013年,全球钢产量增加79 914万吨,而中国在这段时间钢产量增加69 349万吨,中国的钢增加量占全球的86.7%。毫不夸张地说,近20年来,全球钢产量的增量集中在中国。有些年份,除中国以外的其他国家的钢总产量非但没有增加反而有所下降,多亏中国钢产量剧增才让全球钢产量略有增加(见表2-5)。

表2-5 中国粗钢增量在世界的占比　　　　　　　　　　单位:万吨

年份	中国粗钢产量	中国粗钢增量	全球粗钢产量	全球粗钢增量
2000	12 850	455	85 016	5 995
2001	15 163	2 313	85 217	202
2002	18 225	3 062	90 516	5 298
2003	22 234	4 009	97 105	6 590
2004	27 280	5 046	106 254	9 149
2005	35 579	8 299	114 781	8 526
2006	42 102	6 523	125 011	10 230
2007	48 971	6 869	134 812	9 802
2008	51 234	2 263	134 327	−485
2009	57 707	6 473	123 829	−10 498
2010	63 874	6 167	143 276	19 448
2011	70 197	6 323	153 721	10 445
2012	73 104	2 907	15 5947	2 227
2013	82 199	9 095	164 930	8 983

资料来源:http://www.worldsteel.org/。

例如,在2008年金融危机的冲击下,全球钢产量下降485万吨,而中国增加了2 263万吨。如果不包括中国,则其他国家的钢总量下降2 748万吨。中国钢产量的增加量还不足以填补其他国家钢产量下降的缺口。

2012年,全球钢产量增加2 227万吨,中国钢产量增加2 907万吨。也就是说,如果不计中国在内,其他国家的钢产量下降了680万吨。

2013年,全球钢产量上升8983万吨,中国钢产量上升9095万吨。也就是说,中国之外的其他国家的钢产量下降112万吨。

在世界各国钢铁行业踟蹰不前的状况下,中国钢铁总产量持续攀升,一枝独秀。

人均钢材消费量的横向比较

尽管中国钢产量在世界上位居榜首,可是,中国人口众多,分摊到每个人头上的人均钢产量就不是那么显眼了。

1998年,中国的人均钢产量只有92千克,远远落后于世界主要工业国家。进入21世纪之后,中国人均钢产量开始起飞,先后超过南非、英国、德国、俄罗斯、美国等。[①] 2013年,中国大陆人均钢产量(574千克)尚且低于韩国(1315千克)、中国台湾地区(904千克)和日本(868千克)。

1998—2012年,中国人均钢产量增长了4.23倍,德国和日本基本上保持不变,印度增长了1.87倍,俄罗斯增长了1.73倍。美国人均钢产量不仅没有增加反而大幅度下降,2012年美国人均钢产量是1998年的60%。英国人均钢产量下降得更为严重,2012年英国人均钢产量仅仅是1998年的23%。世界主要工业国家人均钢产量及其增速如表2-6、表2-7所示。

1998年,中国人均钢产量92千克,排名世界第46。1999年,中国人均钢产量增加到99千克,可是由于增速不如别人,在世界上的排名反而被挤到第47。2002年,中国人均钢产量排名第42。从2003年开始,中国人均钢产量的赶超开始加速,在2008年进入前20名,在2009年进入前15名,2010年排名第14,2012年排名第11,2013年进入前10名。中国的人均钢材拥有量在世界上居于中上水平(见表2-8)。

[①] 在计算人均钢产量的时候有些国家人口数据不连续,需要通过推算补足。俄罗斯1897—1949年人口数据是根据1897—1959年的四次俄国(苏联)人口普查数推算出人口增长率,再以苏联1959年的人口数推算1949—1987年的苏联人口数。其中,俄国(苏联)人口普查数来自《帕尔格雷夫世界经济统计(1750—1993)》。南非1904—1949年的人口数据也是根据1904—1959年的人口普查数据推算出人口增长率,再计算年度人口数。

表 2-6 世界主要工业国家人均钢产量

单位：千克/人

排名	1	2	3	4	5	6	7	8	9	10	11	12	13	14	15	16
年份	韩国	日本	俄国	比利时	中国	德国	意大利	加拿大	西班牙	美国	法国	英国	巴西	墨西哥	南非	印度
1949	0	38	231	447	0	135	44	215	26	472	221	298	12	14	49	4
1950	0	58	268	437	1	177	50	219	29	577	204	330	15	14	60	4
1951	0	76	303	582	2	196	65	226	29	616	230	316	15	16	72	4
1952	0	81	327	580	2	229	74	227	32	537	252	331	16	18	88	4
1953	0	87	355	512	3	222	73	246	31	632	230	354	17	15	89	4
1954	0	87	379	564	4	250	87	185	38	491	243	371	19	14	96	4
1955	1	105	407	660	5	304	111	256	41	640	285	395	19	16	103	4
1956	1	122	432	707	7	328	121	292	42	619	300	410	22	17	102	4
1957	1	137	447	693	8	345	138	270	45	595	312	429	20	20	108	4
1958	1	131	472	661	12	319	127	227	52	442	320	385	20	27	111	4
1959	2	178	508	704	21	409	136	300	60	477	330	395	23	33	112	6
1960	2	235	546	783	28	471	164	289	63	499	371	472	32	39	121	8
1961	3	298	583	759	13	458	181	316	76	484	373	425	33	43	139	9
1962	6	287	637	792	10	442	187	343	74	478	359	391	32	45	144	11
1963	6	325	646	784	11	425	198	384	79	524	360	427	35	47	150	13
1964	5	407	678	939	14	498	190	420	99	601	401	494	36	52	160	13
1965	6	416	719	977	17	487	244	455	110	614	394	505	36	53	166	13
1966	8	479	761	938	21	463	261	445	119	619	390	452	44	60	162	14
1967	10	617	798	1017	14	481	302	423	138	581	388	442	42	64	179	13
1968	12	656	827	1207	12	537	320	481	150	594	400	476	49	66	188	13
1969	12	796	852	1335	17	587	308	436	178	632	437	484	53	68	205	12
1970	15	894	891	1308	22	579	322	515	218	582	458	509	56	73	206	12
1971	14	838	924	1287	25	515	323	501	228	526	436	432	61	70	211	12

（续表）

排名	1	2	3	4	5	6	7	8	9	10	11	12	13	14	15	16
年份	韩国	日本	俄国	比利时	中国	德国	意大利	加拿大	西班牙	美国	法国	英国	巴西	墨西哥	南非	印度
1972	18	904	956	1497	27	555	365	532	277	576	455	451	65	79	223	12
1973	34	1098	988	1594	29	627	383	593	310	646	474	473	69	81	229	13
1974	56	1063	1020	1661	24	674	431	596	331	618	503	397	71	85	232	11
1975	58	917	1050	1183	26	514	393	561	313	490	399	358	76	86	255	13
1976	76	952	1072	1238	22	542	420	565	308	533	429	396	82	84	270	15
1977	76	899	1079	1146	25	499	416	571	309	516	406	363	98	87	272	16
1978	86	888	1100	1284	33	528	432	620	311	559	418	362	103	103	284	16
1979	140	964	1078	1369	36	590	431	662	329	550	426	382	116	105	308	15
1980	225	954	1064	1254	38	560	469	647	335	446	421	200	125	105	310	14
1981	278	864	1062	1248	36	531	439	595	345	477	384	276	105	110	299	16
1982	299	840	1045	1033	37	458	425	471	354	291	330	243	101	99	266	16
1983	299	815	1075	1042	39	457	385	504	347	328	314	266	111	95	223	14
1984	323	880	1079	1158	42	506	425	572	349	355	338	268	137	101	233	14
1985	332	872	1075	1094	45	521	421	519	381	336	337	278	149	96	248	16
1986	353	809	1108	994	49	478	403	537	308	308	315	259	152	92	253	16
1987	403	807	1109	997	52	466	403	555	301	333	311	306	155	95	250	17
1988	455	862	1110	1137	54	526	419	565	304	370	334	332	169	95	240	18
1989	515	877	1087	1103	55	522	444	565	316	359	291	327	169	94	248	18
1990	539	893	1044	1146	58	484	449	442	322	359	327	310	136	103	224	18
1991	600	885	918	1134	62	527	441	462	322	315	315	286	147	92	238	20
1992	640	789	793	1029	70	493	435	488	308	328	306	280	153	96	226	21
1993	745	799	659	1009	76	464	453	497	325	341	289	287	159	103	213	21
1994	755	786	525	1119	78	502	457	474	339	346	303	297	160	112	205	21

(续表)

排名	1	2	3	4	5	6	7	8	9	10	11	12	13	14	15	16
年份	韩国	日本	俄国	比利时	中国	德国	意大利	加拿大	西班牙	美国	法国	英国	巴西	墨西哥	南非	印度
1995	815	811	531	1143	79	515	485	486	347	357	303	301	153	131	207	24
1996	856	786	518	1063	83	486	417	491	305	354	294	307	152	140	187	25
1997	929	830	544	1053	89	549	450	513	343	361	328	315	155	149	192	26
1998	865	741	500	1118	92	537	447	521	372	357	333	293	151	146	181	24
1999	883	745	581	1068	99	513	432	527	373	349	332	275	144	155	177	25
2000	920	840	671	1134	101	564	464	534	397	361	343	255	158	156	188	27
2001	930	810	682	1046	119	545	459	487	412	316	315	227	149	131	194	27
2002	957	847	696	1100	142	547	450	506	409	319	328	195	163	137	197	28
2003	972	868	736	1075	173	544	467	500	405	323	318	221	169	146	204	30
2004	993	884	788	1130	216	563	493	507	438	340	332	228	177	160	202	31
2005	996	882	791	1005	273	540	505	473	442	321	310	219	167	153	200	42
2006	1007	912	843	1121	322	573	544	474	455	330	314	229	161	153	203	45
2007	1068	943	878	1029	372	589	543	481	470	326	302	236	174	162	188	47
2008	1108	933	813	1026	387	556	526	450	460	300	279	222	172	157	169	50
2009	988	686	688	522	434	399	336	276	310	190	198	162	137	121	149	53
2010	1192	860	760	730	478	536	434	383	351	260	237	155	169	143	150	57
2011	1377	842	788	727	522	541	484	375	332	277	242	150	179	152	146	60
2012	1381	841	775	656	531	530	458	389	292	283	238	150	174	150	133	63
2013	1315	868	758	634	574	529	403	353	306	275	238	185	171	149	137	65

注：按照2013年人均钢产量排名。

资料来源：1993年以前数据来自《帕尔格雷夫世界历史统计（1750—1993）》；1993年以后数据根据各种统计资料补足。

表 2-7　人均钢产量增速（以 1998 年为基年）　　　　　　　　　　　单位：%

年份	中国	印度	俄罗斯	韩国	德国	日本	美国	英国
1998	1.00	1.00	1.00	1.00	1.00	1.00	1.00	1.00
1999	1.11	1.01	1.13	1.30	0.94	0.98	0.98	0.94
2000	1.12	1.06	1.74	1.40	1.06	1.17	0.97	0.78
2001	1.44	1.09	1.90	1.36	1.01	1.04	0.80	0.75
2002	1.69	1.09	1.73	1.51	0.97	1.02	0.82	0.64
2003	2.11	1.18	1.97	1.52	0.98	1.10	0.74	0.54
2004	2.33	1.38	1.56	1.63	1.04	1.12	0.88	0.59
2005	2.84	1.79	1.60	1.60	1.05	1.16	0.78	0.47
2006	3.08	1.81	2.30	1.59	1.15	1.17	0.86	0.48
2007	3.48	1.97	2.77	1.78	1.24	1.23	0.74	0.58
2008	3.61	2.14	2.52	1.85	1.18	1.20	0.66	0.44
2009	4.57	2.41	2.01	1.51	0.75	0.70	0.31	0.18
2010	4.78	2.50	2.52	1.81	1.06	0.97	0.50	0.19
2011	5.10	2.68	2.94	1.89	1.16	1.00	0.54	0.25
2012	5.23	2.87	2.73	1.87	1.06	0.93	0.60	0.23

资料来源：根据表 2-6 计算。

表 2-8　人均钢材产量排名　　　　　　　　　　　　　　　　　　单位：千克/人

排名	1998 年		1999 年		2000 年		2001 年	
1	卢森堡	6 103	卢森堡	5 754	卢森堡	5 893	卢森堡	6 172
2	芬兰	3 905	芬兰	3 913	芬兰	4 057	芬兰	3 745
3	卡塔尔	1 174	卡塔尔	1 099	卡塔尔	1 253	卡塔尔	1 483
4	比利时	1 120	比利时	1 073	比利时	1 135	比利时	1 048
5	韩国	862	韩国	880	韩国	917	韩国	926
6	中国台湾	786	日本	744	日本	839	日本	809
7	日本	740	中国台湾	727	中国台湾	779	中国台湾	776
8	奥地利	664	斯洛文尼亚	661	奥地利	715	奥地利	732
9	特立尼达和多巴哥	641	奥地利	652	乌克兰	646	斯洛文尼亚	683
10	斯洛文尼亚	636	特立尼达和多巴哥	603	斯洛文尼亚	640	乌克兰	680
11	捷克	631	瑞典	573	捷克	606	瑞典	620
12	瑞典	572	乌克兰	551	特立尼达和多巴哥	594	捷克	618
13	德国	537	捷克	546	瑞典	589	特立尼达和多巴哥	547
14	加拿大	527	加拿大	534	德国	564	德国	544
15	澳大利亚	470	德国	512	加拿大	517	加拿大	524
	中国大陆(46)	93	中国大陆(47)	99	中国大陆(47)	102	中国大陆(44)	119

看懂中国产能过剩

（续表）

排名	2002年		2003年		2004年		2005年	
1	卢森堡	6 132	卢森堡	5 923	卢森堡	5 859	卢森堡	4 717
2	芬兰	3 946	芬兰	3 756	卡塔尔	1 512	卡塔尔	1 287
3	卡塔尔	1 631	卡塔尔	1 596	比利时	1 123	韩国	993
4	比利时	1 112	比利时	1 071	韩国	989	芬兰	903
5	韩国	953	韩国	968	芬兰	924	日本	880
6	日本	845	日本	865	日本	882	奥地利	855
7	中国台湾	813	斯洛文尼亚	856	中国台湾	867	比利时	850
8	斯洛文尼亚	795	中国台湾	836	斯洛文尼亚	850	乌克兰	820
9	奥地利	768	乌克兰	772	乌克兰	816	中国台湾	818
10	乌克兰	717	奥地利	771	奥地利	799	斯洛文尼亚	790
11	特立尼达和多巴哥	657	特立尼达和多巴哥	719	捷克	690	瑞典	630
12	瑞典	645	捷克	638	瑞典	661	捷克	606
13	捷克	639	瑞典	637	特立尼达和多巴哥	632	特立尼达和多巴哥	548
14	德国	546	德国	543	德国	562	德国	540
15	加拿大	520	加拿大	537	加拿大	510	意大利	501
	中国大陆(42)	142	中国大陆(36)	173	中国大陆(33)	210	中国大陆(27)	271

排名	2006年		2007年		2008年		2009年	
1	卢森堡	5 928	卢森堡	5 833	卢森堡	5 284	卢森堡	4 450
2	比利时	1 065	韩国	1 060	韩国	1 089	卡塔尔	1 001
3	卡塔尔	1 037	比利时	1 006	比利时	997	韩国	991
4	韩国	1 002	卡塔尔	995	日本	930	斯洛文尼亚	696
5	芬兰	959	日本	941	奥地利	911	日本	686
6	日本	910	乌克兰	921	卡塔尔	843	奥地利	677
7	斯洛文尼亚	902	中国台湾	913	中国台湾	834	中国台湾	673
8	乌克兰	874	奥地利	913	斯洛文尼亚	832	乌克兰	648
9	奥地利	862	斯洛文尼亚	893	芬兰	831	芬兰	577
10	中国台湾	843	芬兰	838	乌克兰	806	比利时	522
11	捷克	670	捷克	685	捷克	615	捷克	440
12	瑞典	599	瑞典	620	瑞典	564	中国	430
13	德国	573	德国	590	德国	558	俄罗斯	421
14	意大利	543	意大利	547	意大利	518	德国	399
15	特立尼达和多巴哥	517	特立尼达和多巴哥	521	俄罗斯	484	土耳其	355
	中国大陆(23)	320	中国大陆(21)	371	中国大陆(20)	378	中国大陆(12)	430

(续表)

排名	2010年		2011年		2012年		2013年	
1	卢森堡	5 056	卢森堡	4 864	卢森堡	4 204	卢森堡	3 846
2	韩国	1 192	韩国	1 376	韩国	1 400	韩国	1 315
3	卡塔尔	974	中国台湾	985	卡塔尔	1 024	卡塔尔	1 064
4	中国台湾	885	卡塔尔	953	中国台湾	904	中国台湾	951
5	日本	860	奥地利	889	奥地利	880	奥地利	938
6	奥地利	859	日本	842	日本	841	日本	868
7	斯洛文尼亚	849	斯洛文尼亚	785	斯洛文尼亚	786	乌克兰	720
8	芬兰	751	乌克兰	773	乌克兰	722	芬兰	647
9	乌克兰	732	芬兰	740	芬兰	694	中国大陆	606
10	比利时	730	比利时	726	比利时	664	德国	529
11	德国	536	德国	541	中国大陆	530	捷克	492
12	瑞典	517	捷克	532	德国	530	俄罗斯	481
13	捷克	495	瑞典	515	土耳其	487	土耳其	467
14	中国大陆	476	中国大陆	510	捷克	483	瑞典	459
15	俄罗斯	469	意大利	483	俄罗斯	478	斯洛文尼亚	300

资料来源：根据各国家或地区钢铁生产与钢铁贸易及人口数据折算。其中，各国家或地区钢铁生产数据来自 http://www.worldsteel.org/；各国家或地区钢铁进出口数据来自联合国贸发会议数据库各类型钢材进出口交易汇总；各国家或地区人口数据来自世界银行数据库。

总的来说，随着人均 GDP 的增长，老牌工业国家（地区）的人均钢产量反而下降。经济增长速度较快的国家或地区（如韩国、印度），人均钢产量在持续增加。中国的经济增长速度最快，人均钢产量的增速也最高。

从世界各国（地区）人均钢产量的排名来看，一些钢铁工业发达小国的人均钢产量特别高，例如卢森堡、卡塔尔、芬兰、比利时等。近年来，这类国家的人均钢材产量呈下降趋势。

钢材进出口

2005 年以前，中国属于钢材净进口国。2003 年净进口钢材占全国总产量的 12.5%。有些跨国公司进口了一些特种钢材。例如，美国通用在上海生产别克品牌汽车，为了保证质量，所用的钢板从美国进口。在很大程度上，进口钢材是为了调剂钢材品种，互补余缺。

2005 年以后，中国生产的钢材不仅在数量上大幅度上升而且在产品质量上也有所提高,基本上能够满足国内市场的需求,出口竞争能力逐步加强。钢材进口量逐年下降,中国成为钢材净出口国。

2012年,中国出口钢材5 573万吨,同比增长14%,进口钢材1 366万吨,同比下降12.3%。如果把出口机械设备、车辆、船舶等称为间接出口钢材,2012年直接和间接出口的钢材总量约9 000万吨。[①] 2014年,全国出口钢材数量急剧增加,总计出口钢材9 378万吨,进口钢材1 443万吨,净出口量相当于总产量的7%左右。[②] 尽管中国进出口钢材的数量都不少,但是钢材净出口量仅仅占总产量的2.9%。钢材库存量的占比也不高。钢材产量和消费量之间的差距并不大(见表2-9)。

表2-9 中国钢材进出口量   单位:万吨

年份	钢材产量	钢材进口	钢材出口	钢材净出口	净出口占比(%)
1989	4 859	820	78	−742	−15.3
1990	5 153	368	209	−159	−3.1
1991	5 638	333	329	−3	−0.1
1992	6 697	618	327	−291	−4.3
1993	7 716	3 026	112	−2 914	−37.8
1994	8 428	2 283	174	−2 108	−25.0
1995	8 980	1 397	593	−804	−9.0
1996	9 338	1 598	422	−1 177	−12.6
1997	9 979	1 322	462	−861	−8.6
1998	10 738	1 242	357	−885	−8.2
1999	12 110	1 486	368	−1 118	−9.2
2000	13 146	1 596	621	−976	−7.4
2001	16 068	1 722	474	−1 248	−7.8
2002	19 252	2 449	546	−1 903	−9.9
2003	24 108	3 717	696	−3 021	−12.5
2004	31 976	2 930	1 423	−1 507	−4.7
2005	37 771	2 582	2 052	−529	−1.4
2006	46 893	1 851	4 301	2 450	5.2
2007	56 561	1 687	6 265	4 578	8.1

---

① 《人民日报》,2013年4月22日。
② 《人民日报》,2015年1月30日。

(续表)

年份	钢材产量	钢材进口	钢材出口	钢材净出口	净出口占比(%)
2008	60 460	1 538	5 918	4 380	7.2
2009	69 405	1 763	2 460	696	1.0
2010	80 277	1 643	4 256	2 613	3.3
2011	88 620	1 558	4 886	3 328	3.8
2012	95 578	1 366	5 573	4 207	4.4
2013	106 762	1 408	6 233	4 825	4.5
2014	112 513	1 443	9 378	7 935	7.1

资料来源：钢材产量数据来自历年《中国统计年鉴》，钢材进出口数据来自《中国钢铁工业统计年鉴2013》。

绝对过剩与相对过剩

早在2000年就有人声称，中国钢材产能过剩。有关部门三令五申要严格限制钢材产能。可是，事与愿违，钢产量从2000年的1.3亿吨增长到2014年的11.3亿吨。[①] 实践是检验真理的唯一标准。显然，有关部门的预测和判断全错了。因此，千万要克服学风浮躁的毛病，在研究经济政策问题的时候，我们一定要用数据说话，绝对不能道听途说、拍脑袋、信口开河。

钢材产能过剩可分为两种：长期过剩和短期过剩。或者说，绝对过剩和相对过剩。

从短期来看，导致产能过剩的根源是过度投资。之所以过度投资是因为对市场需求的误判。说到底，关键在于对市场需求的预测是否准确。

钢材市场需求受到许多因素的影响，不确定性很高。在经济繁荣时期，人们往往对市场需求过于乐观，从而扩大投资，待生产能力形成之后才发现供大于求，不得不进入产能调整阶段。这就是人们常说的经济周期。供求关系永远是不均衡的，产能过剩和产能不足交替发生，司空见惯，不足为奇。很可能在这个时期钢材产能过剩，而在下一个时期钢材产能不足。在经济高速增长

---

① 《中国统计摘要2015》，第115页。

时期,钢材总产量呈现波浪式上升。供求关系决定了价格的波动,企业会根据价格信号调整各自的产能。只要市场机制能够正常地发挥作用,产能过剩并不是一个了不得的问题。

从长期来看,钢材产能必然出现绝对过剩。

钢材主要用于基础设施建设(住房、高速公路、铁路、机场、桥梁、水利工程等)和机械制造(汽车、船舶、机床、拖拉机、电冰箱、洗衣机等)。众所周知,随着科学技术的进步和产业升级,经济增长的重点逐步从制造业转向服务业,从重化工业转向高科技和信息产业,制造业在国民经济中的比例逐步下降。机场、桥梁、码头等基础设施一旦建成就可以使用很多年。如果人均住房面积达到人口密度基本类似的国家的平均水平,居民住房建设的速度就会慢下来。所有这些因素都让钢材产量和人均钢材消费量呈现倒 U 形曲线,在达到峰值之后逐渐回落,趋于一个长期稳态。显然,并不是经济越发达,人均收入越高,人均钢材消费量就越高。在超越了钢材倒 U 形曲线的峰值之后,钢材产能处于绝对过剩或者说长期过剩状态。许多钢铁企业必然纷纷关门倒闭,钢材产能随之不断下降,直到最终稳定在一定的水平上。

例如,美国匹兹堡曾经被称为美国的钢都,钢铁产能高达每年 7 000 万吨。匹兹堡周边布满了煤矿、铁矿、焦化厂、炼钢厂,烟尘滚滚,污染严重,为匹兹堡换来了"烟城"(Smock City)的绰号。在 20 世纪 70 年代末,匹兹堡地区的钢厂一个接着一个关门歇业。天蓝了,水清了,环境保护非常成功。可是,昔日的钢厂几乎变成了鬼城。这类钢材产能过剩是长期的、绝对的、不可逆转的。

回顾世界各国钢铁工业的增长途径,大致可以分为两种类型。

一类是欧美老牌工业国家,历经几百年逐步完成了工业、交通、住房、基础设施的建设。其钢铁累积存量很大,人均钢材产量在达到峰值之后逐步回落,并且收敛在一定水平上。

从历史数据可以很清楚地看到,老牌工业国家的钢材产量和人均钢材消费量毫无例外地呈现倒 U 形曲线。

1956—1974 年,美国的人均钢材产量一直在 618 千克上下波动,随后逐年下降。美国人均钢材产量倒 U 形曲线的回归方程为：

$$y = -0.07215x^2 + 282.8x - 276\,723.8, \quad R^2 = 0.7820$$

回归模拟线的峰值发生在 1960 年（见图 2-2）。

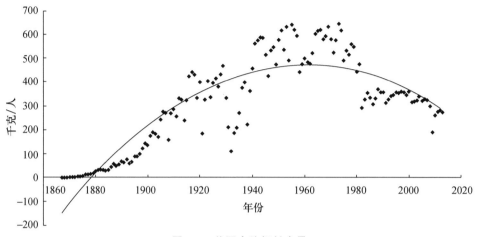

图 2-2　美国人均钢材产量

1964—1970 年，英国的人均钢材产量在最高值 500 千克上下波动，随即逐年下降，到 2013 年只有 185 千克。英国人均钢材产量倒 U 形曲线的回归方程为：

$$y = -0.04124x^2 + 162.3x - 159\,320.1, \quad R^2 = 0.7093$$

回归模拟线的峰值发生在 1968 年（见图 2-3）。

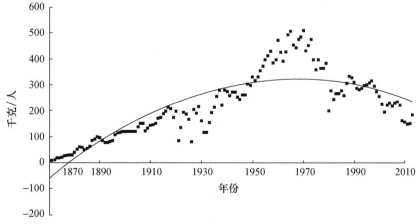

图 2-3　英国人均钢材产量

日本人均钢材消费量在1979年达到964千克,随后维持在较高的水平直到1990年泡沫经济崩溃,在1997年亚洲金融危机的冲击下降为741千克。不过,日本的制造业具有很强的竞争力,人均钢材消费量逐步恢复,到2007年达到另外一个高峰943千克;随后再度下降,在2013年为868千克。

德国在1974年达到倒U形曲线的峰值,随即缓慢地下降。总的来说,德国的钢材产量比较平稳。

意大利人均钢材消费量在1980年就达到倒U形曲线的峰值469千克,随后逐年下降,在2013年只有403千克(见表2-10)。

表2-10 世界主要钢材生产国人均钢材消费出现拐点的时间和该年人均GDP

国家	峰值年份	最高值(千克/人)	该年人均GDP(美元/人)
美国	1966	619	19 791
加拿大	1979	662	24 044
比利时	1990	1 146	28 518
法国	1974	503	20 578
德国	1974	674	19 657
意大利	1980	469	20 991
西班牙	2007	470	27 661
英国	1970	509	18 110
日本	1979	964	20 549
韩国	尚未出现拐点	1 315	23 857
印度	尚未出现拐点	65	1 190
中国	尚未出现拐点	574	3 619

资料来源:各国人均钢材生产量及其峰值水平来自表2-8;各国人均GDP数据来自世界银行数据库,各国数据统一为2005年不变价美元。

另外一类是亚洲"四小龙"和中国大陆。在经济发展初期,无论是基础设施还是居民居住条件都非常落后。在短短的二三十年时间里,它们实现了经济起飞,大举兴建基础设施、工厂、矿山、居民住宅,跨越了欧美国家上百年的发展路程。在经济高速增长的国家或地区中,制造业往往是带动经济的火车头。毫无疑问,这些国家或地区中的人均钢材消费量迅速上升,增速远远超过了老牌工业国。一般来说,如果一个国家或地区中的经济增长速度高,制造业在国民经济中的比重较大,人均钢材产量就比较高。

如果不含中国在内,全球人均钢产量呈现倒 U 形曲线(见图 2-4)。全球人均钢产量在 1972 年达到峰值的 222 千克,随后一直处于下降态势。在 2011 年,全球人均钢产量为 143 千克。

图 2-4　全球(不含中国)人均钢材产量

如果包括中国在内,由于在 2014 年中国钢材产量依然在节节上升,使得全球钢材产量呈现上升态势。由此可见,中国钢铁行业的走向对于全球钢铁行业举足轻重。

因此,研究钢材产能过剩与否必须关注在什么时间会出现人均钢材产量倒 U 形曲线的峰值。在人均钢材产量达到倒 U 形曲线的峰值之前,即使出现钢材产能过剩的问题,也很可能属于短期现象或者说相对过剩。只有越过倒 U 形曲线的拐点之后,才会真正出现钢材产能绝对过剩的问题。

人均钢材消费量的拐点

用数据判断倒 U 形曲线的拐点

在讨论钢材产能是否过剩的时候,不妨以一些重要的指标作为参照,通过横向比较世界各国来判断人均钢材消费量是否接近或者达到了拐点。

（1）人均钢材产量和钢材总产量的增长态势；

（2）城镇化速度；

（3）人均GDP；

（4）固定资产投资增长速度；

（5）新建住房套数。

从钢材产量的增长态势判断人均钢材消费量拐点

在大部分情形下，宏观经济数据的变化有其内在的规律。可以根据人均钢材产量的历史数据，通过回归分析来判断人均钢材产量的变化趋势。

如上所述，美国、英国、日本、德国等工业国家的钢材产量和人均钢材产量莫不呈现典型的倒U形曲线。在20世纪60—80年代纷纷达到峰值，随后逐年下降，趋向一个长期稳定值。

从中国钢材总产量和人均钢材产量的时间序列数据来看，2000年以后，中国钢材总产量和人均钢材产量都在急剧上升，呈现加速递增的凹曲线（见图2-5、图2-6）。显然，这是经济起飞初期阶段的特征。不论怎么看，中国钢材总产量和人均钢材消费量曲线和前述西方工业国家的曲线截然不同。北京大学中国经济研究中心曾毅教授和他的科研组对中国人口的发展趋势做出了很好的预测。如果维持"一孩"的计划生育政策，中国总人口将在2038年达到峰值14.8亿，然后平稳下降。在2038年之前，中国总人口还在不断增加。如果中国的人均钢材消费量和总人口还在继续增长，对钢材的需求肯定就会持续上升。除非遭遇内战、金融危机等意料之外的巨大冲击，否则按照过去30年钢材产量和人均钢材消费量的变化趋势，还看不出中国钢材和人均钢材消费量接近峰值的态势。

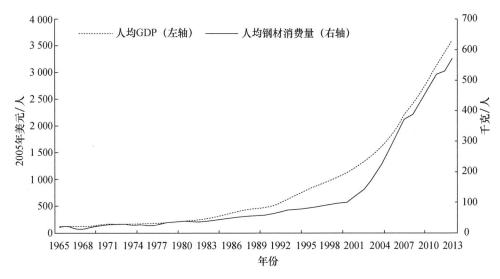

图 2-5　中国人均钢材消费量与人均 GDP

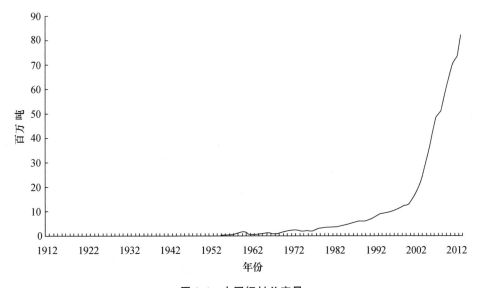

图 2-6　中国钢材总产量

从城镇化速度判断人均钢材消费量拐点

数据表明,城镇化的绝对水平和人均钢材消费量之间的关系不大,影响人均钢材消费量的决定性因素是城镇化的增长速度。

并不是城镇化率越高,人均钢材产量就越高。例如,英国的城镇化率长期保持在80%左右,可是其人均钢材消费量从1998年的235千克下降到2012年的54千克。日本的城镇化率从1998年的78.4%上升为2012年的91.9%,可是人均钢材消费量从572千克下降为532千克。美国的城镇化率缓慢上升,从1998年的78.4%上升到2012年的81.1%,可是人均钢材消费量却从483千克下降为289千克。

人均钢材消费量和城镇化率的增速密切相关。城镇化率的增速高意味着大批农民进城,必须盖许多住宅。钢材需求的60%左右和建筑业有关,建筑业的繁荣必然推动钢材的需求。

例如,1998—2000年,中国每年的城镇化率都增长1%;2001—2012年,每年城镇化率平均增长1.3%。与此同时,人均钢材消费量以两位数增长。

2002—2005年,日本城镇化率每年平均上升1.5%,在2003年,日本人均钢材消费量增长了7.4%。2007年以后,日本的城镇化率增速降到0.7%,人均钢材消费量也相应地出现显著的负增长,从2003年的627千克下降为2012年的532千克。

美国的城镇化率相对稳定,每年增长0.1%左右,人均钢材消费量从2004年的423千克逐年下降为2012年的289千克。

纵观世界各国人均钢材消费量和城镇化率之间的关系,大致上可以看出这样的规律:出现钢材倒U形曲线峰值的条件一是城镇化速度每年增长低于0.2%,二是城镇化率的绝对值超过70%(见表2-11)。

表2-11 各国城镇化率和人均钢材消费量

年份	中国			日本		
	人均钢材消费 (千克/人)	城市化率 (%)	城镇化增速 (%)	人均钢材消费 (千克/人)	城市化率 (%)	城镇化增速 (%)
1998	98	33.9	—	572	78.4	—
1999	109	34.9	1.0	563	78.5	0.1
2000	110	35.9	1.0	669	78.6	0.1
2001	141	37.1	1.2	595	80.0	1.4
2002	166	38.4	1.3	584	81.6	1.6
2003	207	39.8	1.4	627	83.2	1.6

(续表)

年份	中国			日本		
	人均钢材消费（千克/人）	城市化率（%）	城镇化增速（%）	人均钢材消费（千克/人）	城市化率（%）	城镇化增速（%）
2004	228	41.1	1.3	640	84.6	1.4
2005	279	42.5	1.4	661	86.0	1.4
2006	302	43.9	1.4	669	87.1	1.1
2007	341	45.2	1.3	702	88.0	0.9
2008	354	46.5	1.3	687	88.9	0.9
2009	448	47.9	1.4	401	89.7	0.8
2010	469	49.2	1.3	557	90.5	0.8
2011	500	50.6	1.4	572	91.2	0.7
2012	514	51.9	1.3	532	91.9	0.7
2013	540	53.2	1.9	842	92.5	0.6
2014	601	54.4	1.2	870	93.0	0.5

年份	巴西			韩国		
	人均钢材消费（千克/人）	城市化率（%）	城镇化增速（%）	人均钢材消费（千克/人）	城市化率（%）	城镇化增速（%）
1998	85	79.8	—	795	79.1	—
1999	73	80.5	0.7	1 030	79.4	0.3
2000	88	81.2	0.7	1 111	79.6	0.2
2001	80	81.6	0.4	1 079	79.9	0.3
2002	80	81.9	0.3	1 203	80.3	0.4
2003	79	82.2	0.3	1 208	80.7	0.4
2004	84	82.5	0.3	1 291	81.0	0.3
2005	69	82.8	0.3	1 270	81.3	0.3
2006	74	83.1	0.3	1 262	81.5	0.2
2007	99	83.4	0.3	1 412	81.6	0.1
2008	107	83.7	0.3	1 469	81.7	0.1
2009	86	84.0	0.3	1 197	81.8	0.1
2010	138	84.3	0.3	1 436	81.9	0.1
2011	123	84.6	0.3	1 500	82.0	0.1
2012	126	84.9	0.3	1 487	82.1	0.1
2013	172	85.2	0.3		82.3	0.2
2014	169	85.4	0.2		82.4	0.1

(续表)

年份	美国			墨西哥		
	人均钢材消费(千克/人)	城市化率(%)	城镇化增速(%)	人均钢材消费(千克/人)	城市化率(%)	城镇化增速(%)
1998	483	78.4	—	158	74.2	—
1999	474	78.7	0.3	158	74.4	0.2
2000	469	79.1	0.4	195	74.7	0.3
2001	388	79.2	0.1	170	75.0	0.3
2002	397	79.4	0.2	174	75.4	0.4
2003	357	79.6	0.2	170	75.7	0.3
2004	423	79.8	0.2	261	76.0	0.3
2005	378	79.9	0.1	172	76.3	0.3
2006	418	80.1	0.2	206	76.6	0.3
2007	357	80.3	0.2	171	76.9	0.3
2008	317	80.4	0.1	168	77.2	0.3
2009	152	80.6	0.2	141	77.5	0.3
2010	240	80.8	0.2	156	77.8	0.3
2011	261	80.9	0.1	165	78.1	0.3
2012	289	81.1	0.2	194	78.4	0.3
2013	280	81.3	0.2	148	78.7	0.3
2014	272	81.5	0.2	147	79.0	0.3

年份	印度			英国		
	人均钢材消费(千克/人)	城市化率(%)	城镇化增速(%)	人均钢材消费(千克/人)	城市化率(%)	城镇化增速(%)
1998	25	27.2	—	235	78.5	—
1999	25	27.5	0.3	221	78.6	0.1
2000	26	27.7	0.2	184	78.7	0.1
2001	27	27.9	0.2	177	78.8	0.1
2002	27	28.2	0.3	151	79.0	0.2
2003	29	28.6	0.4	126	79.3	0.3
2004	34	28.9	0.3	139	79.6	0.3
2005	44	29.2	0.3	111	79.9	0.3
2006	45	29.6	0.4	114	80.2	0.3
2007	49	29.9	0.3	136	80.5	0.3
2008	53	30.2	0.3	103	80.8	0.3
2009	60	30.6	0.4	41	81.0	0.2
2010	62	30.9	0.3	45	81.3	0.3
2011	66	31.3	0.4	59	81.6	0.3
2012	71	31.6	0.3	54	81.8	0.2
2013	62	32.0	0.4	149	82.1	0.3
2014	64	32.4	0.4	184	82.4	0.3

(续表)

年份	德国 人均钢材消费（千克/人）	德国 城市化率（%）	德国 城镇化增速（%）	俄罗斯 人均钢材消费（千克/人）	俄罗斯 城市化率（%）	俄罗斯 城镇化增速（%）
1998	466	73.1	—	92	73.4	—
1999	438	73.1	0.0	103	73.4	0.0
2000	493	73.1	0.0	160	73.4	0.0
2001	472	73.1	0.0	174	73.3	−0.1
2002	452	73.2	0.1	159	73.3	0.0
2003	459	73.2	0.0	181	73.4	0.1
2004	486	73.3	0.1	143	73.4	0.0
2005	491	73.4	0.1	147	73.5	0.1
2006	534	73.5	0.1	211	73.5	0.0
2007	577	73.7	0.2	254	73.6	0.1
2008	549	73.9	0.2	231	73.6	0.0
2009	349	74.1	0.2	184	73.6	0.0
2010	492	74.3	0.2	231	73.7	0.1
2011	543	74.5	0.2	270	73.7	0.0
2012	493	74.7	0.2	251	73.8	0.1
2013	529	74.9	0.2	489	73.8	0.0
2014	527	75.1	0.2	480	73.9	0.1

资料来源：作者整理。

从城镇化的角度考察中国钢材产能，可以得出以下两个结论：

第一，中国城镇化率在2014年仅仅达到54.4%，在世界各国中处于中等水平。[1] 一般来讲，发达国家的城镇化水平要达到70%左右才会趋于稳定，因此中国的城镇化进程还有很长的路要走。

第二，如果城镇化速度每年超过0.25%，则人均钢材产量上升。中国每年城镇化速度超过1%，大大超过了这个标准。只要这个趋势得以继续，人均钢材产量必将随之上升。由于中国人口还在继续增长，因此对钢材的需求将继续保持在一个相当高的水平上。

城镇化是不可阻挡的历史大趋势，这一点早就成为朝野共识。每年从农村移居城镇的人口超过2000万。只要城镇化速度降不下来，对钢材（特别是建筑用钢材）的需求就会一直保持在较高的水平上。有的人的眼光仅仅盯住

---

[1] 《中国统计摘要2014》，第16页。

商品房,以为在某些城市中商品房积压,便错以为老百姓不再需要住房。这种观点有失偏颇。大量中低收入的家庭迫切地希望改善住房条件,大量进城的农民工还没有合格的住房。由于大城市中房价太高,他们买不起商品房,但并不是说他们就没有住房需求。无论商品房是否畅销,只要给低收入家庭多盖一些廉租房,当前的钢材产能就很可能满足不了市场的需求。只有保持较高的钢材产能,才能适应市场对钢材不断增长的需求。从城镇化的观点来看,说中国钢材产能过剩,恐怕还为时过早。

从人均GDP判断人均钢材消费量拐点

纵观世界各国的历史数据,可以清楚地看到这样的规律:在一个国家由穷变富的过程中,随着人均GDP的增长,人均钢材消费量也不断增长。当人均GDP达到一定高度之后,人均钢材消费量从峰值逐步下降,最终稳定在一个水平上。人均钢材消费量和人均GDP存在倒U形的内在联系。

由于各国出现人均钢材消费量的拐点时间不同,有必要将各国达到人均钢材产量峰值年份的人均GDP折算到2010年(见表2-12)。

表2-12 各国人均钢材产量和人均GDP

年份	美国		加拿大		比利时		法国	
	人均钢材产量(千克/人)	人均GDP(美元/人)	人均钢材产量(千克/人)	人均GDP(美元/人)	人均钢铁产量(千克/人)	人均GDP(美元/人)	人均钢材产量(千克/人)	人均GDP(美元/人)
1990	359	37 062	442	31 163	1 146	30 798	327	29 476
1991	315	36 543	462	30 090	1 134	31 247	315	29 707
1992	328	37 321	488	29 977	1 029	31 596	306	30 033
1993	341	37 844	497	30 424	1 009	31 170	289	29 719
1994	346	38 892	474	31 505	1 119	32 077	303	30 303
1995	357	39 476	486	32 101	1 143	32 774	303	30 823
1996	354	40 501	491	32 290	1 063	33 217	294	31 141
1997	361	41 812	513	33 310	1 053	34 377	328	31 756
1998	357	43 166	521	34 389	1 118	34 992	333	32 764
1999	349	44 673	527	35 810	1 068	36 209	332	33 707
2000	361	45 986	534	37 314	1 134	37 404	343	34 774

(续表)

年份	美国		加拿大		比利时		法国	
	人均钢材产量(千克/人)	人均GDP(美元/人)	人均钢材产量(千克/人)	人均GDP(美元/人)	人均钢铁产量(千克/人)	人均GDP(美元/人)	人均钢材产量(千克/人)	人均GDP(美元/人)
2001	316	45 978	487	37 563	1 046	37 620	315	35 197
2002	319	46 367	506	38 270	1 100	38 036	328	35 333
2003	323	47 260	500	38 621	1 075	38 214	318	35 371
2004	340	48 597	507	39 436	1 130	39 356	332	36 090
2005	321	49 762	473	40 284	1 005	39 881	310	36 395
2006	330	50 599	474	41 012	1 121	40 661	314	37 001
2007	326	51 011	481	41 432	1 029	41 575	302	37 641
2008	300	50 384	450	41 468	1 026	41 641	279	37 505
2009	190	48 558	276	39 884	522	40 225	198	36 215
2010	260	49 373	383	40 773	730	40 764	237	36 745
2011	277	49 781	375	41 567	727	40 946	242	37 328
2012	283	50 549	389	41 865	656	40 687	238	37 227
2013	275	51 282	353	42 213	634	40 607	238	37 309

年份	德国		意大利		俄罗斯		西班牙	
	人均钢材产量(千克/人)	人均GDP(美元/人)	人均钢材产量(千克/人)	人均GDP(美元/人)	人均钢铁产量(千克/人)	人均GDP(美元/人)	人均钢材产量(千克/人)	人均GDP(美元/人)
1990	484	31 476	449	30 746	534	19 349	322	24 126
1991	527	32 844	441	31 198	466	18 332	322	24 684
1992	493	33 221	435	31 437	451	15 661	308	24 831
1993	464	32 689	453	31 149	393	14 320	325	24 498
1994	502	33 375	457	31 813	329	12 535	339	25 015
1995	515	33 843	485	32 731	348	12 013	347	25 645
1996	486	34 008	417	33 143	332	11 597	305	26 270
1997	549	34 578	450	33 733	328	11 779	343	27 167
1998	537	35 254	447	34 269	297	11 173	372	28 238
1999	513	35 931	432	34 798	350	11 925	373	29 353
2000	564	36 953	464	36 073	403	13 173	397	30 647
2001	545	37 517	459	36 692	404	13 902	412	31 488
2002	547	37 458	450	36 729	411	14 629	409	31 866
2003	544	37 167	467	36 622	425	15 768	405	32 293
2004	563	37 614	493	36 962	455	16 967	438	32 745
2005	540	37 901	505	37 130	461	18 118	442	33 396
2006	573	39 352	544	37 761	495	19 660	455	34 206

(续表)

年份	德国		意大利		俄罗斯		西班牙	
	人均钢材产量(千克/人)	人均GDP(美元/人)	人均钢材产量(千克/人)	人均GDP(美元/人)	人均钢铁产量(千克/人)	人均GDP(美元/人)	人均钢材产量(千克/人)	人均GDP(美元/人)
2007	589	40 693	543	38 125	507	21 374	470	34 845
2008	556	41 199	526	37 475	480	22 506	460	34 676
2009	399	38 975	336	35 260	420	20 739	310	33 142
2010	536	40 632	434	35 753	469	21 664	351	32 994
2011	541	42 080	484	35 901	482	22 570	332	32 674
2012	530	42 959	458	34 813	492	23 299	292	31 971
2013	529	42 887	403	33 827	480	23 561	306	31 681

年份	英国		日本		韩国		印度	
	人均钢材产量(千克/人)	人均GDP(美元/人)	人均钢材产量(千克/人)	人均GDP(美元/人)	人均钢铁产量(千克/人)	人均GDP(美元/人)	人均钢材产量(千克/人)	人均GDP(美元/人)
1990	310	26 424	893	29 550	539	12 087	18	1 777
1991	286	26 017	885	30 437	600	13 130	20	1 760
1992	280	26 062	789	30 610	640	13 744	21	1 821
1993	287	26 688	799	30 587	745	14 466	21	1 871
1994	297	27 691	786	30 746	755	15 577	21	1 959
1995	301	28 317	811	31 224	815	16 798	24	2 069
1996	307	28 998	786	31 958	856	17 835	25	2 186
1997	315	29 662	830	32 391	929	18 687	26	2 235
1998	293	30 614	741	31 656	865	17 493	24	2 332
1999	275	31 474	745	31 535	883	19 233	25	2 496
2000	255	32 543	840	32 193	920	20 757	27	2 548
2001	227	33 282	810	32 230	930	21 536	27	2 628
2002	195	33 954	847	32 248	957	23 008	28	2 684
2003	221	35 250	868	32 721	972	23 566	30	2 850
2004	228	35 910	884	33 483	993	24 628	31	3 029
2005	219	36 665	882	33 916	996	25 541	42	3 262
2006	229	37 504	912	34 468	1 007	26 734	45	3 514
2007	236	38 164	943	35 183	1 068	28 063	47	3 806
2008	222	37 739	933	34 800	1 108	28 650	50	3 901
2009	162	35 840	686	32 880	988	28 716	53	4 177
2010	155	36 240	860	34 404	1 192	30 440	57	4 547
2011	150	36 549	842	34 316	1 377	31 327	60	4 787
2012	150	36 535	841	34 988	1 381	31 901	63	4 967

(续表)

年份	墨西哥		巴西		南非		中国	
	人均钢材产量(千克/人)	人均GDP(美元/人)	人均钢材产量(千克/人)	人均GDP(美元/人)	人均钢铁产量(千克/人)	人均GDP(美元/人)	人均钢材产量(千克/人)	人均GDP(美元/人)
2013	185	36 908	868	35 614	1 315	32 684	65	5 244
1990	103	12 479	136	10 331	224	10 364	58	1 516
1991	92	12 738	147	10 315	238	10 049	62	1 634
1992	96	12 925	153	10 104	226	9 631	70	1 845
1993	103	13 172	159	10 413	213	9 546	76	2 078
1994	112	13 516	160	10 802	205	9 643	78	2 323
1995	131	12 491	153	11 108	207	9 730	79	2 551
1996	140	12 979	152	11 178	187	9 925	83	2 775
1997	149	13 634	155	11 382	192	9 952	89	3 000
1998	146	14 033	151	11 250	181	9 770	92	3 205
1999	155	14 177	144	11 139	177	9 766	99	3 419
2000	156	14 704	158	11 461	188	9 927	101	3 678
2001	131	14 411	149	11 446	194	9 988	119	3 955
2002	137	14 243	163	11 638	197	10 213	142	4 285
2003	146	14 268	169	11 627	204	10 382	173	4 685
2004	160	14 700	177	12 135	202	10 715	216	5 127
2005	153	14 961	167	12 373	200	11 133	273	5 675
2006	153	15 516	161	12 732	203	11 597	322	6 360
2007	162	15 805	174	13 364	188	12 052	372	7 225
2008	157	15 826	172	13 906	169	12 263	387	7 880
2009	121	14 893	137	13 749	149	11 903	434	8 565
2010	143	15 460	169	14 660	150	12 087	478	9 430
2011	152	15 887	179	15 101	146	12 291	522	10 274
2012	150	16 320	174	15 234	133	12 375	531	11 017
2013	149	16 346	171	15 518	137	12 454	574	11 805

资料来源:各国人均钢铁产量数据来自表2-6;人均GDP数据来自世界银行数据库,为经购买力平价法折算后可比的实际人均收入水平。

各主要国家人均钢材产量和人均 GDP 的关系如图 2-7 至图 2-22 所示；人均钢材消费量峰值年份及该年人均 GDP 如表 2-13 所示。

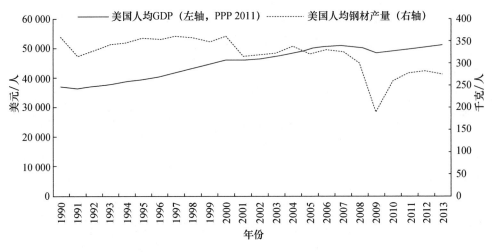

图 2-7 美国人均 GDP 和人均钢材产量

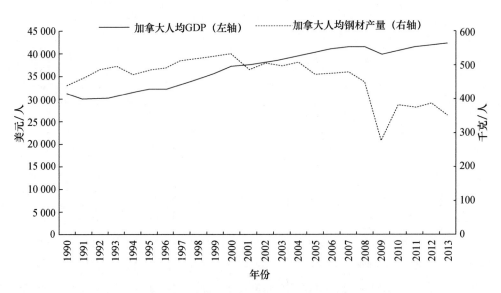

图 2-8 加拿大人均 GDP 和人均钢材产量

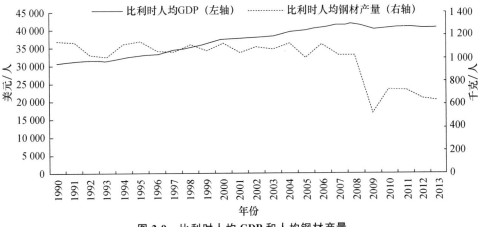

图 2-9 比利时人均 GDP 和人均钢材产量

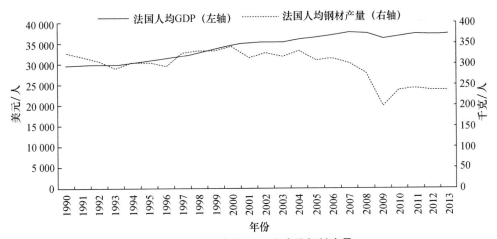

图 2-10 法国人均 GDP 和人均钢材产量

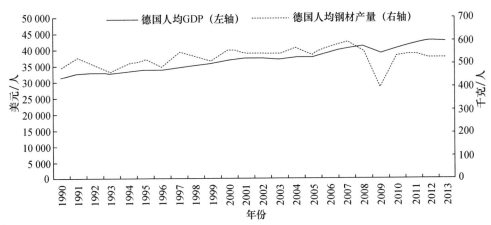

图 2-11 德国人均 GDP 和人均钢材产量

看懂中国产能过剩

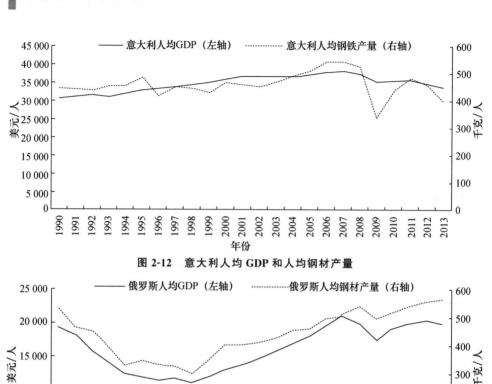

图 2-12 意大利人均 GDP 和人均钢材产量

图 2-13 俄罗斯人均 GDP 和人均钢材产量

图 2-14 西班牙人均 GDP 和人均钢材产量

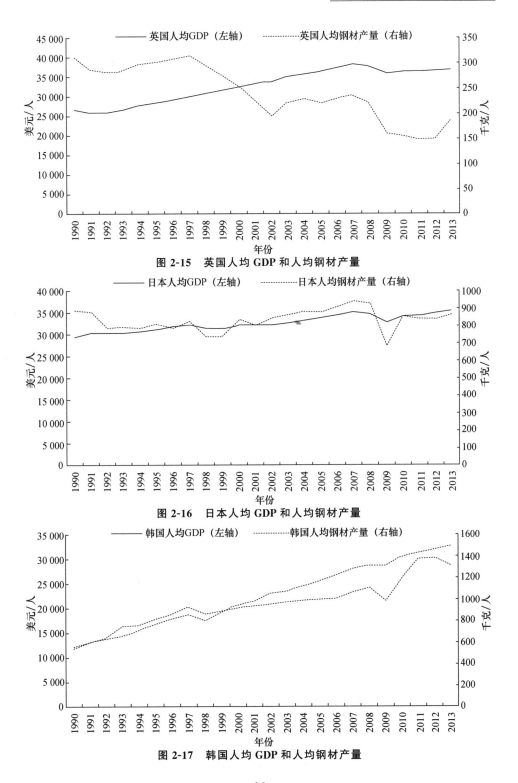

图 2-15 英国人均 GDP 和人均钢材产量

图 2-16 日本人均 GDP 和人均钢材产量

图 2-17 韩国人均 GDP 和人均钢材产量

看懂中国产能过剩

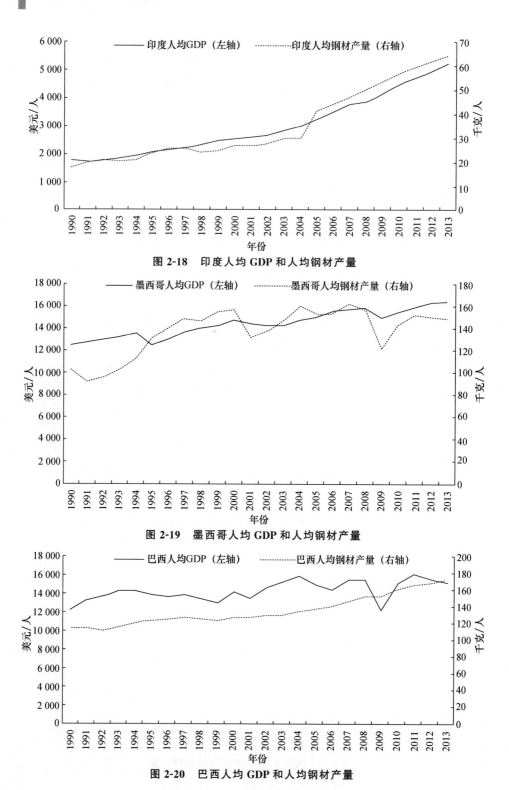

图 2-18　印度人均 GDP 和人均钢材产量

图 2-19　墨西哥人均 GDP 和人均钢材产量

图 2-20　巴西人均 GDP 和人均钢材产量

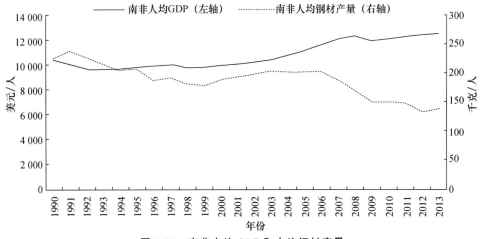

图 2-21　南非人均 GDP 和人均钢材产量

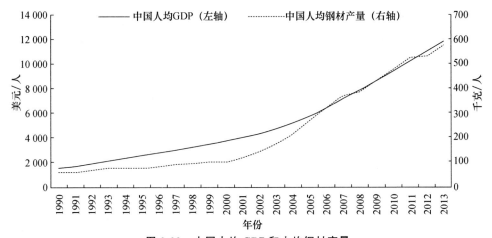

图 2-22　中国人均 GDP 和人均钢材产量

表 2-13　各国人均钢材消费量峰值时间和该年人均 GDP

国家	峰值年份	人均钢材消费量(千克/人)	人均 GDP(美元/人)
美国	1997	361	41 812
英国	1997	315	29 662
加拿大	2000	534	37 314
比利时	2000	1 134	37 404
法国	2000	343	34 774
南非	2003	204	10 282
意大利	2006	544	37 761

(续表)

国家	峰值年份	人均钢材消费量（千克/人）	人均GDP（美元/人）
德国	2007	589	40 693
俄罗斯	2007	507	21 374
西班牙	2007	470	34 845
日本	2007	943	35 183
墨西哥	2007	162	15 805
巴西	2011	179	15 101
韩国	2012	1 381	31 901
中国	2013	574	11 805

资料来源：根据世界银行数据库整理。

综上所述，人均GDP必须超过15 000美元，人均钢材消费量才有可能出现拐点。2013年，中国人均GDP（按照PPP计算）才达到11 805美元，从人均GDP的角度来判断，说中国人均钢材消费量很快就要出现峰值缺乏数据支持。

从固定资产投资增长速度判断人均钢材消费量拐点

众所周知，基建投资和制造业是使用钢材的两个最主要的部门，基建投资使用的钢材占总量的一半以上。固定资产（住房、高速公路、机场、桥梁、厂房等）投资总额和钢材产量明显正相关。2001—2011年，中国固定资产投资以两位数增长，全国钢材产量也以两位数的速度增长（见表2-14）。如果今后固定资产投资的增速仍保持较高的增速，钢材需求就一定会随之增长。只有固定资产投资增速下降到一定水平，钢材产量才可能接近倒U形曲线的拐点。

表2-14 中国钢材产量和固定资产投资的关系

年份	全国钢材生产		全社会固定资产投资总额	
	产出总量（万吨）	增速（%）	投资总金额（亿元）	增速（%）
1998	10 737	7.60	28 406	13.89
1999	12 110	12.79	29 855	5.10
2000	13 146	8.56	32 918	10.26
2001	16 068	22.22	37 214	13.05
2002	19 252	19.82	43 500	16.89

(续表)

年份	全国钢材生产		全社会固定资产投资总额	
	产出总量(万吨)	增速(%)	投资总金额(亿元)	增速(%)
2003	24 108	25.23	55 567	27.74
2004	31 976	32.64	70 477	26.83
2005	37 771	18.12	88 774	25.96
2006	46 893	24.15	109 998	23.91
2007	56 561	20.62	137 324	24.84
2008	60 460	6.89	172 828	25.85
2009	69 405	14.80	224 599	29.95
2010	80 277	15.66	251 684	12.06
2011	88 620	10.39	311 485	23.76
2012	95 578	7.85	374 695	20.29
2013	106 762	11.70	446 294	19.11
2014	112 557	5.43	512 760	14.89

资料来源:《中国统计年鉴2014》,第76、115页。

从2000年至今,那些高喊钢材产能过剩的人同时又在大力推进固定资产投资。难道他们就没有发现这两者自相矛盾吗?声称中国钢材过剩的人是否认为固定资产投资将逐步下降?如果在政府的"十三五"规划中,固定资产投资依然保持相当高的增速,那么对钢材的需求就不可能在短期内达到顶峰。很清楚,只要固定资产投资继续保持在高水平上,就切切不要妄言钢材产能过剩。

从新建住房套数判断人均钢材消费量拐点

在由穷变富的过程中,必然大量新建住房,建筑业对钢材的需求也随之增加。只有居民人均住房面积达到稳定值之后,人均钢材消费量才有可能接近拐点。人均住房面积取决于各国的资源禀赋和居民生活习惯。在多数城镇中,人均住房面积长期稳定在一定的水平上,而新旧更替是新建住房的主要部分。

按照新建住宅套数可以将世界各国分为三组(见表2-15):第一组,美国、英国、西班牙、日本等,每月新建住房套数逐年下降;第二组,德国、法国、比利时、澳大利亚等,每月新建住房套数基本维持不变;第三组,俄罗斯、韩国、中国等,每月新建住房套数在不断增加。与之相对应,美国、英国、西班牙、日本的人均钢材消费量在不断下降,德国、法国、比利时、澳大利亚的人均钢材消费量基本稳定,而俄罗斯、韩国、中国的人均钢材消费量则不断攀高。毫无疑问,只要新建住房的数量居高不下,就谈不上钢材产能过剩。

表 2-15　各国月平均新建住宅套数

年份	美国	英国	西班牙	南非	日本	德国
2000	157 000	—	30 565	3 942	108 704	25 988
2001	157 000	—	30 472	3 183	103 889	21 836
2002	165 000	—	35 028	5 107	101 769	20 701
2003	168 000	—	38 159	4 726	102 062	22 298
2004	184 000	16 958	41 399	5 890	104 093	20 036
2005	161 000	17 465	43 707	5 885	107 889	17 942
2006	165 000	17 735	48 690	3 859	112 230	18 370
2007	125 000	18 869	53 452	4 567	92 214	13 414
2008	94 000	15 688	51 256	5 835	94 839	12 637
2009	66 000	13 197	32 368	4 483	68 813	13 116
2010	54 000	11 439	21 454	3 296	67 970	13 982
2011	49 000	11 823	13 993	3 388	69 510	17 441
2012	54 000	11 996	9 583	3 573	73 566	19 955
2013	64 000	11 503	5 386	2 822	81 669	22 530
年份	法国	比利时	澳大利亚	俄罗斯	韩国	中国
2000	29 583	3 414	13 232	31 114	3 610	2 140 000
2001	29 220	3 503	10 233	31 796	6 150	2 410 000
2002	27 941	3 185	12 149	33 034	7 457	2 630 000
2003	29 211	3 628	12 652	35 573	5 192	3 020 000
2004	33 143	4 016	13 568	39 787	3 823	4 040 000
2005	37 016	4 542	13 747	42 942	3 150	3 680 000
2006	38 358	4 827	12 136	50 713	4 435	4 010 000
2007	38 807	4 543	12 687	60 204	6 133	4 400 000
2008	33 233	4 198	12 104	64 009	6 363	4 940 000
2009	28 892	3 745	12 176	58 502	6 074	5 550 000
2010	34 583	3 964	13 062	59 510	6 816	6 020 000
2011	35 225	3 464	12 897	65 463	8 256	7 220 000
2012	33 200	3 744	12 165	69 836	8 242	7 640 000
2013	33 058	3 561	12 559	76 009	7 754	7 490 000

资料来源:联合国统计月报数据库,UN Monthly Bulletin of Statistics Database;中国数据来自《中国统计年鉴 2014》。

值得指出的是，中国新建住宅当中的绝大部分是商品房。在过去10年中，新建的照顾低收入群体的廉租房数量微乎其微。贫富差距越来越大，低收入群体住房难的问题迟迟得不到解决。这是严重的政策失误。如果今后能够为低收入家庭多修建一些廉租房，新建住宅的数量就会大幅度提高。在满足低收入家庭的住房要求之前，谈钢材产能过剩似乎有些忘乎所以、不着边际。

住房需求与钢材产能过剩

住房建设使用的钢材数量占钢材总消费量的50%以上。只要居民住房建设还处于上升阶段，就很难说钢材产能过剩。因此，有必要预测中国未来居民住房的变化趋势。

居民住房需求取决于人均住房面积、人口总数、城镇化率。分析建筑业对钢材需求的时候要综合考虑人均住房面积、城镇化率、人口总数这三个要素的影响。

发达国家的人均住房面积早已达到一个相对稳定的水平，变化不大。其人口总数基本稳定，某些发达国家的人口处于零增长甚至负增长状态。城镇化率在超过80%以后基本稳定。因此，在发达国家中，新增住房基本是以新代旧，总量增加并不多。

中国城镇居民的住房需求和发达国家显著不同。

第一，中国的总人口还在继续增加，估计要到2038年以后才能达到峰值。中国未来人口总数的变化是一个非常复杂的课题，好在许多学者在这方面已经做了大量研究。在这里，我们主要采用北京大学中国经济研究中心的曾毅教授及其科研组的报告。

第二，在2014年，城镇化率只有54%。在过去10年中，城镇化率每年增长1个百分点以上。每年都有2 000万左右的人从农村迁入城镇。由于城镇化的速度超过了城镇居民住房的增长速度，城镇居民人均住房面积在最近10年内非但没有上升，反而下降了。显然，如果城镇化继续推进，就必须盖更多的住房及其附属设施，对钢材的需求就居高不下。

第三，在2011年，城镇居民平均住房面积为32.7平方米。这个数字来自统计局的抽样调查，确切含义是在城镇中已有住房的居民的平均住房面积。实际上，在城镇中还有大约1/3的居民没有自己的住房，他们的住房需求特别紧迫。如果考虑到全体城镇居民，2011年的人均住房面积为19.74平方米。

人均住房面积的长期稳定值和该国的人口密度有关。美国、加拿大地广人稀，人均住房面积高达60平方米。与中国东部地区人口密度相近的国家（如荷兰、英国、日本等），人均住房面积为40平方米左右。中国城镇居民人均住房面积与人口密度相当的发达国家相比，相差还很远。因此，有理由假设未来中国人均住房面积可以达到40平方米。

在这些假设之下，模拟中国居民住房面积的增长曲线。具体模型和模拟过程可参见徐滇庆、李昕所著的《房地产供求和保障》。

模拟显示，如果在2030年中国城镇居民人均住房面积达到29.03平方米，住房总面积就为287.35亿平方米。与2011年的136.36亿平方米相比，翻了一番还多。要达到这个目标，2030年新增居民住房须达到9.62亿平方米，扣除折旧拆除之后，须新建住房16.80亿平方米。新建住房数量远远超过2011年新建住房10.35亿平方米（见表2-16）。

表2-16 中国人均住房面积的预测

年份	城镇人口（万人）	人均住房面积（平方米/人）	住房总量（亿平方米）	新增住房需求（亿平方米）	折旧（亿平方米）	总需求（亿平方米）
2011	69 079	19.74	136.36	6.94	3.41	10.35
2012	70 806	20.16	142.77	6.41	3.57	9.98
2013	72 533	20.59	149.37	6.60	3.73	10.34
2014	74 260	21.03	156.17	6.80	3.90	10.71
2015	75 987	21.48	163.18	7.01	4.08	11.09
2016	77 714	21.93	170.40	7.22	4.26	11.48
2017	79 441	22.38	177.83	7.43	4.45	11.87
2018	81 168	22.85	185.47	7.65	4.64	12.28
2019	82 895	23.32	193.34	7.87	4.83	12.70

(续表)

年份	城镇人口（万人）	人均住房面积（平方米/人）	住房总量（亿平方米）	新增住房需求（亿平方米）	折旧（亿平方米）	总需求（亿平方米）
2020	84 624	23.80	201.44	8.10	5.04	13.13
2021	86 061	24.29	209.06	7.62	5.23	12.84
2022	87 498	24.79	216.88	7.82	5.42	13.25
2023	88 935	25.29	224.91	8.03	5.62	13.66
2024	90 372	25.80	233.16	8.25	5.83	14.08
2025	91 809	26.32	241.62	8.46	6.04	14.50
2026	93 246	26.84	250.31	8.69	6.26	14.94
2027	94 683	27.38	259.22	8.91	6.48	15.39
2028	96 120	27.92	268.36	9.14	6.71	15.85
2029	97 557	28.47	277.73	9.37	6.94	16.32
2030	98 998	29.03	287.35	9.62	7.18	16.80

资料来源：根据 Gompertz 模型，在居民住房人均远期稳定值为 40 平方米的假设下计算。

在这里必须强调，在计算人均住房面积的时候，不仅包括在城镇中已经有住房的居民，还包括进城的农民工和学校毕业生；不仅包括商品房，还包括提供给低收入家庭的廉租房。如果只考虑高收入群体才买得起的商品房，势必严重低估居民住房需求。

由于城镇化的进展，城镇居民人数从 2011 年的 69 079 万增加到 2030 年的 98 998 万，将近 3 亿人进城，对住房的需求非常旺盛。2000—2014 年，城镇居民人均住房面积每年都增加 0.5—0.9 平方米。按照预测，2012—2030 年，人均住房面积每年递增 0.42—0.56 平方米。即使在 2030 年人均住房面积达到 30 平方米，依然远远落后于发达国家的平均水平。

在未来 20 年内，人均住房面积和住房总面积都需要一个大幅度的增长才能满足居民的住房需求。有些人被三、四线城市中滞销的商品房遮住了眼睛，错误地断言中国房地产已经出现泡沫，甚至有些人预言房地产市场马上就要崩溃了。果真如此，钢铁行业产能就很可能过剩。实际上，大量低收入家庭和年轻人根本买不起房。在最近 15 年内，中国城镇居民的住房总量尚须翻一番，不仅要继续修建更多的商品房，更要为低收入群体提供廉租房。中国的人均住房面积远远没有达到稳定值,只要大盖廉租房,钢材产能绝不会过剩。

钢材需求增速和倒 U 形拐点

钢材用途分为工业生产、建筑施工、运输邮电三大类。工业生产包括机械制造、汽车、造船、家电等。由于运输邮电部门使用的钢材占比仅 2%,因此大致上可以把钢材主要用途划分为工业生产和建筑施工两大类。①

在工业生产中可以进一步细分为机械、汽车、造船、家电、能源等部门。虽然人们对身边的家电、汽车等产品比较熟悉,可是在整个钢材消费量当中,汽车只占 6.81%,家电占 1.44%,造船占 1.80%(见表 2-7)。

表 2-17 分用途钢材消费量(2013 年)

部门	钢材消费量(万吨)	占比(%)
建筑业	38 100	54.98
机械	13 300	19.19
造船	1 250	1.80
汽车	4 720	6.81
家电	1 000	1.44
集装箱	520	0.75
能源	3 100	4.47
铁道	480	0.69
其他	6 830	9.86
总计	69 300	100.00

资料来源:《2014 中国钢铁市场分析与预测》,第 134 页。

轻工业包括许多产品,如空调、电冰箱、自行车、五金等。有些产品在钢材消费量中占比很小,即使这个产品的增速很高,对于钢材需求的影响依然有限(见表 2-18)。

---

① 参见 1998 年公布的《中国钢铁工业 50 年数字汇编》。

表 2-18 轻工业钢材消费量(2005 年)

产品	钢材消费量(万吨)	占比(%)
家电	530	19.63
空调	150	5.56
电冰箱	58	2.15
冷柜	10	0.37
微波炉	32	1.19
洗衣机	45	1.67
彩管	57	2.11
空压机	97	3.59
冰压机	21	0.78
自行车	201	7.44
缝纫机	4.5	0.17
五金	1 400	51.85
日用杂品	150	5.56
文教用品	35	1.30
体育用品	150	5.56
总计	2 700	100.00

注:五金包括炊具、锁具、厨房设备、刀剪、拉链、工具、阀门、金属门窗等。
资料来源:《钢材需求调研报告 2004》。

根据 2013 年数据,大致上,工业生产用的钢材占 45%,建筑施工用的钢材占 55%。从统计资料中不难得到这两大部类的增长率,而钢材需求的增长率等于制造业和建筑业增速的加权之和(见表 2-19)。如果建筑业、机械制造业(汽车、造船、日用电器等)的增速快于钢材产量增速,那么钢材产能不仅不会过剩反而可能不足。相反,如果建筑业、机械制造业(汽车、造船、日用电器等)的增速下降,低于钢铁工业的增速,就可能出现钢铁行业的产能过剩。

表 2-19 钢材需求的增长指数

年份	机构制造业	建筑业	钢材需求
1978	116.39	99.43	107.91
1979	108.66	101.98	105.32
1980	112.66	126.74	119.70
1981	101.74	103.17	102.46

(续表)

年份	机构制造业	建筑业	钢材需求
1982	105.77	103.42	104.60
1983	109.72	117.07	113.39
1984	114.85	110.85	112.85
1985	118.21	122.20	120.21
1986	109.64	115.87	112.76
1987	113.24	117.87	115.56
1988	115.25	107.99	111.62
1989	105.06	91.56	98.31
1990	103.35	101.19	102.27
1991	114.39	109.56	111.98
1992	121.17	121.03	121.10
1993	120.09	118.00	119.04
1994	118.91	113.68	116.29
1995	114.04	112.40	113.22
1996	112.51	108.51	110.51
1997	111.32	102.62	106.97
1998	108.90	109.02	108.96
1999	108.52	104.28	106.40
2000	109.79	105.67	107.73
2001	108.67	106.78	107.73
2002	109.97	108.79	109.38
2003	112.75	112.08	112.42
2004	111.51	108.13	109.82
2005	111.58	116.00	113.79
2006	112.88	117.23	115.05
2007	114.91	116.19	115.55
2008	109.93	109.50	109.72
2009	108.73	118.56	113.64
2010	112.06	113.47	112.77
2011	110.38	109.72	110.05
2012	107.68	109.33	108.51
2013	107.56	109.54	108.55
1978年以来均值	111.38	110.31	110.85
2000年以来均值	110.58	111.43	111.00
2010年以来均值	109.41	110.50	109.95

资料来源：根据《中国统计年鉴2014》相关数据整理所得。

机械制造业的增速可以近似由第二产业的增速来表示。建筑业的增速可以由固定资产投资额来表示。机械制造业和建筑业对钢材需求的权重为45∶55。

如果工业生产和建筑业加权平均后的增速超过或者基本接近钢材产量增速,就没有理由说钢材会出现拐点。从2000年至今,中国钢材需求的平均年增长率为11%。从2010年至今,钢材需求增长率略有降低,但是依然保持在9.95%。在2012年以前,由于机械制造业各部门的产出保持高增长率,建筑业也保持高速增长,声称钢材产能严重过剩是缺乏数据支持的。2012年确实出现了钢材产能过剩,不过,导致钢材产能过剩的原因来自市场萎缩,而导致钢材市场萎缩的主要原因是"打房价"造成的"肠梗阻"。这类产能过剩通常属于短期现象,只要纠正了错误的房价调控政策,要不了多久,钢材市场就可以恢复供求平衡的状态。

发达国家的建筑业增长率和机械制造业增长率很低,其人均钢材消费量在下降,人口增长率很低,甚至在某些国家人口总数也在下降。因此,对钢材需求逐年衰退,原有的钢材产能肯定过剩。在英国、法国和某些欧洲国家,钢材产能持续下降,许多炼钢设备被拆除废弃。声称中国钢材产能过剩将成为"常态"的人是否认为中国的建筑业和制造业也要走下坡路了?

人均钢材消费量的长期预测

按照经济学理论,中国人均钢材产量很可能遵循Gompertz曲线,在高速上升一段时间后变成减速递增,最后趋向一个长期稳定值。

由于缺乏足够的历史数据,很难确切地估计中国人均钢材产量的长期稳定值。在此不妨借鉴韩国和日本的案例。2012年,中国人均钢材消费量为514千克,日本为532千克,韩国为1487千克,在数学模拟中,分别假定中国人均钢材消费量的稳定值为800千克、850千克(见表2-20)。

表 2-20 人均钢材消费量预测   单位:千克/人

稳定值	800			850		
经济增长率	6.5%	7.0%	7.5%	6.5%	7.0%	7.5%
2014 年	608	610	612	646	648	650
2015 年	635	639	642	675	679	683
2016 年	660	665	670	701	707	712
2017 年	683	689	695	725	732	739
2018 年	703	710	717	747	755	762
2019 年	722	729	736	767	774	782
2020 年	737	745	751	783	791	798
2021 年	751	758	764	798	805	812
2022 年	762	768	774	810	816	822
2023 年	771	777	782	819	825	831

资料来源:依据 1965—2013 年人均钢材生产量与人均 GDP 水平,按照 800 千克、850 千克的人均钢材生产量稳定值进行 Gompersz 曲线拟合,并分别在 6.5%、7.0%、7.5%的经济增长率预期下开展模型外推预测。

依据 Gompersz 曲线模拟,如果人均钢材的长期稳定值为 800 千克,那么 2005 年出现数学拐点。[①] 也就是说,在 2005 年以前,人均钢材消费量呈加速增长趋势。在 2005 年,人均钢材生产量水平为 294.1 千克,人均钢材消费量的二阶导数为零。在 2005 年以后,人均钢材产量曲线的二阶导数由正变负,虽然人均钢材产量仍然继续增加,但是呈现减速增长,直到最终趋于长期稳定值。如果经济增长率保持在 7%的水平,那么在 2020 年人均钢材消费量可能达到 745 千克。如果长期稳定值为 850 千克/人,那么这个数学拐点出现在 2006 年,人均钢材消费量为 312.5 千克。如果经济增长率保持在 7%的水平,2020 年人均钢材消费量就可能达到 791 千克。无论采用哪种假设,2020 年之前的人均钢材消费量都处于上升态势。由于在 2038 年以前中国总人口还在增加,因此钢材总产量也必然处于上升态势。除非遭遇内战或者重大政策失误,否则不可能在 2020 年之前改变钢材总产量和人均钢材消费量持续上升的趋势。

---

① 数学拐点(inflection point)的定义是二阶导数为零,而不是一阶导数为零的峰值。

钢铁行业产能利用率

表 2-21 和表 2-22 的数据来自历年《中国工业统计年鉴》,列出了历年粗钢和钢材的产能利用率。

表 2-21 粗钢产能利用率　　　　　　　单位:万吨

年份	生产能力	粗钢生产量(运行产能)	产能利用率(%)
1989	6 541	6 159	94.17
1990	6 957	6 635	95.38
1991	7 601	7 100	93.41
1992	8 333	8 094	97.13
1993	9 007	8 956	99.43
1994	10 030	9 261	92.33
1995	11 174	9 536	85.34
1996	11 804	10 124	85.77
1997	12 111	10 894	89.96
1998	12 874	11 559	89.79
1999	13 984	12 426	88.86
2000	14 755	12 850	87.09
2001	16 038	15 163	94.55
2002	18 425	18 237	98.98
2003	23 058	22 234	96.42
2004	30 197	28 291	93.69
2005	38 195	35 324	92.48
2006	44 813	41 915	93.53
2007	54 140	48 929	90.37
2008	62 731	50 306	80.19
2009	68 114	57 218	84.00
2010	75 914	63 723	83.94
2011	83 179	68 528	82.39
2012	91 160	72 388	79.41
2013	103 265	77 904	75.44

资料来源:粗钢数据来自历年《中国工业统计年鉴》。

表 2-22　钢材产能利用率　　　　　　　　　　　单位:万吨

年份	生产能力	钢材生产量(运行产能)	产能利用率(%)
1989	6 453	4 859	75.30
1990	7 037	5 153	73.23
1991	7 517	5 638	75.00
1992	8 088	6 697	82.81
1993	8 846	7 716	87.23
1994	10 136	8 428	83.15
1995	12 721	8 980	70.59
1996	13 907	9 338	67.15
1997	13 609	9 979	73.33
1998	13 894	10 738	77.29
1999	14 491	12 110	83.57
2000	15 101	13 146	87.05
2001	16 537	16 068	97.16
2002	19 701	19 252	97.72
2003	25 636	24 108	94.04
2004	33 827	31 976	94.53
2005	41 143	37 771	91.81
2006	47 545	46 893	98.63
2007	63 041	56 561	89.72
2008	75 150	60 460	80.45
2009	79 858	69 405	86.91
2010	92 458	80 277	86.82
2011	105 244	88 620	84.20
2012	116 409	95 578	82.11
2013	134 030	106 762	79.66

资料来源:钢材数据来自历年《中国工业统计年鉴》。

《中国统计年鉴2014》给出的数据如下:

2011年,粗钢产量68 528万吨,产能91 666万吨,产能利用率为74.7%。

2012年,粗钢产量72 388万吨,产能101 378万吨,产能利用率为71.4%。

2011年,钢材产量88 620万吨,产能118 310万吨,产能利用率为74.9%。

2012年,钢材产量95 578万吨,产能131 679万吨,产能利用率为72.6%。

由于统计口径不同,两组数据略有不同。

有些人根据这些数据大声疾呼,钢铁行业的产能利用率太低,产能严重过剩。可是,如果横向比较一下其他国家和地区的钢铁行业产能利用率,可能会得出不同的结论。

由于世界各国对产能的定义各不相同,因此很难比较准确地横向比较各国产能利用率。国际组织公布的统计数据只能大概地提供一些参考信息。

OECD(经济合作与发展组织)公布了 2009 年和 2011 年的钢铁行业产能利用率,在 2011 年中国钢铁行业的产能利用率为 79.2%。这个数字和我国统计部门的数字差不多。同期,亚洲各国钢铁行业的产能利用率为 77.6%,拉丁美洲各国为 72%。中国钢铁行业的产能利用率高于亚洲各国和非 OECD 国家的平均值,基本上处于正常范围之内(见表 2-23)。

表 2-23 各地区钢铁行业产能利用率

地区	2009 年			2011 年		
	产能 (百万吨)	产量 (百万吨)	产能利用率 (%)	产能 (百万吨)	产量 (百万吨)	产能利用率 (%)
中国	725.0	567.8	78.3	863.3	683.9	79.2
亚洲	870.7	662.9	76.1	1 030.5	799.5	77.6
拉丁美洲	62.7	37.7	60.2	66.9	48.2	72.0
非洲	31.4	15.2	48.5	33.2	15.7	47.3
中东	28.1	17.7	62.9	35.2	23.0	65.4
非 OECD	1 153.9	837.4	72.6	1 331.7	1 007.3	75.0

资料来源:www.oecd.org, Developments in Steelmaking Capacity of Non-OECD Economies 2013。

2011 年,OECD 数据库中给出的中国粗钢产量为 68 390 万吨,国家统计局提供的数据为 68 528 万吨,两者非常接近。可是,OECD 数据库中给出的中国粗钢产能为 86 330 万吨,国家统计局的数据是 91 666 万吨。国家统计局的产能数据比 OECD 的多出 5 336 万吨,占总数的 6.18%。显然,这已经超出了统计误差允许的范围,可能给出的解释是双方对产能的统计口径不同。一般来说,中国钢铁行业的产能利用率和其他发展中国家相比差不多。如果把那些需要淘汰的高污染、高能耗的落后产能和必要的产能储备都包括进去,产能过剩就不足为奇了。

即使采用国家统计局的数据,2011年粗钢产能利用率为74.7%,钢材产能利用率为74.9%,依然与非OECD国家的平均值(75.0%)非常接近。没有什么值得大惊小怪的。2013年以来,全球钢铁产业的平均产能利用率在70%—75%波动,中国钢铁行业的产能利用率一直在这个区间之内。为什么别的国家没有像国内某些单位那样大喊产能过剩?

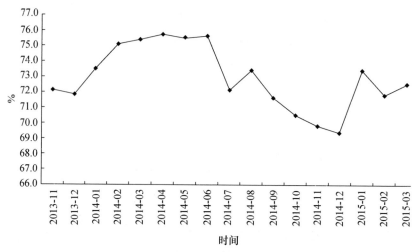

图2-23 世界平均钢铁产业产能利用率
资料来源:世界钢铁协会(Worldsteel)的统计数据。

根据世界钢铁协会的统计数据,全球65个主要钢铁生产国在2015年4月的粗钢产量为1.354亿吨,同比减产240万吨。中国的粗钢产量从2014年5月的7043.4万吨下降到2015年5月的6995.3万吨,同比减产48万吨,与上年同期相比负增长1.7%。全球钢铁产业产能利用率在2015年4月为72.5%,比2014年同期下降3.2个百分点。[①] 毋庸置疑,在钢铁行业遭遇不景气的状况下,中国钢铁行业的产能利用率也会相应下跌。

在《人民日报》上有篇文章声称:2011年粗钢产能9.7亿吨,钢材需求7.2亿吨,再加上1.5亿吨在建产能,钢铁行业产能过剩超过2亿吨。[②] 这种说法不够严谨,值得商榷。

---

① 丁根,"2015年4月世界粗钢产量述评",中钢网资讯,2015年5月25日。
② 请参见"发挥市场作用,化解产能过剩",《人民日报》,2013年4月22日。

如果不计在建产能,产能利用率为74.2%,处于合理的范围内,谈不上产能过剩。

文章提到"在建产能",却没有提及这些在建产能在什么时候投产。为了满足市场需求,2012年全国粗钢产量上升3900万吨,2013年粗钢产量在此基础上又增加10700万吨,库存量始终在合理范围。当在建产能投产的时候,钢材需求也相应增加了。如果要计算产能过剩,就理应使用下期的需求,不能把那些说不清楚在什么时候投产的"在建产能"算进去。由于钢材需求上升很快,产能过剩的状况远远不像某些人声称的那么严重。

钢铁企业利润率

有些人把钢材产能过剩和钢铁行业亏损联系在一起。他们的逻辑是,由于钢材产能过剩,导致钢铁企业利润率下降,以致大面积亏损。似乎砍掉钢铁行业的过剩产能就能恢复钢铁企业正常的利润率。

这种说法貌似有理,其实并不符合事实。

众所周知,2002年以来,有关部门一直在大张旗鼓地整治钢材产能过剩,可是2004年钢铁业的销售利润率高达8%,2007年为7.8%,2004—2008年,钢铁行业的平均利润率在7%以上。钢铁行业的利润水平很好,吸引着越来越多的地方政府和民间企业热衷于投资新的钢厂。如果钢材产能一直过剩,为什么在2008年以前钢铁行业的利润率很好?这恰恰证明,产能过剩和钢铁企业的利润率没有必然的联系。

2008年以后,钢铁行业的利润率掉头下跌。2008年全国钢铁行业的利润率下降为3.4%;2009年继续下降为2.5%;2010年略有改善,微微回升一点,达到3.0%;2011年再跌回2.5%;到了2012年,钢铁行业全行业利润率几乎跌到零点,钢铁行业全行业亏损(见图2-24)。

一般来说,只要市场机制还能够正常地发挥作用,钢铁行业的利润率必然在重化工业的平均利润水平上下波动。如果整个钢铁行业的产能过剩,那么必然导致利润率下降,市场机制会淘汰其中一些缺乏竞争力的钢厂。随着供

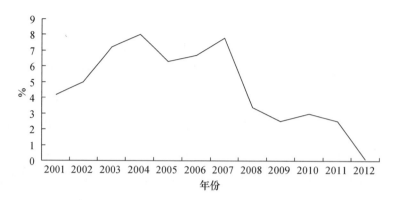

图 2-24 钢铁行业的销售利润率

资料来源:"钢铁业:如何迈过生死线?",《人民日报》,2013 年 5 月 6 日,冶金工业规划研究院供图。

给量减少,钢材价格上升,钢材市场逐步趋于新的均衡。

导致钢铁企业利润率下降的原因很多,最主要的莫过于市场萎缩。有些人只看到当前市场上钢铁滞销的表面现象,而没有注意到这次钢铁行业需求急剧下降的深层原因。为什么钢材需求会急剧下降?2012 年以来,采用"历史上最严厉的房地产调控政策"打压房价,使房地产交易额被整下去了。当建筑业成为国民经济的短板之后,上下游产业都出现过剩,钢铁行业首当其冲。钢材卖不动了,钢铁企业的亏损面越来越大。

只要市场恢复正常状态,钢材产能非但不过剩,钢铁行业还有很大的发展空间。中共十八大以后,不再提房地产调控,加大了廉租房建设的投入,钢材市场状况略有好转。只要排除来自政府乱指挥的干扰,市场自然就会回归到正常状态。

短板是导致产能过剩的主要原因

据说,中国的钢材产能过剩非常严重,已经威胁到钢铁行业的生死。[①]

产能过剩有三种基本模式:短板过剩,周期性过剩,局部过剩。当前出现

---

① 参见"钢铁业:如何迈过生死线?",《人民日报》,2013 年 5 月 6 日。

的钢材产能过剩属于哪种模式？

显然，钢材过剩并不属于周期性过剩。

有人强调，钢铁行业之所以不景气是因为受到了外部市场周期性变化的拖累。这一点值得推敲。2008—2009年美国爆发次贷危机，欧洲爆发债务危机，世界经济陷入衰退低谷。美国钢材产量急剧下降，从2008年的9190万吨下降到2009年的5940万吨（表2-3）。可是，2008年中国钢材出口量为5918万吨，2012年钢材出口量为5573万吨，出口量基本没变。中国钢材出口量所占比例始终维持在4.2%—4.8%，进口钢材所占比例从2009年的4.4%下降到2013年的1.9%（见表2-9）。在世界经济最低迷的2009年和2010年，中国钢材产量并没有下降，钢铁企业的日子过得不错。虽然中国的钢铁行业确实受到全球金融危机的冲击，但是没有必要夸大负面冲击的强度。

经过数年的调整，美国钢材产量逐步回升，2013年美国钢材产量恢复到8688万吨；德国、日本、英国的钢材产量出现回升。外部市场逐渐复苏。按理说，中国钢材市场也应当跟着回升，可是在2011年以后，中国钢铁行业却反其道而行之，越来越不景气，几乎全行业亏损。把钢铁市场需求萎缩的原因归结于外部冲击，缺乏足够的数据支持。

这次钢铁行业的困境也很难用局部产能过剩来解释。局部产能过剩的主要是由于交通运输、信息、贸易壁垒的制约，或者是由于资源分布的不均衡，在某些地方产能过剩而在另外一些地方产能不足。我国钢铁生产的布局基本合理，炼铁用的铁矿砂一半以上来自进口，在国际市场上，铁矿砂价格一跌再跌，对于中国钢铁企业来说非常有利。钢材运输的瓶颈并不特别严重，市场信息比较充分，所有这些都不符合局部过剩的特征。

2015年年初，钢铁供大于求，钢材卖不出去，这些都是客观事实。产生这个问题有两种原因。可能是投资增速超过了市场需求，导致产能过剩；也可能是需求萎缩，导致产能相对过剩。从中国钢铁市场的具体状况来看，2008—2009年钢铁行业投资大幅度上升。在2011年以后，新建钢厂陆续投产，恰恰在这个时候赶上了"历史上最严厉的房地产调控"，建筑业大萧条，这是导致钢铁行业陷于困境的一个重要转折点。

有必要搞清楚——什么是因,什么是果。

毫无争议,房价高并不好,许多人主张打压房价,大多出于好心。可是,出台一系列房价调控政策,限购、限价、限贷,打乱了国民经济内在的规律,改变了人们的市场预期,破坏了经济体系的均衡,使得一线城市的商品房销售额急剧下降。原来希望买房的人纷纷改持观望态度。老百姓不买房,谁还买电视机、电冰箱、灯具、家具?开发商不敢扩大投资,谁还买钢材、水泥?建筑业一出问题,上下游相关行业都会出问题。倘若钢厂的产品卖不出去,利润怎么能不下降?建筑业成了国民经济的短板,不仅水桶储量下降,而且其他的板子都成了过剩的长板。表面看来是钢材产能过剩,实际上根子在于建筑业萎缩导致的宏观经济失衡。

出现短板之后,是锯短长板,还是补上短板?面对钢材产能过剩,是砍钢材产能,还是纠正干扰国民经济体系均衡发展的错误政策?何去何从,泾渭分明。

第三章

水泥产能是否过剩

导读

- 水泥产能过剩属于短板过剩。由于错误的房地产调控政策,限购、限价、限贷,导致近年来商品房交易额连续下降,再加上对廉租房投入严重不足,建筑业成了宏观经济的短板,从而拖累了水泥需求,加剧了水泥产能过剩。

- 1994年和2009年曾经两次出现水泥产能过剩。其实,这两年水泥总产量高速上升,供销两旺,所谓产能过剩的实质是淘汰落后产能。

- 在居民住房需求基本得到满足之后,水泥人均消费量将呈现倒U形曲线,并且收敛在某个水平上。出现水泥需求下降的条件是:第一,总人口下降;第二,城镇化率趋于稳定;第三,人均水泥消费量保持不变或者下降。在这三个条件中至少出现一个,水泥需求才会下降。数据表明,中国总人口还在继续增加,城镇化率在继续上升,人均水泥消费量尚未出现下滑迹象。由于这三个条件都没有出现,因此在短期内尚且看不到中国水泥生产的拐点。

- 中国城镇居民人均住房面积只有20平方米左右,远远落后于人口密度基本类似的荷兰、英国、日本等国。城镇居民的改善性需求依然非常旺盛。如果在2030年人均住房面积达到30平方米,就需要城镇住房297亿平方米,新建住房的需求比2015年城镇居民住房的总面积还多。按照当前的建设速度,无论如何也难以满足需求。除非房地产业还能获得一个大发展,否则肯定要出现居民住房供不应求的局面。

● 大都市的商品房价格很高,一般工薪阶层根本买不起房,但是并不等于他们不需要住房。不能只关注商品房而忽略了给低收入家庭提供廉租房。只要大量增加廉租房的建设,水泥产能就绝对不会过剩。

似是而非的水泥产能过剩

第四次水泥产能过剩

有人说,当前是第四次水泥行业产能过剩。[①]

据说,第一次水泥产能过剩发生在1994年。这个说法值得商榷。如果水泥产能过剩,总产出就理应下降,可是1994年全国水泥总产量为4.21亿吨,到1995年上升为4.76亿吨,净增0.55亿吨,增幅为13.1%。水泥市场供销两旺,怎么会产能过剩呢?实际上,1994—1995年,在全国范围内大规模淘汰落后的水泥立窑设备。改革开放初期,全国各地乡镇企业纷纷崛起,大办水泥厂。限于当时的技术和资金条件,大部分水泥厂采用的是立窑,不仅浪费能源还污染严重。经过十几年运作之后,必须将大部分立窑淘汰出局。如果把淘汰立窑误认为产能过剩显然不合情理。

第二次水泥产能过剩据说发生在2004年,而且是"水泥行业整体产能过剩"。[②] 其实,2004年是我国水泥产业发展最快的一年。投产的新型干法生产线143条,生产能力比2003年增长67.9%;新型干法水泥产量达到3.15亿吨,占总产量的比例上升到32.5%。

在2004年,为什么许多人高喊水泥产能过剩?主要是由于煤、电大幅涨

[①] 参见"水泥业:产能扩张必须急刹车",《人民日报》,2013年5月13日。有人把1997年受到亚洲金融危机的影响,水泥生产销售不畅也称为一次产能过剩。

[②] 杨明,"产业结构调整步伐不会放缓——水泥行业深度研究报告",《金融管理与研究:杭州金融研修学院学报》,2005年第2期。

价导致水泥企业生产成本增加,许多立窑水泥厂严重亏损,经营困难,纷纷倒闭。① 被淘汰或主动出局的水泥企业有 1 900 多家,其中有 1 840 多家为中小企业,减少产量 4 500 万吨。② 福建、山东等地首当其冲。2004 年福建水泥年生产能力在 3 000 万吨以上,技术先进的大水泥厂不到 30%。山东的情况也差不多,2004—2005 年,山东先后关停淘汰立窑水泥生产线 331 条。③ 如果把落后的立窑也计入产能,福建、山东的水泥产能确实有点"过剩"。经过新陈代谢之后,福建、山东的水泥行业无论是产业结构还是生产技术都更上了一层楼。④

有些人一看到某些水泥企业关门就喊产能过剩。其实,他们并没有准确地理解产能过剩的定义,淘汰落后产能不是产能过剩。2004 年我国水泥产量为 9.67 亿吨,同比增长 12.1%;包括落后产能在内的总产能在 11 亿吨左右,水泥产能利用率达到 85.2%。因此,即使把落后产能包括进来,也谈不上产能过剩。

从水泥行业整体的发展态势来看,1994 年水泥产量增速为 15.9%,1995 年水泥产量增速为 13%。2004—2007 年,每年的水泥产量增速都在 10% 以上。比较准确地讲,这两次水泥行业的大调整是淘汰落后产能和区域工业合理布局,不能算"产能过剩"。1994 年和 2004 年水泥"产能过剩"的说法缺乏数据支持。

2009 年,水泥产能过剩的呼声卷土重来。国务院批转发改委等部门《关于抑制部分行业产能过剩和重复建设引导产业健康发展的若干意见》(以下简称《意见》),指出:"2008 年我国水泥产能 18.7 亿吨,其中新型干法水泥 11 亿吨,特种水泥与粉磨站产能 2.7 亿吨,落后产能约 5 亿吨,当年水泥产量 14 亿吨。目前在建水泥生产线 418 条,产能 6.2 亿吨;另外还有已核准尚未开工的生产线 147 条,产能 2.1 亿吨。这些生产线全部建成后,水泥产能将达到 27

---

① 宋彬彬,"产能过剩市场消化不良,水泥业暂处'冷'周期",《中国工业报》,2005 年 10 月 20 日。
② 夏旭阳,"我国水泥产业结构调整实证研究",浙江大学,2005 年。
③ 中央人民政府,"山东:采取有力措施,加快建设节约型社会步伐",中华人民共和国中央人民政府网站,2005 年。
④ 欣欣,"产能过剩台资加速福建水泥重新洗牌",《中国矿业报》,2005 年 4 月 28 日。

亿吨，市场需求仅16亿吨，产能将严重过剩。"文件要求："严格控制新增水泥产能，执行等量淘汰落后产能的原则，对2009年9月30日前尚未开工水泥项目一律暂停建设并进行一次认真清理，对不符合上述原则的项目严禁开工建设。各省（区、市）必须尽快制定三年内彻底淘汰落后产能时间表。支持企业在现有生产线上进行余热发电、粉磨系统节能改造和处置工业废弃物、城市污泥及垃圾等。新项目水泥熟料烧成热耗要低于105千克标煤/吨熟料，水泥综合电耗小于90千瓦时/吨水泥；石灰石储量服务年限必须满足30年以上；废气粉尘排放浓度小于50毫克/标准立方米。落后水泥产能比较多的省份，要加大对企业联合重组的支持力度，通过等量置换落后产能建设新线，推动淘汰落后工作。"

时隔多年之后，回过头来再琢磨一下这个《意见》，有些地方很有意思。

第一，按照上述文件援引的数字，2008年全国水泥产能18.7亿吨，其中落后产能约5亿吨。在扣除这些落后产能之后，水泥产能约13.7亿吨，而该年水泥产量14亿吨，产能利用率相当高，根本不存在产能过剩的问题。

第二，上述文件估计2009年的水泥需求16亿吨，这个数字比较准确。实际上，2009年水泥产量为16.44亿吨，增长率为15.5％，供求基本平衡。为什么全国各地纷纷兴建新的水泥厂？道理很简单，投资水泥厂有利可图。2009年前后正值各地基本设施建设的高峰期，许多地方水泥供不应求，水泥产量节节攀升，生产多少就卖多少，既没有囤积在仓库里，也没有结块、变质、报废，水泥企业的利润率很不错。在乐观的市场预期下，无论是地方政府、国有企业还是民营企业都纷纷投资兴建新的水泥厂。实践证明，水泥产能并没有过剩。

第三，《意见》斩钉截铁地严禁产能过剩的水泥企业开工建设，要求"各省（区、市）必须尽快制定三年内彻底淘汰落后产能时间表"。淘汰落后的立窑是正确的，可是，怎么能不分青红皂白地"严格控制新增水泥产能"？这个文件下达之后，全国各地水泥厂依然不断扩张，水泥产量从2008年的14.23亿吨急剧上升到2013年的24.16亿吨。在短短的五年内，水泥产量几乎翻了一番。显而易见，这份《意见》成了一纸空文。既然是作为国务院的正式文件下发的，说了就要算数，否则就别说。

2012年之后,水泥产能过剩的舆论更高。2015年第一季度全国水泥产量同比下降20.5%,许多水泥厂关门歇业,大量设备闲置,产能严重过剩。这一次和前三次产能过剩不同,需要淘汰的老式立窑已经不多了,据说连新型干法水泥的产能也富余了30%。如果说前三次"水泥过剩"的实质是淘汰落后产能,最近这一次过剩的基本特征是什么呢?

水泥行业的特点

(1) 水泥行业不属于资本密集型产业。投资一个水泥厂不像钢铁、有色金属、石油化工企业那样需要大量的资本和设备。相对来说,淘汰水泥厂也比较容易。

(2) 一般来说,水泥行业不属于高科技产业。水泥生产的技术难度不高,采矿、选矿、烧制、研磨等生产流程比较简单。

(3) 水泥生产的投资回收周期比较短。新建水泥厂的施工时间比钢铁厂、石化厂短得多。通常,日产2000吨的小型水泥厂,不含土地价格的常规配置标准投资在1.2亿元左右,投资后1年左右就可投入生产。中等规模的水泥厂在建成之后3—5年就可以全部收回投资。虽然水泥生产的附加值不高,但是水泥企业的利润率并不低。2000年,水泥行业平均净资产收益率14.6%,总资产报酬率8.34%,毛利率15.84%,销售利润率8.42%。[1]

(4) 相对于本身价值而言,水泥的运输费用比较高,很少有人长途运输水泥。受到运费的制约,水泥的销售半径一般不超过300公里,就地生产,就地消化。通常,水泥生产分两步走:在矿区附近用石灰石等原材料(水泥生料)烧制水泥熟料;然后将水泥熟料运输到市场附近,粉磨、加工为成品水泥。生产1吨水泥熟料,大约要用1.6吨左右的水泥生料。在生产过程中不可避免地伴随着大量废弃物。如果把水泥熟料生产线建在市场附近,就等于把这些废弃物运到城镇周边之后再丢弃,运输成本可能要增加60%以上;不如就地处理,既能节省运输费用,又有利于保护环境。

---

[1] 中国水泥协会,《中国水泥年鉴2012—2013》,北京:中国建筑工业出版社,2014年版。

（5）水泥很容易受潮变质，对水泥仓库的防潮技术要求较高。水泥的库容有限，不适合于长期储存。如果库容已满，水泥企业必然要减少产量，尽快消化库存的水泥。

（6）中国地域辽阔，水泥的生产集中度不高，较难形成寡头垄断。因此，水泥价格基本服从市场机制的调节。

（7）传统的水泥厂往往烟尘滚滚，是严重的污染源头，同时也是能源消耗大户。现代化的水泥厂正在逐步实现节能减排，大大减轻了保护环境的压力。

（8）与总产量相比，水泥的进口、出口量极小，微乎其微，还不及国内需求的一个零头。水泥出口量在1991年曾经达到水泥生产总量的4.3%，随后出口量逐年减少，在2000年以后几乎可以忽略不计（见表3-1、图3-1）。由于水泥的库存量和进出口所占比重很小，在一般情况下，水泥的供给和需求基本平衡，水泥的产量可以近似视为消费量。

表3-1　中国水泥进口出口量　　　　　　　　　　单位：万吨

年份	水泥总产量	出口量	进口量	水泥出口量占总产量比重(%)
1990	20 971	683	20	3.3
1991	25 261	1 074	6	4.3
1992	30 823	643	24	2.1
1993	36 333	245	0	0.7
1994	42 119	452	0	1.1
1995	47 591	819	31	1.7
1996	49 119	1 180	5	2.4
1997	51 174	1 168	17	2.3
1998	53 600	820	18	1.5
1999	57 300	636	50	1.1
2000	59 700	606	143	1.0
2001	66 000	621	280	0.9
2002	72 500	518	237	0.7
2003	86 208	533	254	0.6
2004	96 682	704	227	0.7
2005	106 885	2 216	116	2.1
2006	123 676	3 613	112	2.9
2007	136 117	3 301	65	2.4

(续表)

年份	水泥总产量	出口量	进口量	水泥出口量占总产量比重(%)
2008	142 356	2 604	62	1.8
2009	164 398	1 561	0	0.9
2010	188 191	1 616	0	0.9
2011	209 926	1 061	0	0.5
2012	220 984	1 200	0	0.5
2013	241 614	1 450	41	0.6
2014	247 619	1 017	24	0.4

资料来源:《中国对外经济贸易年鉴》《中国商务年鉴》。

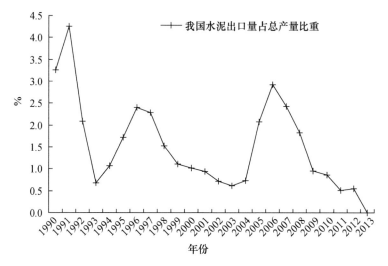

图 3-1 中国水泥进口比重

综上所述,水泥生产有三大特点:第一,保存期短,库存量不大;第二,销售半径 300 公里;第三,进出口量很小。基于这些特点,可以把水泥产量当作观察各地基本建设投资的晴雨表。透过水泥生产的数据变化可以清楚地观察到全国和各地区的宏观经济发展态势。

水泥产量的第四次倒退

总体来看,中国水泥产量一直处于上升态势;不过,增速有时快、有时慢,其中还有三次大倒退(见表 3-2)。

表 3-2　全国水泥产量和增长速度　　　　　　单位:万吨

年份	全国水泥产量	水泥净增量	水泥增长幅度(%)
1954	460	75	19.5
1955	450	−10	−2.2
1956	639	189	42.0
1957	686	47	7.4
1958	930	244	35.6
1959	1 227	297	31.9
1960	1 565	338	27.5
1961	621	−944	−60.3
1962	600	−21	−3.4
1963	806	206	34.3
1964	1 209	403	50.0
1965	1 634	425	35.2
1966	2 015	381	23.3
1967	1 462	−553	−27.4
1968	1 262	−200	−13.7
1969	1 829	567	44.9
1970	2 575	746	40.8
1971	3 168	593	23.0
1972	3 547	379	12.0
1973	3 731	184	5.2
1974	3 709	−22	−0.6
1975	4 626	917	24.7
1976	4 670	44	1.0
1977	5 565	895	19.2
1978	6 524	959	17.2
1979	7 390	866	13.3
1980	7 986	596	8.1
1981	8 290	304	3.8
1982	9 520	1 230	14.8
1983	10 825	1 305	13.7
1984	12 302	1 477	13.6
1985	14 595	2 293	18.6
1986	16 606	2 011	13.8
1987	18 624	2 018	12.2

(续表)

年份	全国水泥产量	水泥净增量	水泥增长幅度(%)
1988	21 013	2 389	12.8
1989	21 030	17	0.1
1990	20 971	−59	−0.3
1991	25 261	4 290	20.5
1992	30 823	5 562	22.0
1993	36 333	5 510	17.9
1994	42 119	5 786	15.9
1995	47 591	5 472	13.0
1996	49 119	1 528	3.2
1997	51 174	2 055	4.2
1998	53 600	2 426	4.7
1999	57 300	3 700	6.9
2000	59 700	2 400	4.2
2001	66 000	6 300	10.6
2002	72 500	6 500	9.8
2003	86 208	13 708	18.9
2004	96 682	10 474	12.1
2005	106 885	10 203	10.6
2006	123 676	16 791	15.7
2007	136 117	12 441	10.1
2008	142 356	6 239	4.6
2009	164 398	22 042	15.5
2010	188 191	23 793	14.5
2011	209 926	21 735	11.5
2012	220 984	11 058	5.3
2013	241 923	20 630	9.3
2014	247 613	5 690	2.4

资料来源:《中国统计年鉴2015》,第115页。

第一次倒退发生在1959—1961年的"三年困难"时期,水泥产量急剧下跌,1961年全国水泥产量同比下降了60.3%。

第二次倒退发生在1967—1968年的"文化大革命"时期,大部分基本建设停工下马,水泥产量下跌非常严重。1967年减产27.4%,1968年再减产13.7%;全国水泥产量从1966年的2 015万吨下降到1968年的1 262万吨。

第三次倒退发生在1989年前后。由于政治局势不稳定,基本建设投资锐减,水泥产量在1989年几乎零增长,在1990年为-0.3%。可是,随着改革开放的继续推进,水泥产量很快就恢复了过来,水泥产量在1991年猛增20.5%。

2000年以后,中国水泥产业突飞猛进,除在2008年受到美国金融危机的影响,水泥产业增速有所放慢之外,水泥产量一直保持两位数增长。即使在美国和欧洲爆发了金融危机,也没能阻挡住中国水泥产量的增长步伐。全国水泥产量从2008年的142 356万吨迅速增长到2014年的247 613万吨。

2011年以后,由于宏观经济增长速度下滑,使得水泥生产增速也随之从2011年的11.5%下降到2012年的5.3%,2013年略有抬头,水泥产量增长了9.3%。可是,2014年8月以后,水泥产量的增速逐月下降,在2014年9月降到零点以下(-2.2%)。水泥产量从2014年6月的23 196万吨下降为2015年3月的16 138万吨,减少了30.4%(见表3-3)。这是中国自1949年以来的第四次倒退,也是改革开放以来前所未见的最为严重的一次倒退。①

表3-3 水泥产量大滑坡

年份	月份	水泥(万吨)	环比增长率(%)	同比增长率(%)
2014	1	24 052	—	—
	2	20 676	-14.0	—
	3	20 484	-0.9	5.9
	4	22 588	10.3	3.9
	5	23 427	3.7	3.3
	6	23 196	-1.0	0.8
	7	22 296	-3.9	3.5
	8	22 479	0.8	3.0
	9	22 415	-0.3	-2.2
	10	23 352	4.2	-1.1
	11	21 862	-6.4	-4.0
	12	20 400	-6.7	-1.4
2015	3	16 138	—	-20.5
	4	20 824	29.0	-7.3

资料来源:《中国经济景气月报》,2015年第5期,第13页。

① 《中国经济景气月报》,2015年第4期,第13页。

综上所述,水泥生产增速和宏观经济发展状况密切相关。如果经济增长形势很好,投资大幅度上升,对水泥的需求强劲,就必然拉动水泥产量上升。如果国内不稳定(如"大跃进""文化大革命"等),水泥需求量必然大幅度下降。如果海外出现金融危机(如1997年亚洲金融危机、2008年全球金融危机等),那么也会间接冲击水泥行业,使得水泥产量的增速减缓,但是还不至于出现负增长。2012年以来,中国经济增速滑坡,导致水泥需求增速减慢。可是,很少有人料到在2015年第一季度水泥产量会出现两位数的负增长(-20.5%)。许多水泥厂停工,大批工人下岗,大量设备处于闲置状态,水泥产能严重过剩。这次水泥产能过剩的原因究竟在哪里?应当采取什么对策才能让水泥行业回到正常的轨道上?

水泥产能的相对过剩和绝对过剩

在讨论水泥产能过剩的时候常常遇到一个悖论:

如果说水泥产能没有过剩,为什么在2012年以后许多水泥厂的销售量下降,开工不足,日子难过?

如果说水泥产能过剩,为什么从长期来看,改革开放以来全国水泥产量一直在节节上升?

破解这个悖论必须弄清楚,水泥产能是相对过剩还是绝对过剩?

经济学理论的绝对过剩对应着基本建设的投资规律,相对过剩对应着经济周期规律。

在经济发展初期,基本建设投资迅速增加,到处大兴土木,对水泥的需求不断增加,大批水泥厂应运而生。在度过基本建设高峰之后,水泥产能超过消费量,产能绝对过剩。如果市场机制能够正常发挥作用,只要水泥供过于求,价格下跌,缺乏竞争力的水泥企业陆续被淘汰出局,水泥产能就必然不断下降。欧美许多国家都经历了这样一个先上后下的过程。绝对过剩不可能维持很长的时间,更不可能成为"常态"。[①]

[①] 如果某些水泥厂是国有企业,在政府和国有银行的扶持之下,对企业利润不敏感,即使亏损也不调整产能,水泥产能绝对过剩的状况就可能延续较长时间;但无论如何,最终还是会被淘汰出局。

从中短期来看,水泥生产受到经济周期的影响。在经济衰退和低迷时期,对水泥的需求下降;在经济恢复和增长时期,对水泥的需求又会回升。宏观经济周期会导致水泥需求上下波动。如果属于经济周期性的水泥产能过剩,那么完全用不着担忧。"看不见的手"会调节水泥市场的供求关系,水泥价格波动就是市场机制起作用的重要渠道。

一般来说,水泥产能大小是投资的结果,属于长期现象。水泥需求受到国内外市场、资本市场、劳动力市场、人们的理性预期等许多因素的影响而上下波动,属于短期现象。水泥市场的供求平衡是相对的,而供求不平衡是绝对的。有的时候产能不足,有的时候产能过剩,周而复始,不足为奇。在经济衰退期,一些水泥企业设备闲置,经营困难,但是不要轻言产能过剩。倘若一看到市场波动就迫不及待地调整投资,试图削减或增加产能,往往会反应过度,顾此失彼。不能一见风就是雨,按下葫芦浮起瓢,计划赶不上变化。

显然,当人们讨论产能过剩的时候,大多数情况涉及投资问题;实质上,人们更多关注的是绝对过剩而不是相对过剩。

水泥产能是否绝对过剩要看长期趋势。决定水泥产能是否绝对过剩的主要因素包括:

第一,人均水泥消费量和人口总数;

第二,城镇化速度和城镇人均住房面积;

第三,基础建设的进展程度。

有必要在扎实的数据基础上推断各个主要用途的水泥需求变化趋势,预测水泥需求达到顶峰拐点的时间。只有这样才能确切地判断水泥产能是否过剩。

水泥产能数据的可靠性

水泥生产过剩和产能过剩是截然不同的两码事,不能混为一谈。

水泥生产过剩指的是水泥生产出来之后卖不掉,囤积在仓库里,以至于水泥变质、报废,水泥厂的利润下降,资金周转不过来。

在建筑材料中,钢材、木材、砖头可以露天堆放,保存期较长;而水泥的保存期很短,一般只有 3—4 个月,稍不注意就会受潮、结块、变质以至于彻底报废。由于水泥仓库的防潮技术要求比较高,因此仓储容量有限。一旦仓库满了,水泥厂马上就要停产。在一般情况下,只要没有出现大量变质、过期、报废的水泥,就不能说水泥生产过剩。

顾名思义,水泥产能过剩指的是水泥企业的产能和实际产量(或者消费量)之间的差额。水泥产能是否过剩,长期以来争论不休,看起来好像是公说公有理、婆说婆有理,总也谈不出个名堂来。要害在于各方面使用的产能的内涵不同。如果争论各方对产能数据的定义不一样,就好比是鸡和鸭对话,看起来很热闹,却得不出任何有意义的结论。

在讨论水泥产能过剩的时候,必须弄清楚水泥产能数字是从哪里来的。

显然,水泥产量数据比较可靠。生产出来的水泥必须通过市场交易,根据各个部门的投入产出数据,可以清楚地看到生产出来的水泥都去了哪里。此外,财税部门绝对不会忘记向水泥生产企业征收企业所得税和增值税。由于水泥产量要接受税务部门的监管、核实,水泥产出数据每月都有,构成一套完整的时间序列,因此比较容易复核。如果某个月的水泥产出数据突然发生异变,很容易引起统计部门的注意。

水泥产能是各个企业自己报的数字,没有贸易,没有税收,没有时间序列,靠谁来检验、核实?由于产能的定义并不准确,或者说水泥产能的边界并不清晰,因此各个水泥厂报上来的产能数据并不靠谱。

谈水泥产能的时候有三个问题值得关注。

第一,水泥企业全部设备当中既包括先进的生产设备,同时也有落后的生产设备。毋庸置疑,为了提高生产效率、提高能源利用率、防止污染环境,必须不断更新设备。不能把那些落后的、高能耗、高污染、必须淘汰的老旧设备统计进产能。

第二,必要的生产能力储备不能被误认为产能过剩。通常为了应对市场需求的不确定性,企业必须保留一些产能储备,一旦订单来了,马上就可以开工。在成本效益核算上,保留一些机动的产能要比损失订单更划算。通常,机械制造业的产能利用率在 80% 左右,水泥行业的产能利用率可能更低一些。

在讨论水泥产能过剩的时候必须扣除这个合理的闲置度。

第三,由于水泥生产存在运输半径的约束,必须检查水泥产能过剩是不是局部地区的现象;如果在本地没有足够的订单,在距离稍远的外地是否还有尚待开发的市场;由于水泥不适于长途运输,是否应当将一部分产能转移出去,尽量靠近市场。

产能利用率的合理区间

有的人说,中国水泥产能利用率只有70%左右,好像问题非常严重,天就要塌下来了。其实,少见多怪。美国水泥产能从来都是处于相对过剩状况。产能利用率达到80%的年份屈指可数,多数年份维持在60%—70%的水平(见图3-2)。

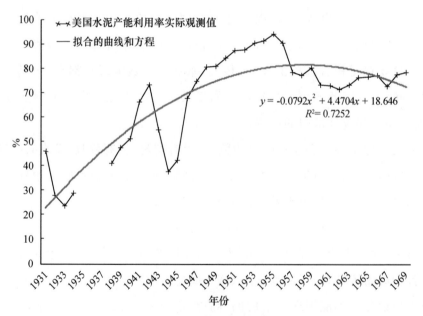

图3-2 美国水泥产能利用率

资料来源:http://minerals.usgs.gov/minerals/pubs/commodity/cement/。

在美国、加拿大、英国等工业国,产能过剩似乎不是一个很重要的问题。无论是机械制造业、汽车业还是电子行业,产能都远远大于实际的销售量。企业按照市场需求生产,卖不出去就不生产。无论是企业界还是新闻媒体都认为,这是很正常的状态。

英国的基本建设高峰早就过去了,在 20 世纪 80 年代,英国水泥业确实存在产能过剩的问题。既然水泥卖不出去,每年就会有一些水泥厂关门歇业。关来关去,该关的都关了。人们习以为常,没有人大惊小怪,高呼什么"产能过剩"。

节节高升的水泥产量

全国水泥产量的上升态势

近半个世纪以来,中国的水泥总产量和人均消费量均呈现增速上升趋势。水泥总产量从改革开放初始 1979 年的 7 390 万吨上升到 2014 年的 247 613 万吨,增长了 32.5 倍;人均水泥消费量也由 1979 年的 0.08 吨上升为 2014 年的 1.81 吨,增长了 21.625 倍(见表 3-4、图 3-3、图 3-4)。

表 3-4 全国水泥人均消费量

年份	全国水泥产量（万吨）	全国人口（万人）	人均水泥消费量（吨/人）	人均累计水泥消费量(吨/人)
1953	385	58 796	0.01	0.01
1954	460	60 266	0.01	0.01
1955	450	61 465	0.01	0.02
1956	639	62 828	0.01	0.03
1957	686	64 653	0.01	0.04
1958	930	65 994	0.01	0.06
1959	1 227	67 207	0.02	0.07
1960	1 565	66 207	0.02	0.10
1961	621	65 859	0.01	0.11
1962	600	67 296	0.01	0.12
1963	806	69 172	0.01	0.13
1964	1 209	70 499	0.02	0.15
1965	1 634	72 538	0.02	0.17

(续表)

年份	全国水泥产量（万吨）	全国人口（万人）	人均水泥消费量（吨/人）	人均累计水泥消费量（吨/人）
1966	2 015	74 542	0.03	0.19
1967	1 462	76 368	0.02	0.21
1968	1 262	78 534	0.02	0.23
1969	1 829	80 671	0.02	0.25
1970	2 575	82 992	0.03	0.28
1971	3 168	85 229	0.04	0.32
1972	3 547	87 177	0.04	0.36
1973	3 731	89 211	0.04	0.40
1974	3 709	90 859	0.04	0.44
1975	4 626	92 420	0.05	0.49
1976	4 670	93 717	0.05	0.54
1977	5 565	94 974	0.06	0.60
1978	6 524	96 259	0.07	0.67
1979	7 390	97 542	0.08	0.75
1980	7 986	98 705	0.08	0.83
1981	8 290	100 072	0.08	0.91
1982	9 520	101 654	0.09	1.00
1983	10 825	103 008	0.11	1.11
1984	12 302	104 357	0.12	1.23
1985	14 595	105 851	0.14	1.36
1986	16 606	107 507	0.15	1.52
1987	18 624	109 300	0.17	1.69
1988	21 013	111 026	0.19	1.88
1989	21 030	112 704	0.19	2.07
1990	20 971	114 333	0.18	2.25
1991	25 261	115 823	0.22	2.47
1992	30 823	117 171	0.26	2.73
1993	36 333	118 517	0.31	3.04
1994	42 119	119 850	0.35	3.39
1995	47 591	121 121	0.39	3.78
1996	49 119	122 389	0.40	4.18

(续表)

年份	全国水泥产量 (万吨)	全国人口 (万人)	人均水泥消费量 (吨/人)	人均累计水泥 消费量(吨/人)
1997	51 174	123 626	0.41	4.60
1998	53 600	124 761	0.43	5.03
1999	57 300	125 786	0.46	5.48
2000	59 700	126 743	0.47	5.95
2001	66 000	127 627	0.52	6.47
2002	72 500	128 453	0.56	7.03
2003	86 208	129 227	0.67	7.70
2004	96 682	129 988	0.74	8.44
2005	106 885	130 756	0.82	9.26
2006	123 676	131 448	0.94	10.20
2007	136 117	132 129	1.03	11.23
2008	142 356	132 802	1.07	12.31
2009	164 398	133 450	1.23	13.54
2010	188 191	134 091	1.40	14.94
2011	209 926	134 735	1.56	16.50
2012	220 984	135 404	1.63	18.13
2013	241 614	136 072	1.78	19.91
2014	247 619	136 782	1.81	21.72

资料来源:《中国统计年鉴》《中国工业经济年鉴》和《中国统计摘要2015》。

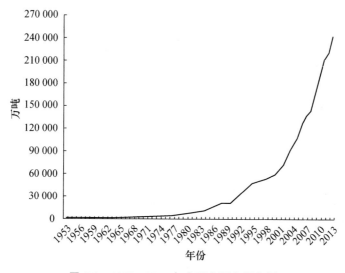

图 3-3　1953—2013 年中国全国水泥产量

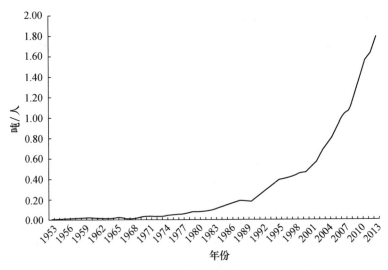

图 3-4　1953—2013 年中国人均水泥消费量

数据显示,无论是水泥总产量还是人均水泥消费量都呈现加速上升的态势。从计量经济学的时间序列分析来看,如果维持其他条件不变,目前还看不出这两条曲线接近拐点的迹象。

中国水泥产量占世界的份额

2000 年全球水泥需求量为 16 亿吨,2012 年上升为 38 亿吨,在 12 年内增长了 2.38 倍,净增 22 亿吨。中国水泥产量在 2000 年为 5.97 亿吨,在 2014 年上升为约 24.76 亿吨,在 14 年内增长 3.15 倍,净增约 18.79 亿吨。

中国水泥产量在全球的占比从 1990 年的 18.08% 上升为 2014 年的 59.24%。

1990 年,中国水泥产量是世界排名第 2 到第 4 的各国水泥产量的总和。1993 年,中国水泥产量是世界排名第 2 到第 6 的各国水泥产量的总和。1996 年,中国水泥产量超过了世界排名第 2 到第 10 的各国水泥产量的总和。2012 年,中国水泥产量已经超过了其他所有国家水泥产量的总和,比世界排名第 2 到第 10 的各国水泥产量的总和多了 3 倍。2013 年,中国水泥总产量达到

24.16亿吨[①],再次刷新单一经济体水泥单产的世界纪录。在人类历史上还从未有哪个国家的水泥产量会在世界上占有这么大的比重(见表3-5、表3-6)。

表3-5 中国水泥产量占世界份额

年份	中国水泥产量(万吨)	全球水泥产量(万吨)	中国所占份额(%)
1990	20 971	116 000	18.08
1991	25 261	118 000	21.41
1992	30 823	124 000	24.86
1993	36 333	130 000	27.95
1994	42 119	137 000	30.74
1995	47 591	142 130	33.48
1996	49 119	149 300	32.90
1997	51 174	154 700	33.08
1998	53 600	154 700	34.65
1999	57 300	160 300	35.75
2000	59 700	164 300	36.34
2001	66 000	170 000	38.82
2002	72 500	172 000	42.15
2003	86 208	195 000	44.21
2004	96 682	213 000	45.39
2005	106 885	231 000	46.27
2006	123 676	262 000	47.20
2007	136 117	281 000	48.44
2008	142 356	285 000	49.95
2009	164 398	303 000	54.26
2010	188 191	327 000	57.55
2011	209 926	360 000	58.31
2012	220 984	380 000	58.15
2013	241 614	408 000	59.22
2014	247 619	418 000	59.24

资料来源:《中国工业经济年鉴》《中国对外经济贸易年鉴》和《中国商务年鉴》。

[①] 《中国统计摘要2014》,第116页。

表 3-6 中国水泥增量的占比

年份	中国水泥总产量（万吨）	中国水泥增量（万吨）	世界水泥总产量（万吨）	世界水泥增量（万吨）	中国增量占比（%）
1991	25 261	4 290	118 000	2 000	214.5
1992	30 823	5 562	124 000	6 000	92.7
1993	36 333	5 510	130 000	6 000	91.8
1994	42 119	5 786	137 000	7 000	82.7
1995	47 591	5 472	142 130	5 130	106.7
1996	49 119	1 528	149 300	7 170	21.3
1997	51 174	2 055	154 700	5 400	38.1
1998	53 600	2 426	154 700	0	—
1999	57 300	3 700	160 300	5 600	66.1
2000	59 700	2 400	164 300	4 000	60.0
2001	66 000	6 300	170 000	5 700	110.5
2002	72 500	6 500	172 000	2 000	325.0
2003	86 208	13 708	195 000	23 000	59.6
2004	96 682	10 474	213 000	18 000	58.2
2005	106 885	10 203	231 000	18 000	56.7
2006	123 676	16 791	262 000	31 000	54.2
2007	136 117	12 441	281 000	19 000	65.5
2008	142 356	6 239	285 000	4 000	156.0
2009	164 398	22 042	303 000	18 000	122.5
2010	188 191	23 793	327 000	24 000	99.1
2011	209 926	21 735	360 000	33 000	65.9
2012	220 984	11 058	380 000	20 000	55.3
2013	241 614	20 630	408 000	28 000	73.7
2014	247 619	6 005	418 000	10 000	60.1

资料来源：《中国工业经济年鉴》《中国对外经济贸易年鉴》和《中国商务年鉴》。

从数据来看，全球水泥产量逐年增加，但其增量的大部分来自中国。例如，在2012年，全球水泥增量的55.3%来自中国。在2008年，美国和欧洲爆发金融危机，全球水泥产量增加4 000万吨，而中国水泥产量增加了6 239万吨。也就是说，如果扣除中国的水泥生产增量，其他国家的水泥减产总计2 239万吨。在2009年，如果不计中国的水泥生产增量，全球水泥产量下降了4 042万吨。

水泥总产量的横向比较

中国水泥产业的起点很低。1953年,中国水泥产量为386万吨,相当于美国的8.5%、英国的30.6%、德国的22.7%、日本的39.8%。人均水泥消费量微乎其微,几乎等于零。

1966年,中国水泥产量(2 015万吨)超过了英国(1 849万吨)。1975年,中国水泥产量(4 626万吨)超过了德国(3 693万吨)。1980年,中国水泥产量(7 986万吨)超过了美国(7 522万吨)。1982年,中国水泥产量(9 520万吨)超过了日本(8 894万吨),成为世界上最大的水泥生产国。随后,中国水泥产量继续高速攀升,傲视群雄,遥遥领先(见图3-5、表3-7)。

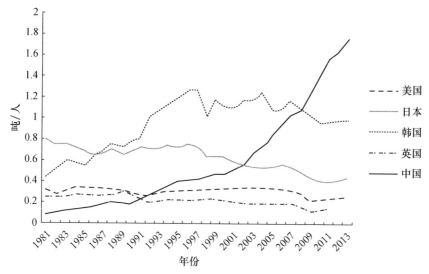

图3-5 中国人均水泥消费量的赶超过程

资料来源:美国矿产资源项目网站,《中国统计年鉴》。

表3-7 中国水泥产量的赶超过程　　　　　　　　单位:万吨

年份	中国	美国	英国	德国	日本
1953	385	4 550	1 257	1 695	967
1954	460	4 690	1 340	1 795	1 177
1955	450	5 354	1 402	2 005	1 164
1956	639	5 669	1 430	2 081	1 436

(续表)

年份	中国	美国	英国	德国	日本
1957	686	5 334	1 340	2 112	1 673
1958	930	5 465	1 306	2 170	1 652
1959	1 227	5 957	1 410	2 554	1 904
1960	1 565	5 588	1 488	2 746	2 485
1961	621	5 653	1 585	2 993	2 716
1962	600	5 875	1 571	3 152	3 174
1963	806	6 141	1 550	3 221	3 302
1964	1 209	6 417	1 870	3 708	3 636
1965	1 634	6 487	1 870	3 763	3 604
1966	2 015	6 693	1 849	3 830	4 218
1967	1 462	6 424	1 937	3 494	4 737
1968	1 262	6 857	1 970	3 687	5 256
1969	1 829	6 935	1 921	3 867	5 665
1970	2 575	6 721	1 880	4 225	6 304
1971	3 168	7 083	1 951	4 521	6 552
1972	3 547	8 260	1 989	4 756	7 307
1973	3 731	8 551	2 203	4 521	8 611
1974	3 709	8 092	1 960	3 966	8 059
1975	4 626	6 814	1 862	3 693	7 222
1976	4 670	7 295	1 739	3 904	7 574
1977	5 565	7 865	1 704	3 682	8 062
1978	6 524	8 399	1 754	3 896	9 355
1979	7 390	8 449	1 779	4 082	9 357
1980	7 986	7 522	1 632	3 768	9 696
1981	8 290	7 171	1 403	3 472	9 351
1982	9 520	6 336	1 429	3 316	8 894
1983	10 825	7 042	1 370	3 358	8 917
1984	12 302	7 770	1 486	3 187	8 693
1985	14 595	7 790	1 470	2 839	8 031
1986	16 606	7 879	1 479	2 930	7 853
1987	18 624	7 820	1 477	2 785	7 887
1988	21 013	7 687	1 488	3 418	8 549
1989	21 030	7 719	1 685	4 076	7 972
1990	20 971	7 140	1 470	3 770	8 440
1991	25 261	6 680	1 220	3 440	8 960

(续表)

年份	中国	美国	英国	德国	日本
1992	30 823	7 140	1 100	3 153	8 830
1993	36 333	7 510	1 120	3 595	8 800
1994	42 119	7 935	1 231	3 613	9 162
1995	47 591	7 832	1 181	3 330	9 047
1996	49 119	8 082	1 221	3 153	9 449
1997	51 174	8 426	1 264	3 595	9 194
1998	53 600	8 552	1 241	3 661	8 133
1999	57 300	8 778	1 270	3 591	8 012
2000	59 700	8 951	1 245	3 473	8 110
2001	66 000	9 045	1 185	3 099	7 655
2002	72 500	9 127	1 109	3 101	7 183
2003	86 208	9 433	1 122	3 275	6 877
2004	96 682	9 902	1 141	3 185	6 738
2005	106 885	10 090	1 122	3 063	6 963
2006	123 676	9 971	1 147	3 363	6 994
2007	136 117	9 685	1 189	3 338	6 769
2008	142 356	8 761	1 007	3 358	6 281
2009	164 398	6 484	762	3 044	5 480
2010	188 191	6 720	788	2 992	5 153
2011	209 926	6 860	853	3 300	5 129
2012	220 984	7 490	—	3 240	5 130
2013	241 614	7 680	—	3 130	5 740
2014	247 619	8 270	—	3 100	5 800

资料来源：根据世界银行数据库、http://minerals.usgs.gov/minerals/pubs/commodity/cement/的相关数据整理。

2013年，中国水泥产量是美国的29.5倍、英国的246倍、德国的68.2倍、日本的43倍。和世界各国相比，中国水泥产业的变化可谓沧海桑田、天翻地覆。

根据英国《国际水泥评论》，2011—2013年，中国消费水泥64亿吨；而美国在20世纪消费的水泥总量仅仅为44亿吨。中国三年之内消费的水泥超过了美国一百年的总和。由于北美城镇居民住房多数是两层木结构，中国东部地区城镇中新建的居民住房和办公楼大多是高层水泥钢筋结构，难怪中国的水泥消费量远远超过其他国家（见表3-8）。

表 3-8　排名前 10 的水泥生产国　　　　　　　　　　　　　　　　单位：千吨

排名	1990 年		1991 年		1992 年		1993 年	
	国别	水泥产量	国别	水泥产量	国别	水泥产量	国别	水泥产量
1	中国	209 710	中国	252 610	中国	308 230	中国	363 330
2	日本	84 400	日本	89 600	日本	88 300	日本	88 000
3	美国	71 400	美国	66 800	印度	75 000	印度	80 000
4	印度	54 013	印度	55 115	美国	71 400	美国	75 100
5	意大利	43 541	意大利	44 090	俄罗斯	64 000	俄罗斯	60 000
6	德国	37 700	韩国	37 480	韩国	44 400	韩国	47 300
7	韩国	37 038	德国	34 400	意大利	41 300	意大利	42 000
8	法国	29 088	墨西哥	29 430	德国	31 533	德国	35 945
9	巴西	28 550	土耳其	28 691	土耳其	28 600	土耳其	31 400
10	土耳其	26 905	巴西	28 660	墨西哥	26 900	墨西哥	27 100

排名	1994 年		1995 年		1996 年		1997 年	
	国别	水泥产量	国别	水泥产量	国别	水泥产量	国别	水泥产量
1	中国	421 190	中国	475 910	中国	491 190	中国	511 740
2	日本	91 624	日本	90 474	日本	94 492	日本	91 938
3	美国	79 353	美国	78 320	美国	80 818	美国	84 255
4	印度	57 000	印度	62 000	印度	75 000	印度	80 000
5	韩国	50 730	韩国	55 130	韩国	58 434	韩国	60 317
6	俄罗斯	37 200	俄罗斯	36 500	泰国	38 749	巴西	38 069
7	德国	36 130	泰国	34 900	土耳其	35 214	泰国	37 086
8	意大利	32 713	意大利	33 715	巴西	34 597	土耳其	36 035
9	泰国	29 900	德国	33 302	意大利	33 327	德国	35 945
10	墨西哥	29 700	土耳其	33 153	德国	31 533	意大利	33 721

排名	1998 年		1999 年		2000 年		2001 年	
	国别	水泥产量	国别	水泥产量	国别	水泥产量	国别	水泥产量
1	中国	536 000	中国	573 000	中国	597 000	中国	660 000
2	美国	85 522	印度	90 000	印度	95 000	印度	100 000
3	印度	85 000	美国	87 777	美国	89 510	美国	90 450
4	日本	81 328	日本	80 120	日本	81 097	日本	76 550
5	韩国	46 091	韩国	48 157	韩国	51 255	韩国	52 046
6	巴西	39 942	巴西	40 270	巴西	39 208	西班牙	40 512
7	土耳其	38 200	意大利	37 299	意大利	38 925	意大利	39 804
8	德国	36 610	德国	35 912	西班牙	38 115	巴西	38 927
9	意大利	35 512	西班牙	35 782	土耳其	35 825	俄罗斯	35 300
10	西班牙	33 080	土耳其	34 258	德国	34 727	德国	30 989

(续表)

排名	2002年		2003年		2004年		2005年	
	国别	水泥产量	国别	水泥产量	国别	水泥产量	国别	水泥产量
1	中国	725 000	中国	966 820	中国	970 000	中国	1 068 850
2	印度	115 000	印度	123 000	印度	130 000	印度	145 000
3	美国	91 266	美国	94 329	美国	99 015	美国	100 903
4	日本	71 828	日本	68 766	日本	67 376	日本	69 629
5	韩国	55 514	韩国	59 194	韩国	54 330	韩国	51 391
6	西班牙	42 417	西班牙	44 747	西班牙	46 593	西班牙	50 347
7	意大利	41 722	意大利	43 580	俄罗斯	45 700	俄罗斯	48 500
8	巴西	38 027	俄罗斯	41 000	意大利	45 343	意大利	40 284
9	俄罗斯	37 700	巴西	34 010	泰国	35 626	泰国	37 872
10	墨西哥	33 372	墨西哥	33 593	墨西哥	34 992	墨西哥	37 452

排名	2006年		2007年		2008年		2009年	
	国别	水泥产量	国别	水泥产量	国别	水泥产量	国别	水泥产量
1	中国	1 236 770	中国	1 361 170	中国	1 423 560	中国	1 644 000
2	印度	160 000	印度	170 000	印度	185 000	印度	205 000
3	美国	99 712	美国	96 850	美国	87 610	美国	64 843
4	日本	69 942	日本	67 685	日本	62 810	日本	54 800
5	俄罗斯	54 700	俄罗斯	59 900	俄罗斯	53 600	巴西	51 748
6	西班牙	54 033	西班牙	54 720	巴西	51 970	韩国	50 127
7	韩国	53 971	韩国	52 182	韩国	51 653	伊朗	50 000
8	意大利	47 814	意大利	47 542	墨西哥	47 609	越南	48 810
9	巴西	41 895	巴西	46 551	伊朗	44 400	埃及	46 900
10	墨西哥	40 362	伊朗	41 000	意大利	43 030	俄罗斯	44 266

排名	2010年		2011年		2012年		2013年		2014年	
	国别	水泥产量	国别	水泥产量	国别	水泥产量	国别	水泥产量	国别	水泥产量
1	中国	1 820 000	中国	2 099 000	中国	2 210 000	中国	2 416 140	中国	2 476 190
2	印度	220 000	印度	250 000	印度	270 000	印度	280 000	印度	280 000
3	美国	67 202	美国	68 639	美国	74 934	美国	76 800	美国	82 700
4	巴西	59 118	伊朗	66 000	伊朗	70 000	伊朗	72 000	伊朗	75 000
5	越南	55 789	巴西	64 093	巴西	68 787	土耳其	71 300	土耳其	75 000
6	伊朗	55 000	土耳其	63 405	土耳其	63 879	巴西	70 000	巴西	72 000
7	日本	51 526	越南	58 271	俄罗斯	61 700	俄罗斯	66 400	俄罗斯	69 000
8	俄罗斯	50 400	俄罗斯	56 200	越南	55 531	越南	58 000	沙特阿拉伯	63 000
9	埃及	47 800	日本	51 291	埃及	55 200	日本	57 400	越南	60 000
10	韩国	47 420	韩国	48 249	日本	51 300	沙特阿拉伯	57 000	印度尼西亚	60 000

资料来源：根据世界银行数据库、http://minerals.usgs.gov/minerals/pubs/commodity/cement/的相关数据整理。

看懂中国产能过剩

从水泥产量的增速来看,1991—2013 年,中国水泥总产量的增速有 13 年为两位数,最低增速为 1996 年的 3.2% 和 2012 年的 5.3%。

与中国水泥产量高速增长截然不同,日本的水泥总产量从 1990 年的 8 440 万吨下降为 2012 年的 5 130 万吨,除个别年份以外,基本上都是负增长。

英国的水泥总产量从 1990 年的 1 470 万吨逐年下降,到 2011 年只有 853 万吨。在这个老牌资本主义国家里,新建的基本建设项目寥若晨星。

美国在 2008 年遭遇严重的金融危机,水泥总产量急剧下降了 26%。可是,美国再度展示了超强的自我调整能力,2012 年水泥总产量上升了 9.2%。美国的水泥总产量基本维持在 7 500 万吨上下。2014 年美国水泥总产量已恢复到 8 000 万吨以上。

人均水泥消费量的横向比较

不仅中国水泥总量大得惊人,就是平摊到每个人头上也在全球遥遥领先。

中国人均水泥消费量在最近 25 年内接连赶超世界主要工业强国。1990 年,中国的人均水泥消费量只有 0.18 吨,明显低于世界上发达的工业化国家。1991 年,中国人均水泥消费量为 0.22 吨,超过了英国(0.21 吨)。1993 年,中国人均水泥消费量为 0.31 吨,超过了美国(0.29 吨)。1996 年,中国人均水泥消费量为 0.40 吨,超过了德国(0.38 吨)。2002 年,中国人均水泥消费量为 0.56 吨,与日本持平。随后,中国人均水泥消费量继续高速增长,突飞猛进,把世界各国都远远地甩在后面(见表 3-9、表 3-10)。

表 3-9　各国人均水泥消费量　　单位:吨/人

年份	美国	日本	加拿大	韩国	德国	英国	中国
1980	0.33	0.83	0.47	0.45	0.48	0.29	0.08
1981	0.31	0.79	0.45	0.44	0.44	0.25	0.08
1982	0.27	0.75	0.37	0.50	0.42	0.25	0.09
1983	0.30	0.75	0.34	0.59	0.43	0.24	0.11
1984	0.33	0.72	0.37	0.56	0.41	0.26	0.12
1985	0.33	0.67	0.43	0.55	0.37	0.26	0.14
1986	0.33	0.65	0.45	0.63	0.38	0.26	0.15

(续表)

年份	美国	日本	加拿大	韩国	德国	英国	中国
1987	0.32	0.65	0.52	0.68	0.36	0.26	0.17
1988	0.31	0.70	0.49	0.76	0.44	0.26	0.19
1989	0.31	0.65	0.46	0.72	0.52	0.30	0.19
1990	0.29	0.68	0.42	0.78	0.47	0.26	0.18
1991	0.26	0.72	0.33	0.81	0.43	0.21	0.22
1992	0.28	0.71	0.20	1.01	0.39	0.19	0.26
1993	0.29	0.71	0.23	1.07	0.44	0.19	0.31
1994	0.30	0.73	0.36	1.15	0.44	0.21	0.35
1995	0.29	0.72	0.36	1.18	0.41	0.20	0.39
1996	0.30	0.75	0.39	1.26	0.38	0.21	0.40
1997	0.31	0.73	0.40	1.28	0.44	0.22	0.41
1998	0.31	0.64	0.40	1.01	0.45	0.21	0.43
1999	0.31	0.63	0.41	1.18	0.44	0.22	0.46
2000	0.32	0.64	0.41	1.09	0.42	0.21	0.47
2001	0.32	0.60	0.42	1.10	0.38	0.20	0.52
2002	0.32	0.56	0.42	1.17	0.38	0.19	0.56
2003	0.33	0.54	0.42	1.17	0.40	0.19	0.67
2004	0.34	0.53	0.43	1.25	0.39	0.19	0.74
2005	0.34	0.54	0.44	1.07	0.37	0.19	0.82
2006	0.33	0.55	0.44	1.08	0.41	0.19	0.94
2007	0.32	0.53	0.46	1.17	0.41	0.19	1.03
2008	0.29	0.49	0.41	1.10	0.41	0.16	1.07
2009	0.21	0.43	0.33	1.02	0.37	0.12	1.23
2010	0.22	0.40	0.37	0.96	0.37	0.13	1.40
2011	0.22	0.40	—	0.97	0.40	0.13	1.56
2012	0.24	0.40	—	0.98	0.40	—	1.63
2013	0.24	0.45	—	0.95	0.39	—	1.78
2014	0.26	0.46	—	0.94	0.38	—	1.81

资料来源：根据世界银行数据库和 http://minerals.usgs.gov/minerals/pubs/commodity/cement/的相关数据整理。

表 3-10　人均水泥消费量排名前 10 的国家　　　　　　　　　　　单位：吨/人

排名	1990 年		1991 年		1992 年		1993 年	
	国别	人均水泥消费量	国别	人均水泥消费量	国别	人均水泥消费量	国别	人均水泥消费量
1	捷克	1.0897	捷克	0.8874	韩国	1.0149	韩国	1.0703
2	朝鲜	0.8913	朝鲜	0.8776	捷克	0.8237	朝鲜	0.8032
3	韩国	0.8640	韩国	0.8657	朝鲜	0.8158	比利时	0.7507
4	意大利	0.7677	日本	0.7935	比利时	0.8034	意大利	0.7390
5	比利时	0.7663	意大利	0.7768	意大利	0.7271	日本	0.7066
6	日本	0.7535	比利时	0.7597	日本	0.7108	西班牙	0.6634
7	奥地利	0.7038	奥地利	0.7105	西班牙	0.6425	奥地利	0.6249
8	瑞典	0.6440	瑞典	0.6394	奥地利	0.6415	土耳其	0.5450
9	罗马尼亚	0.6163	罗马尼亚	0.6230	土耳其	0.5043	捷克	0.5218
10	德国	0.5611	德国	0.5786	斯洛伐克	0.4713	斯洛伐克	0.4695

排名	1994 年		1995 年		1996 年		1997 年	
	国别	人均水泥消费量	国别	人均水泥消费量	国别	人均水泥消费量	国别	人均水泥消费量
1	韩国	1.1364	韩国	1.2226	韩国	1.2836	韩国	1.3126
2	比利时	0.8316	比利时	0.8112	比利时	0.7736	比利时	0.7909
3	朝鲜	0.7915	朝鲜	0.7811	朝鲜	0.7721	朝鲜	0.7644
4	日本	0.7332	日本	0.7213	日本	0.7514	日本	0.7291
5	西班牙	0.6400	西班牙	0.6709	泰国	0.6436	西班牙	0.6981
6	奥地利	0.6084	意大利	0.5931	西班牙	0.6372	泰国	0.6089
7	意大利	0.5755	泰国	0.5859	意大利	0.5861	意大利	0.5927
8	捷克	0.5132	土耳其	0.5577	土耳其	0.5833	土耳其	0.5878
9	泰国	0.5069	斯洛伐克	0.5412	马来西亚	0.5663	马来西亚	0.5667
10	斯洛伐克	0.5050	马来西亚	0.5039	斯洛伐克	0.5215	斯洛伐克	0.5604

排名	1998 年		1999 年		2000 年		2001 年	
	国别	人均水泥消费量	国别	人均水泥消费量	国别	人均水泥消费量	国别	人均水泥消费量
1	韩国	0.9958	韩国	1.0330	韩国	1.0903	韩国	1.0990
2	斯洛伐克	0.8728	西班牙	0.8962	西班牙	0.9466	西班牙	0.9940
3	西班牙	0.8328	斯洛伐克	0.8743	比利时	0.6975	比利时	0.7291
4	比利时	0.6861	比利时	0.7116	意大利	0.6836	意大利	0.6986
5	日本	0.6434	意大利	0.6553	日本	0.6392	日本	0.6020
6	意大利	0.6240	日本	0.6326	斯洛伐克	0.5651	斯洛伐克	0.5806
7	土耳其	0.6137	泰国	0.5454	土耳其	0.5589	马来西亚	0.5661
8	泰国	0.4868	土耳其	0.5423	马来西亚	0.4784	中国	0.5197
9	奥地利	0.4827	奥地利	0.4776	中国	0.4728	奥地利	0.4803
10	马来西亚	0.4541	中国	0.4574	奥地利	0.4713	土耳其	0.4633

(续表)

排名	2002年		2003年		2004年		2005年	
	国别	人均水泥消费量	国别	人均水泥消费量	国别	人均水泥消费量	国别	人均水泥消费量
1	韩国	1.1657	韩国	1.2368	韩国	1.1309	西班牙	1.1533
2	西班牙	1.0238	西班牙	1.0607	西班牙	1.0855	韩国	1.0676
3	意大利	0.7312	意大利	0.7604	意大利	0.7860	中国	0.8198
4	比利时	0.6755	马来西亚	0.6798	中国	0.7484	比利时	0.7247
5	斯洛伐克	0.5842	中国	0.6691	比利时	0.6444	意大利	0.6949
6	马来西亚	0.5760	比利时	0.6313	马来西亚	0.6071	马来西亚	0.6784
7	中国	0.5662	斯洛伐克	0.5857	斯洛伐克	0.5878	斯洛伐克	0.6512
8	日本	0.5636	日本	0.5384	泰国	0.5434	奥地利	0.5756
9	泰国	0.4912	泰国	0.4998	日本	0.5274	泰国	0.5748
10	奥地利	0.4848	奥地利	0.4785	韩国	1.1309	日本	0.5449

排名	2006年		2007年		2008年		2009年	
	国别	人均水泥消费量	国别	人均水泥消费量	国别	人均水泥消费量	国别	人均水泥消费量
1	西班牙	1.2170	西班牙	1.2099	中国	1.0569	中国	1.2349
2	韩国	1.1158	韩国	1.0738	韩国	1.0552	韩国	1.0192
3	中国	0.9434	中国	1.0328	西班牙	0.9159	比利时	0.8710
4	意大利	0.8223	意大利	0.8135	斯洛伐克	0.7729	马来西亚	0.6881
5	比利时	0.7766	比利时	0.7717	比利时	0.7656	伊朗	0.6799
6	马来西亚	0.6713	马来西亚	0.7135	意大利	0.7315	西班牙	0.6364
7	斯洛伐克	0.6686	斯洛伐克	0.6918	马来西亚	0.7063	意大利	0.6145
8	泰国	0.5964	奥地利	0.6267	奥地利	0.6368	埃及	0.6109
9	奥地利	0.5868	伊朗	0.5710	伊朗	0.6111	越南	0.5615
10	日本	0.5475	泰国	0.5389	罗马尼亚	0.5356	斯洛伐克	0.5591

排名	2010年		2011年		2012年		2013年		2014年	
	国别	人均水泥消费量	国别	人均水泥消费量	国别	人均水泥消费量	国别	人均水泥消费量	国别	人均水泥消费量
1	中国	1.3605	中国	1.5616	中国	1.6362	中国	1.7872	中国	1.8277
2	韩国	0.9597	韩国	0.9693	韩国	0.9417	土耳其	0.9516	土耳其	0.9889
3	比利时	0.7987	伊朗	0.8750	伊朗	0.9159	韩国	0.9419	伊朗	0.9558
4	伊朗	0.7386	土耳其	0.8569	土耳其	0.8525	伊朗	0.9296	韩国	0.9461
5	马来西亚	0.6872	马来西亚	0.7250	马来西亚	0.7311	越南	0.6465	越南	0.6613
6	越南	0.6351	越南	0.6564	埃及	0.6838	泰国	0.6268	泰国	0.6248
7	埃及	0.6122	比利时	0.6294	比利时	0.6290	埃及	0.6093	埃及	0.5996
8	意大利	0.5805	斯洛伐克	0.5963	越南	0.6190	俄罗斯	0.4627	俄罗斯	0.4798
9	西班牙	0.5617	意大利	0.5578	泰国	0.6125	德国	0.3881	德国	0.3832
10	泰国	0.5482	泰国	0.5481	意大利	0.5543	意大利	0.3653	意大利	0.3587

资料来源：根据世界银行数据库和http://minerals.usgs.gov/minerals/pubs/commodity/cement/的相关数据整理。

近年来,中国人均水泥消费量的增速经常超过两位数。人均水泥消费量在2003年增长了19.6%,在2009年增长15%。受到房价调控政策的影响,2012年人均水泥消费量的增速有所下降,但还是上升了4.5%。相比之下,日本的人均水泥消费量从1996年的0.75吨逐年下降,到2012年只有0.40吨,基本都是负增长,如果某年份的人均水泥消费量能维持零增长就很不错了。英国的人均水泥消费量从1990年的0.26吨下降为2011年的0.13吨,下降了50%。

水泥产量的拐点

发达国家水泥产量的倒U形曲线

纵观世界各国的经济发展史,在实现城镇化、工业化、现代化的初期,大量兴建住房、公路、桥梁、机场等各类公共设施,水泥总产量随着经济的增长而增长。在经济高速增长时期,水泥产量的增长速度甚至快于经济增长速度。与此同时,人均水泥消费量随着基建投资、城镇化及人均收入水平的不断提高而增长。可是,当经济发展到成熟阶段,公路、桥梁等公共设施已经基本建成,人均居住面积达到一定水平,水泥产量在达到峰值后,无论是总量还是人均量都开始下降。在发达国家中,竣工建筑面积仅仅略高于新旧住房更替的水平。如果以人均GDP水平作为反映经济发展的代表变量,那么人均水泥消费量与人均GDP水平将呈现倒U形曲线(见图3-6)。

在20世纪70年代以前,随着美国工业化的快速发展及人均收入水平的不断提高,美国人均水泥消费量呈现增速上涨趋势。在20世纪70年代末期,美国人均GDP水平超过2万美元;与此同时,美国人均水泥消费量达到峰值,随后呈现逐年下降的趋势。图3-7为美国人均水泥消费量的多项式拟合线,拟合优度为0.7845,且估计系数显著。

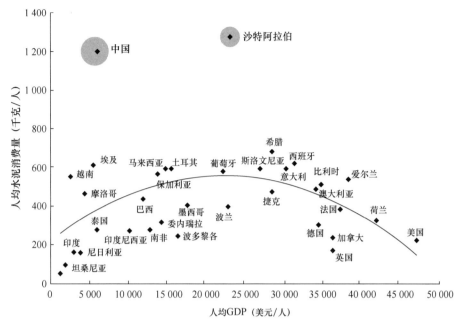

图 3-6　2011 年世界各国人均水泥消费量与人均 GDP
资料来源：全球水泥报告,《国际水泥评论》(2011 年)。

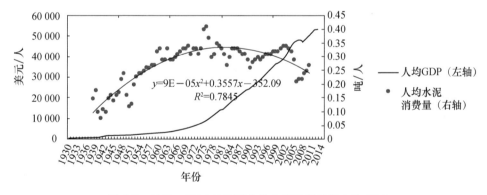

图 3-7　1930—2014 年美国人均水泥消费量与人均 GDP
资料来源：美国矿产资源项目网站,世界银行数据库。

英国经济起步较早,英国人均水泥消费量在 1973 年达到峰值 0.39 吨。随后,英国人均水泥消费量一路向下,逐年减少。2010 年以后,英国人均水泥消费量在 0.13 吨上下波动。图 3-8 为英国人均水泥消费量的多项式拟合线,拟合优度为 0.8646,且估计系数显著。

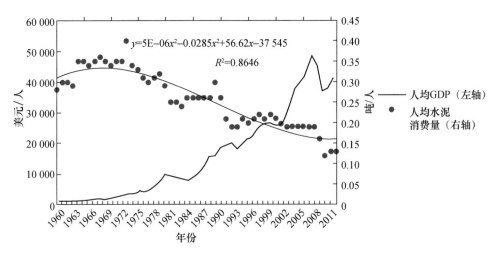

图 3-8 1960—2011 年英国人均水泥消费量与人均 GDP
资料来源:美国矿产资源项目网站,世界银行数据库。

1980 年前后,日本人均 GDP 达到 1 万美元左右,同时日本人均水泥消费量达到历史峰值 0.83 吨。随后,日本人均水泥消费量呈现逐年下降的趋势,最终收敛在 0.4 吨左右。图 3-9 为日本人均水泥消费量的多项式拟合线,拟合优度为 0.8405,且估计系数显著。

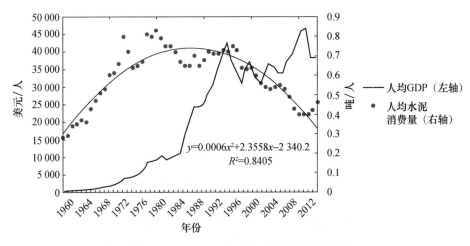

图 3-9 1960—2012 年日本人均水泥消费量与人均 GDP
资料来源:美国矿产资源项目网站,世界银行数据库。

韩国经济起步较晚,但是在 20 世纪 80 年代得到了高速的发展。随着经济发展,韩国人均水泥消费量也不断攀高。1997年,韩国人均水泥消费量达到1.28吨高峰。在遭遇亚洲金融危机后,韩国的人均水泥消费量在1.2吨上下波动长达10年之久。2010年至今,韩国人均水泥消费量下降到1.0吨以下,并在此范围波动。图3-10为韩国人均水泥消费量的多项式拟合线,拟合优度为0.8837,且估计系数显著。

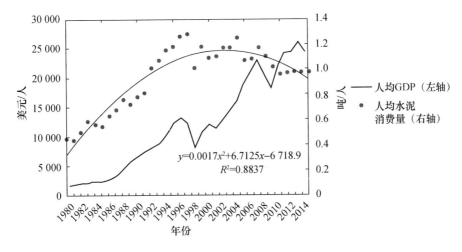

图3-10 1980—2014年韩国人均水泥消费量与人均GDP
资料来源:美国矿产资源项目网站,世界银行数据库。

综上所述,人均水泥消费量呈现倒U形曲线是经济发展的普遍规律。

估计水泥产量拐点具有重大的现实意义。毫无疑问,水泥业的产能必须和市场需求相匹配。多了不行,少了也不行。如果不能比较准确地预测到拐点发生的时间段,就很可能过度投资,导致严重的浪费。因此,在接近水泥生产的峰值之前就要给企业提供信息,适度减少投资,以防投资过度带来损失。一般来说,企业缺乏从宏观角度进行市场研究的能力,很难做到纵观全局,合理预测。因此,需要政府出面组织研究,为企业提供比较充分的预测信息。

中国内地和那些老牌发达国家(地区)不同,也和高速增长的亚洲"四小龙"(韩国、中国台湾、中国香港和新加坡)不同。在预测中国水泥需求的顶峰时,我们既不能简单地套用西方各国(地区)的案例,也不能简单地模拟亚洲"四小龙"走过的道路。

欧美国家的工业化、城镇化持续了一两百年。这些国家每年都盖些房子，兴建一些基础设施，逐年推进城镇住宅和基础设施，日积月累，一路走来，方才达到今天的水平。与之相应，其水泥消费量也稳扎稳打，先逐步上升再逐步下降，最终稳定在某个水平上。

在20世纪七八十年代，亚洲"四小龙"经济高速增长。由于中国香港、新加坡属于城市经济，韩国和中国台湾的人口不多，地域有限。它们在经济起飞之后，在很短的时间内完成了必要的基础设施建设并且度过了住房建设的高峰期，水泥的需求量在达到顶峰之后逐步回落。

中国内地人多地广，经济发展的起点很低，交通、水利等基础设施相当落后，民众的居住条件很差，居民改善住房的需求量很大。中国内地的城镇化速度很快，近年来，城镇人口每年增加2000万人左右，需要修建大量住房。近年来，中国内地的基础建设的规模和速度都别开生面，全世界一半以上的建筑吊车集中在国内。特别是在中国东南沿海的大城市，吊车如林、蔚为壮观，许多具有良好经济效益的基础建设项目纷纷上马，推动了水泥需求超常地增长。中国人要在三十多年的时间里跨越发达国家上百年走过的路，怎么能不多用些水泥呢？

人均GDP和水泥产量峰值

2015年，西方国家人均水泥消费量在0.4吨左右。中国在1996年的人均水泥消费量刚好为0.4吨，随后，中国的人均水泥消费量不断上升，迅速超过了西方工业国家的平均水平，在2014年高达1.81吨。这样的上升态势能够维持多久呢？换句话说，中国人均水泥消费量在什么时间达到峰值？

从统计数据来看，在过去三十多年里，中国水泥产量节节上升，似乎还看不出拐点。有些人担忧，照这个样子发展下去，中国水泥产量增加到多少才到头？毋庸置疑，绝对不能按照线性模式外推。水泥产量或人均水泥消费量不可能随着GDP增长而一直上升。物极必反，中国的水泥总产量和人均水泥消费量也必然呈现倒U形曲线，在达到极大值之后必然逐步下降，最终收敛在某个水平上。尽管我们尚且不知道人均水泥消费量在什么时间、达到多高水平才会迎来倒 U 形曲线的拐点,但是我们知道,如果还要修建更多的基础设施,民众还需要更多的住宅,人均水泥产量就不会在近期内出现拐点。

能不能根据人均 GDP 的变化预测人均水泥消费量呢?

从 1990—2014 年的数据来看,随着人均 GDP 的增长,人均水泥消费量也在不断增长,两条曲线都呈现加速上升的态势,明显地正相关。很难从这两条曲线的相关性判断何时出现人均水泥消费量的拐点(见图 3-11)。

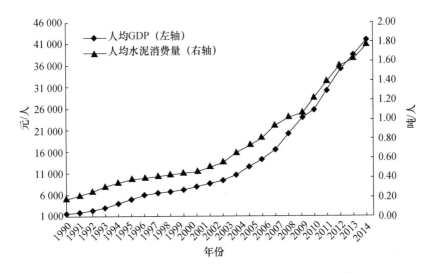

图 3-11　1990—2014 年中国人均水泥消费量与人均 GDP 发展趋势对比
资料来源:国家统计局网站,《中国水泥年鉴》。

有人说,在人均 GDP 达到 1 万美元之后,人均水泥消费量和水泥总产量可能出现拐点。乍听起来似乎有些道理。例如,美国在 1970 年人均 GDP 为 21 135 美元的时候水泥消费量达到峰值;日本在 1980 年人均 GDP 达到 20 962 美元时出现人均水泥消费量的峰值。可是,由于各国人均水泥消费量出现峰值的时间点不同(例如,美国、日本两国出现人均水泥消费量峰值的时间相差 10 年),单位货币的购买力相差很大,以人均 GDP 1 万美元做横向比较的意义就不大了。虽然我们不能根据人均 GDP 断定水泥产量的拐点在哪里,但能够比较有把握地判断,2014 年中国人均 GDP 只有 6 807 美元[①],距

---

① 《中国统计摘要 2015》,第 172 页。

1万美元还有很大的距离,说中国人均水泥消费量接近拐点似乎为时过早(见表3-11)。

表3-11 各国人均GDP与人均水泥消费量

年份	美国		日本		韩国		英国	
	人均GDP(2005年不变价美元)	人均水泥消费量(吨/人)	人均GDP(2005年不变价美元)	人均水泥消费量(吨/人)	人均GDP(2005年不变价美元)	人均水泥消费量(吨/人)	人均GDP(2005年不变价美元)	人均水泥消费量(吨/人)
1970	21 135	0.34	15 161	0.60	1 968	0.18	18 110	0.34
1975	22 886	0.33	17 647	0.65	2 851	0.32	19 772	0.33
1980	26 052	0.29	20 962	0.83	3 926	0.45	22 039	0.29
1985	29 307	0.26	24 994	0.67	5 650	0.55	24 508	0.26
1990	32 966	0.26	31 174	0.68	8 829	0.78	28 780	0.26
1995	35 117	0.20	32 942	0.72	12 271	1.18	30 842	0.20
2000	40 943	0.21	33 957	0.64	15 162	1.09	35 445	0.21
2005	44 308	0.19	35 781	0.54	18 657	1.07	39 935	0.19
2010	43 961	0.13	36 473	0.40	22 236	0.96	39 472	0.13

资料来源:根据世界银行数据库、http://minerals.usgs.gov/minerals/pubs/commodity/cement/的相关数据整理。

人均累计水泥消费量和水泥峰值

有人说:"从发达国家的经验来看,受经济增速的影响,水泥需求是有拐点的,亚洲地区国家的拐点值偏高,大都发生在人均累计水泥消费量在20吨左右的时候。目前我国人均累计水泥消费量接近18吨,本年预计再增加1.6亿吨左右,离拐点已经很近了。"[1]

这一经验数据可靠吗?

这种说法并不严谨。请问,人均水泥累计消费量的起点如何选择?美国的统计数据比较全,可以追溯到1931年。美国人均水泥累计消费量在2001年达到20吨,可是,其人均水泥消费量早在1970年就开始逐年下降。显然,

---

[1] 参见"水泥业:产能扩张必须急刹车",《人民日报》,2013年5月13日。

美国的数据不支持上述论断(见表3-12)。

表3-12 各国人均累计水泥消费量和人均水泥消费量　　　　　单位:吨/人

年份	美国		日本		韩国		英国	
	人均水泥消费量	人均累计水泥消费量	人均水泥消费量	人均累计水泥消费量	人均水泥消费量	人均累计水泥消费量	人均水泥消费量	人均累计水泥消费量
1970	0.34	9.71	0.60	4.26	0.18	0.79	0.34	3.31
1975	0.33	11.54	0.65	7.74	0.32	2.10	0.33	5.08
1980	0.29	13.31	0.83	11.57	0.45	4.28	0.29	6.61
1985	0.26	14.86	0.67	15.25	0.55	6.92	0.26	7.88
1990	0.26	16.42	0.68	18.57	0.78	10.49	0.26	9.22
1995	0.20	17.86	0.72	22.17	1.18	15.71	0.20	10.23
2000	0.21	19.44	0.64	25.56	1.09	21.53	0.21	11.30
2005	0.19	21.12	0.54	28.34	1.07	27.28	0.19	12.25
2010	0.13	22.53	0.40	30.74	0.96	32.60	0.13	13.04

资料来源:根据世界银行数据库和 http://minerals.usgs.gov/minerals/pubs/commodity/cement/的相关数据整理。其中,美国以1931年为基期起算,日本、韩国、英国均以1961年为基期起算。

日本人均水泥消费量在1980年达到顶峰,如果以1961年为计算起点,此时人均累计水泥消费量为11.57吨。根据日本的数据也得不出上述结论。

韩国人均水泥消费量在1995年达到顶峰,此时人均累计水泥消费量为15.71吨。

英国人均水泥消费量在1970年达到顶峰,如果以1961年为计算起点,人均累计水泥消费量只有3.31吨,显然不合理。如果以英国工业革命作为起点,英国的人均累计水泥消费量肯定要高得多。可是,第二次世界大战之前英国水泥消费的数据在哪里?

由于人均累计水泥消费量的计量起点说不清楚,很难定量分析。此外,地震、洪水、战争等因素都会显著地减少累计水泥消费量。如何扣除这些负面因素是缺乏数据支持的。以人均累计水泥消费量判断水泥需求的拐点既没有理论支持也得不到数据验证,只能姑妄言之,仅作参考。

城镇化与水泥需求

城镇化是经济发展的必然趋势

经济发展过程也就是城镇化的过程,大量劳动力从农业转向制造业和服务业,由农村进入城镇。在两百年前,无论是美国还是欧洲各国,农村劳动力占比都超过80%,但这个比例随着经济发展逐年下降。当前,在高收入国家中,农村劳动力占整个劳动力的比例在2%—5%。2012年,美国直接从事农业生产的劳动力仅占全部劳动力的0.8%,加拿大农业劳动力只占2.4%,大部分工业化国家的农业劳动力占比在5%以下。[①] 也就是说,只需要不到5%的劳动力就可以生产出足够的农副产品满足社会的需要。

讨论城镇化离不开对城乡人口的预测。按照北京大学中国经济研究中心曾毅教授提供的数据,2000—2010年,每年城镇人口平均增加2 092万;2010—2020年,每年平均增加1 727万;2020—2030年,预计每年平均增加1 437万;2030—2040年,预计每年平均增加809万;2040—2050年,预计每年平均增加383万(见表3-13)。

表3-13 中国城乡人口的长期预测

年份	乡村人口 (万人)	城镇人口 (万人)	总计 (万人)	城镇化程度 (%)
2000	79 602	46 420	126 022	36.8
2010	66 624	67 348	133 972	50.3
2020	54 976	84 624	139 600	60.6
2030	39 601	98 998	134 805	73.4
2040	27 710	107 095	134 805	79.4
2050	16 004	110 933	126 937	87.4

资料来源:曾毅、陈华帅、王正联,"我国21世纪上半叶老年家庭照料需求成本变动趋势分析",《经济研究》,2012年第10期。原始数据来自曾毅教授,在此表示感谢。

---

① CIA数据库,2015。

1979年,中国城镇人口18 495万,仅占总人口的19%。到了2013年,中国城镇人口73 111万,占总人口的53.7%。在34年内,城镇人口增加了54 616万,城镇居民的增量几乎等于2个美国的人口、5个日本的人口。毋庸置疑,只要继续高速推进城镇化,大量农民进城,居民住房需求就会有增无减,对水泥的需求必然居高不下(见表3-14)。城镇居民住房需求在很大程度上决定了未来的水泥需求。在城镇化率达到70%之前谈水泥产能过剩似乎有些不合时宜。

表3-14 城镇化进程　　　　　　　　　　　　单位:万人

年份	城镇人口	城镇人口增量	乡村人口	乡村人口增量	总人口	城镇人口比例(%)
1979	18 495	1 250	79 074	60	97 569	19.0
1980	19 140	645	79 565	491	98 705	19.4
1981	20 171	1 031	79 901	336	100 072	20.2
1982	21 480	1 309	80 174	273	101 654	21.1
1983	22 274	794	80 734	560	103 008	21.6
1984	24 017	1 743	80 340	−394	104 357	23.0
1985	25 094	1 077	80 757	417	105 851	23.7
1986	26 366	1 272	81 141	384	107 507	24.5
1987	27 674	1 308	81 626	485	109 300	25.3
1988	28 661	987	82 365	739	111 026	25.8
1989	29 540	879	83 164	799	112 704	26.2
1990	30 195	655	84 138	974	114 333	26.4
1991	31 203	1 008	84 620	482	115 823	26.9
1992	32 175	972	84 996	376	117 171	27.5
1993	33 173	998	85 344	348	118 517	28.0
1994	34 169	996	85 681	337	119 850	28.5
1995	35 174	1 005	85 947	266	121 121	29.0
1996	37 304	2 130	85 085	−862	122 389	30.5
1997	39 449	2 145	84 177	−908	123 626	31.9
1998	41 608	2 159	83 153	−1 024	124 761	33.4
1999	43 748	2 140	82 038	−1 115	125 786	34.8
2000	45 906	2 158	80 837	−1 201	126 743	36.2

(续表)

年份	城镇人口	城镇人口增量	乡村人口	乡村人口增量	总人口	城镇人口比例(%)
2001	48 064	2 158	79 563	−1 274	127 627	37.7
2002	50 212	2 148	78 241	−1 322	128 453	39.1
2003	52 376	2 164	76 851	−1 390	129 227	40.5
2004	54 283	1 907	75 705	−1 146	129 988	41.8
2005	56 212	1 929	74 544	−1 161	130 756	43.0
2006	58 288	2 076	73 180	−1 364	131 468	44.3
2007	60 633	2 345	71 496	−1 684	132 129	45.9
2008	62 403	1 770	70 399	−1 097	132 802	47.0
2009	64 512	2 109	68 938	−1 461	133 450	48.3
2010	66 978	2 466	67 113	−1 825	134 091	49.9
2011	69 079	2 101	65 656	−1 457	134 735	51.3
2012	71 182	2 103	64 222	−1 434	135 404	52.5
2013	73 111	1 929	62 961	−1 261	136 072	53.7
2014	74 916	1 805	61 866	−1 095	136 782	54.8

资料来源:《中国统计摘要2015》,第16页。

加速、匀速和减速城镇化

水泥需求量取决于城镇化的速度。显然,城镇化速度快,需要的水泥量就多;如果城镇化的速度不是那么快,水泥需求的增长就比较平缓。1996年以后,城镇人口每年都增加2 000万左右,难道不要盖房子吗?盖房子难道不用水泥吗?毫无疑问,城镇化速度越快,需要的水泥量就越多。

2010年,北美的城镇化率为80.7%,拉丁美洲为79.6%,欧洲为72.8%,大洋洲为70.2%,亚洲为39.8%,非洲为37.9%。全球城镇化率在2009年首次超过50%。[①] 中国的城镇化率在2010年刚好赶上世界平均水平,在2015年达到54.8%。

发达国家的城镇化程度在75%—80%。2011年,日本的城镇化率高达

---

① 郑秉文,"拉美城镇化,赶超与过度",《人民日报》,2013年1月20日。

91.3%,在东京聚集了3 722万人,相当于日本人口的29.4%。低收入国家及印度、越南等国的城镇化程度在30%左右。东欧各国的城镇化程度在60%左右。尽管中国的城镇化速度很快,但是与东欧各国相比,中国的城镇化程度还差了10个百分点。要在城镇化上赶上先进国家水平还有很长的路要走(见表3-15)。

表3-15　2011年世界各国城镇化程度

国别	城镇化率(%)	国别	城镇化率(%)
日本	96.3	波兰	60.9
法国	85.8	罗马尼亚	52.8
韩国	83.2	印度尼西亚	50.7
美国	82.0	中国	50.6
加拿大	80.7	埃及	43.5
英国	79.6	赞比亚	39.2
德国	73.9	津巴布韦	38.6
俄罗斯	73.8	巴基斯坦	36.2
土耳其	71.5	泰国	34.1
匈牙利	69.5	印度	31.3
意大利	68.4	越南	31.0

资料来源:CIA World Factbook,2015.03。

城镇化必须以理性速度进展。首先,应当让进城的农民有工作,而不是盲目地让大批农民进城。倘若进城的农民找不到工作,则必然形成贫民窟,后患无穷。其次,要让进城的农民不仅有工作,还要有住房,只有这样才能让他们有尊严地生活在城市中。

预测中国城镇化速度的论文很多,大致上有三种观点:匀速递增、加速递增和减速递增。

第一,匀速递增。

从统计数据来看,中国的城镇化每七年上一个台阶。城镇化率在1981年超过20%,1996年超过30%,2003年超过40%,2010年接近50%。中国的城镇化从20%上升到30%用了15年,从30%上升到40%用了7年,从40%上升到50％用了7年。于是,有人提出,中国城镇化率每7年上一个台阶。照此类推,再过7年(到2019年)中国的城镇化率将达到60％,到2026年将达到70％。在2038年以前,中国人口总数还在逐年增加。按照匀速递增的假设,1996—2011年每年城镇人口增加2 000万,而今后进城的人数还要更多一些。

第二,加速递增。

美国城市地理学家诺瑟姆(Northam,1979)采用Logistic曲线描绘高速增长经济体的城市化轨迹,将城市化全过程分为初期、中期和后期三个阶段。

初期阶段(城镇人口占总人口比重在30％以下)。在这一阶段,农村人口占绝对优势,工农业生产力水平较低,工业提供的就业机会有限,农业剩余劳动力释放缓慢。因此,要经过几十年甚至上百年的时间,城镇人口比重才能提高到30％。

中期阶段(城镇人口占总人口比重在30％—70％)。在这一阶段,由于工业基础已比较雄厚,经济实力明显增强,农业劳动生产率大大提高,工业吸收大批农业人口,城镇人口比重可在短短的几十年内突破50％而上升到70％。

后期阶段(城镇人口占总人口比重在70％—90％)。在这一阶段,农村人口的相对数量和绝对数量已经不大。为了保持社会必需的农业规模,农村人口的转化趋于停止,最后相对稳定在10％以下,城镇人口比重则相对稳定在90％以上的饱和状态。后期的城市化不再主要表现为农村人口转化为城镇人口的过程,而是城镇人口内部职业构成由第二产业向第三产业转移。

主张中国城镇化率可能加速递增的人常常以日本和韩国为例。日本和韩国的城镇化变化过程呈明显的S形曲线。城镇化率在30％左右时,城镇化曲线较平坦;当城镇化率在30％—70％时,城镇化加速,曲线较为陡峭;城镇化率过了70％之后,曲线又开始平缓(见图3-12)。

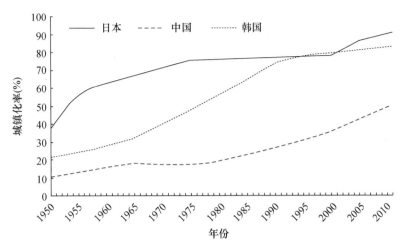

图 3-12　1950—2011 年中国、日本、韩国三国的城镇化率变化
资料来源：World Development Indicator, World Bank, 2012。

有人认为,2011 年中国的城镇化程度超过了 50%,也到了加速发展的时期。城镇化从 30% 到 70%,美国用了 70 年,日本用了 40 年,中国很可能用不了 40 年。他们预期,大约在 2025 年城镇化率可能达到 70%。换言之,在最近几年内将出现一个城镇化的高峰。

第三,减速递增。

根据曾毅教授的研究,如果维持"一孩"的计划生育政策,中国总人口在 2038 年达到峰值 14.8 亿,然后平稳下降。由于城镇化不断提速,城镇人口比例从 2000 年的 36.8% 上升到 2010 年的 50.3%,预期在 2020 年达到 60.6%,在 2030 年达到 73.4%。城镇人口从 2000 年的 4.6 亿逐步上升,2010 年为 6.7 亿,2020 年为 8.4 亿,2030 年为 9.8 亿。

农村剩余劳动力与城镇化速度

中国城镇化是匀速、加速还是减速?城镇化的速度取决于新增就业机会和农村剩余劳动力的数目。如果盲目地追求高速城镇化,就很可能是欲速则不达。20 世纪 80 年代,大量墨西哥农民在很短的时间内涌入城市;结果,大部分进城农民找不到工作,社会动荡,经济衰退,教训非常深刻。

之所以日本、韩国、中国台湾等地能够较快地完成城镇化,是因为相对于世界市场,它们的经济规模相对较小,农村剩余劳动力的绝对数并不大。只要拿到一定数量的海外订单,就可以给进城农民提供就业。中国台湾、韩国新增就业的历史纪录不过每年几十万人,日本在1989年创造的新增就业的最高纪录只有100万人。① 近年来,中国大陆每年新增就业机会1300万,但是对于海量的农村剩余劳动力而言,这只不过是杯水车薪。

究竟中国还有多少农村剩余劳动力?

按照农村劳动效率测算,全国的农村剩余劳动力为14389.8万人,以后农村剩余劳动力逐年减少,到2011年全国农村剩余劳动力为8876.21万人。在10年内,农村剩余劳动力减少了5513.59万人,平均每年减少约550万人。

从种植各类农作物所需劳动力占比来看,在2002年有14.85%的农村劳动力种植稻谷,可是在2011年只要10.78%的劳动力就足够了;种植小麦所需劳动力的比重从2002年的8.37%下降为2011年的5.31%;2002年种植玉米需要总劳动力的10.1%,到了2011年只要9.45%就足够了;而生产蔬菜所需劳动力比重从2002年的36.75%上升为2011年的41.59%;生产水果所需劳动力比重从2002年的11.93%上升为2011年的19.08%。显而易见,今后这个趋势仍将继续。

从农作物播种面积出发核算实际所需的劳动力,得出的结果与从农产品产量出发核算的结果非常接近。

由于农业机械化和品种改良,在最近10年内,谷物种植所需的实际劳动力数量大幅度下降。种植稻谷所需劳动力从2002年的2948.7万人下降为2011年的2047.5万人,下降901.2万人;种植小麦所需劳动力在2002年为1661.8万人,到了2011年只需要1009.8万人,减少652万人;种植玉米的劳动力从2002年的2004.6万人到2011年下降为1795.3万人,下降209.3万人;种植粮食(谷物)所需劳动力在近10年内减少了1554万人。种植粮食所需要的劳动力不断减少,这是一个巨大的社会进步。

养殖业的大发展,使国内市场对大豆的需求量急剧上升。由于中国农民

---

① 国际劳工组织,《全球就业趋势报告2012》。

在大豆生产上没有比较优势,因此近年来大豆进口量大幅度上升。国内大豆种植面积下降,所需要的劳动力数量从2002年的578万人下降为2011年的311万人;棉花、油料等经济作物需要的劳动力数量也呈下降态势。

在这段时间内,蔬菜生产所需劳动力数量从2002年的7297万人上升为2011年的7902万人,增加了605万人;种植水果的劳动力在2002年为2367万人,到2011年为3626万人,增加了1259万人。

在过去10年内,全国农业就业劳动力从2002年的34204万人下降为2011年的27878万人,减少了6326万人,减少8.5%。农业实际需用的劳动力总数从2002年的19854万人下降为2011年的19002万人,减少了852万人,减少4.3%。

农村剩余劳动力从2002年的14351万人减少为2011年的8876万人。减少了5475万人,减少38.2%。农村剩余劳动力在农村总劳动力中的比重从2002年的41.96%降低为2011年的31.84%。

农村剩余劳动力的地域分布并不均衡。2011年,在苏州、无锡、常州一带不仅没有农村剩余劳动力,还需要从外地引进大量劳动力。新疆一直处于劳动力短缺的状态,在2011年尚缺农村劳动力223.95万人。2012—2014年,农村剩余劳动力最多的省份是河南、湖南、四川、云南、安徽、贵州。河南的农村剩余劳动力居全国各省份首位,但在最近10年内其剩余劳动力下降的幅度最大,从2002年的1899万人下降为2011年的967万人。云南的剩余劳动力在2002年为707.7万人,在2007年上升为946万人;随后,云南的剩余劳动力数量虽然有所减少,但是在2011年仍然有885万人。云南农村剩余劳动力下降的幅度在全国各省份中最低。

农村剩余劳动力占比逐年下降,这是一个可喜的趋势。但是,必须认识到,实现农业现代化和城镇化是一个长期的历史任务。2012年,中国内地还有8000多万农村剩余劳动力有待转移;2013年,中国内地创造了新增就业的历史纪录——1300万人,数量远远超出了亚洲"四小龙"和日本历史上新增就业的纪录。与其他发展中国家相比，这是很了不起的成绩。① 但是，受到国内市场和国际市场的约束，想要超过这个极限的可能性不大。2014年，全国应届大学毕业生659万再加上633万中等职业学校毕业生，在基本解决了他们的就业问题之后，能够提供给农村剩余劳动力的就业机会并不多。相对于8 000万人以上的剩余劳动力，新增就业的数量很有限（见表3-16）。

表3-16　中国新增城镇就业、经济增长率和高校毕业人数

年份	新增城镇就业（万人）	GDP增速（%）	高校毕业人数（万人）	中等职业教育人数（万人）
2007	1 204	14.60	447	530
2008	1 113	9.09	512	581
2009	1 102	8.79	531	625
2010	1 068	10.80	575	665
2011	1 221	9.20	608	660
2012	1 266	7.80	624	674
2013	1 300	7.70	638	674
2014	1 300	7.00	659	633

资料来源：中经网经济数据库和《21世纪经济报道》，2013年1月29日；《中国统计摘要2015》，第154页。

饭只能一口一口吃，路只能一步一步走。中国的城镇化任重而道远。②

新增就业和城镇化速度

2005—2008年，全国新增就业主要发生在制造业各部门，总数超过1 000万人；服务业新增就业仅仅700万人左右。可是，在2012年以后，制造业吸纳就业的能力逐步衰退，甚至总就业人数出现负增长；新增就业主要发生在服务业（见表3-17）。

---

① 2009年，全球新增就业机会3 810万，中国新增就业1 180人，在全球新增就业中占据了很大的一块。相比之下，印度每年新增就业机会只有50万左右；其他发展中国家（如孟加拉国、巴基斯坦、印度尼西亚等）也都被就业机会困扰。国际市场份额的竞争日趋激烈。
② 关于农村剩余劳动力的定量分析请参见北京师范大学国民核算研究院，《国民核算研究报告2013》。

表 3-17 新增就业人员　　　　　　　　　　　　　　　　单位:万人

年份	就业人员 总数	就业人员 新增就业	第一产业 总数	第一产业 新增就业	第二产业 总数	第二产业 新增就业	第三产业 总数	第三产业 新增就业
2000	72 085	691	36 043	257	16 219	−202	19 823	618
2001	72 798	416	36 399	356	16 234	15	20 165	342
2002	73 280	713	36 640	241	15 682	−552	20 958	793
2003	73 736	465	36 204	−436	15 927	245	21 605	647
2004	74 264	528	34 830	−1 374	16 709	782	22 725	1 120
2005	74 636	372	33 442	−1 388	17 755	1 046	23 439	714
2006	74 978	342	31 941	−1 501	18 894	1 139	24 143	704
2007	75 321	343	30 731	−1 210	20 186	1 292	24 404	261
2008	75 563	242	29 923	−808	20 553	367	25 087	683
2009	75 827	264	28 890	−1 033	21 080	527	25 857	770
2010	76 095	268	27 931	−959	21 842	762	26 322	465
2011	76 420	325	26 594	−1 337	22 544	702	27 282	960
2012	76 704	284	25 773	−821	23 241	697	27 690	408
2013	76 977	273	24 171	−1 602	23 170	−71	29 636	1 946
2014	77 253	276	22 790	−1 381	23 099	−71	31 364	1 728

资料来源:《中国统计摘要 2015》,第 39 页。

2014 年,全国新增就业 276 万人。其中,第一产业(农业)的就业人数减少了 1 381 万;第二产业(制造业)就业人数也减少了 71 万;唯独第三产业(服务业)就业人数在上升,提供了 1 728 万个就业机会。[①] 新增就业机会正在迅速地从制造业转向服务业。

按照国家统计局公布的数据(见表 3-18),2006 年城镇新增就业 1 441 万人;随后逐年减少,在 2010 年恢复到 1 365 万人的水平;然后再次逐步下降,在 2014 年城镇新增就业 1 070 万人。按照曾毅教授的研究成果,2010—2020 年,城镇人口每年平均增加 1 727 万人。大量进城的农民工从事的是服务业的临时工、合同工,由于他们的工作地点经常变化,许多人没有被包括进就业的统计数字。无论进城的农民是正式职工还是临时工,他们都需要住房,这是水泥需求的重要推动力。

---

① 这里的数据和国家发改委公布的新增城镇就业人数 1 300 万有区别。这里的新增就业人数包括了城镇和农村,而第三产业在农村的就业人数并不少。

表 3-18　城镇就业人数　　　　　　　　　　　　单位：万人

年份	就业人员总数	城镇就业人数	城镇新增就业
2000	72 085	23 151	739
2001	72 798	24 123	972
2002	73 280	25 159	1 036
2003	73 736	26 230	1 071
2004	74 264	27 293	1 063
2005	74 636	28 189	896
2006	74 978	29 630	1 441
2007	75 321	30 953	1 323
2008	75 563	32 103	1 150
2009	75 827	33 322	1 219
2010	76 095	34 687	1 365
2011	76 420	35 914	1 227
2012	76 704	37 102	1 188
2013	76 977	38 240	1 138
2014	77 253	39 310	1 070

资料来源：《中国统计摘要 2015》，第 40 页。

在估计城镇化速度时不能照搬当年亚洲"四小龙"的经验。也就是说，中国内地城镇化的进程受到就业机会的制约，很可能呈现减速增长的趋势，既不会匀速增长，更不会如同许多文章所预测的那样在达到 50% 以后加速增长。

城镇化率和水泥产量的拐点

毫无疑问，在城镇化不断进展的过程中，对居民住房及各类公共设施的需求正在上升，因此水泥需求必然居高不下。只有在中国的城镇化率达到一定水平之后，人均水泥消费量才会下降。

1990 年以来，中国的城镇化率逐年上升，从 1990 年的 26.4% 上升为 2013 年的 53.7%。与此同时，人均水泥消费量也稳步上升，从 1990 年的 0.18 吨上升为 2013 年的 1.78 吨。特别是在 2009 年以后，人均水泥消费量的增速明显地高于城镇化率的上升速度（见图 3-13）。究竟城镇化率达到什么水平之后，人均水泥消费量才会出现拐点？不妨借鉴一下发达国家的数据。

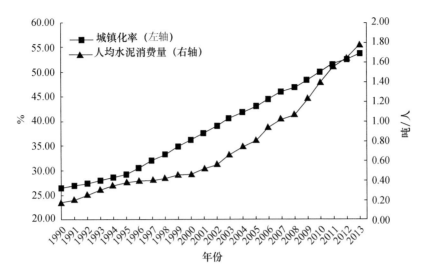

图 3-13　中国人均水泥消费量与城镇化率发展趋势对比
资料来源：国家统计局网站,《中国水泥年鉴》。

纵观世界各国经济发展的历史数据不难发现,人均水泥产量和城镇化率密切相关。只要城镇化率高速上升,对水泥的需求就会保持在高水平。但是,当城镇化率达到了稳定状态之后,水泥需求量也就从最大值转向下滑。

在经济发展过程中,随着人均 GDP 的增长,各国城镇化速度加快,住房及基础设施建设对水泥的需求量也随之增加,人均水泥消费量上升。当经济发展到一定水平之后,城镇化率趋于稳定,水泥需求量也随之减少,人均水泥消费量稳定在某一区间(见表 3-19)。

表 3-19　1980—2013 年各国城镇化与人均水泥消费量关系

年份	美国		英国		日本		韩国	
	城镇化率(%)	人均水泥消费量(吨/人)	城镇化率(%)	人均水泥消费量(吨/人)	城镇化率(%)	人均水泥消费量(吨/人)	城镇化率(%)	人均水泥消费量(吨/人)
1980	73.74	0.33	78.48	0.29	76.18	0.83	56.72	0.45
1981	73.89	0.31	78.59	0.25	76.27	0.79	58.41	0.44
1982	74.04	0.27	78.54	0.25	76.38	0.75	60.06	0.50
1983	74.19	0.30	78.49	0.24	76.49	0.75	61.69	0.59
1984	74.34	0.33	78.44	0.26	76.60	0.72	63.30	0.56

(续表)

年份	美国 城镇化率（%）	美国 人均水泥消费量（吨/人）	英国 城镇化率（%）	英国 人均水泥消费量（吨/人）	日本 城镇化率（%）	日本 人均水泥消费量（吨/人）	韩国 城镇化率（%）	韩国 人均水泥消费量（吨/人）
1985	74.49	0.33	78.39	0.26	76.71	0.67	64.88	0.55
1986	74.64	0.33	78.34	0.26	76.84	0.65	66.68	0.63
1987	74.79	0.32	78.29	0.26	76.96	0.65	68.56	0.68
1988	74.94	0.31	78.24	0.26	77.09	0.70	70.39	0.76
1989	75.09	0.31	78.19	0.30	77.21	0.65	72.15	0.72
1990	75.30	0.29	78.14	0.26	77.34	0.68	73.84	0.78
1991	75.70	0.26	78.11	0.21	77.47	0.72	74.97	0.81
1992	76.10	0.28	78.17	0.19	77.61	0.71	75.82	1.01
1993	76.49	0.29	78.23	0.19	77.75	0.71	76.65	1.07
1994	76.88	0.30	78.29	0.21	77.88	0.73	77.45	1.15
1995	77.26	0.29	78.35	0.20	78.02	0.72	78.24	1.18
1996	77.64	0.30	78.41	0.21	78.15	0.75	78.66	1.26
1997	78.01	0.31	78.47	0.22	78.27	0.73	78.91	1.28
1998	78.38	0.31	78.53	0.21	78.40	0.64	79.15	1.01
1999	78.74	0.31	78.59	0.22	78.52	0.63	79.38	1.18
2000	79.06	0.32	78.65	0.21	78.65	0.64	79.62	1.09
2001	79.23	0.32	78.75	0.20	79.99	0.60	79.94	1.10
2002	79.41	0.32	79.05	0.19	81.65	0.56	80.30	1.17
2003	79.58	0.33	79.34	0.19	83.10	0.54	80.65	1.17
2004	79.76	0.34	79.63	0.19	84.64	0.53	81.00	1.25
2005	79.93	0.34	79.92	0.19	85.98	0.54	81.35	1.07
2006	80.10	0.33	80.20	0.19	87.06	0.55	81.53	1.08
2007	80.27	0.32	80.48	0.19	88.01	0.53	81.63	1.17
2008	80.44	0.29	80.76	0.16	88.91	0.49	81.73	1.10
2009	80.61	0.21	81.03	0.12	89.74	0.43	81.84	1.02
2010	80.77	0.22	81.30	0.13	90.52	0.40	81.94	0.96
2011	80.94	0.22	81.57	0.13	91.25	0.40	82.04	0.97
2012	81.11	0.24	81.83	—	91.90	0.40	82.14	0.98
2013	81.28	0.25	82.09	—	92.49	0.42	82.25	0.98
2014	81.45	0.26	82.34	—	93.02	0.46	82.37	0.95

资料来源：美国矿产资源项目网站，世界银行数据库。

从城镇化率和水泥总产量的关系来看,美国水泥总产量在 2005 年达到最高峰,城镇化率为 79.93%;英国水泥总产量在 1973 年达到最高峰,城镇化率为 77.34%;德国水泥总产量在 1972 年达到最高峰,城镇化率为 72.39%;日本水泥总产量在 1980 年达到最高峰,城镇化率为 76.27%(表 3-7)。一般来说,城镇化率达到 72% 以上,水泥总产量才达到顶峰。

从城镇化率和人均水泥消费量的关系来看,美国的人均水泥消费量在 1974 年达到最高峰,该年的城镇化率为 73.64%;英国在 1973 年达到最高峰,城镇化率为 77.36%;日本在 1980 年达到最高峰,城镇化率为 76.06%。显然,当城镇化率超过 72% 以后,人均水泥消费量才会出现拐点。

随着各国城镇化发展的进程,人均水泥消费量开始呈现上升趋势;当城镇化发展到一定程度时,城镇化增长率减慢,人均水泥消费量也逐渐下降。本节利用面板数据对各国城镇化增长率与人均水泥消费量增长率的关系进行检验,建立模型如下:

$$\text{Accg}_{it} = \alpha + \beta \text{Urg}_{it} + \varepsilon_{it}$$

其中,Accg 表示人均水泥消费量增长率,Urg 表示城镇化增长率。首先用似然比率检验对建立混合模型还是固定效应模型进行判断,得到 χ^2 的 P 值为 0.7711,因此应建立混合模型,得到的回归结果如表 3-20 所示。

表 3-20 回归结果

参数	系数估计值	标准误差	t 统计量	P 值
C	−2.039	1.033	−1.974	0.0499
Urg	2.813	0.949	2.965	0.0034
R^2	0.447	P 值(F 统计量)		0.0030
F 统计量	8.791	D-W 值		1.9230

从回归结果可以看出,各国人均水泥消费量增长率与城镇化增长率显著正相关。根据回归结果,当城镇化增长率小于 0.72% 时,人均水泥消费量呈现递减趋势;当城镇化增长率大于 0.72% 时,人均水泥消费量呈现递增趋势。

表 3-21 列示了美国、英国、日本、韩国人均消费量达到峰值时各国相对应的年份、城镇化率和城镇化率增加值。从表中可以看出,对该四国而言,虽然

看懂中国产能过剩

人均水泥消费量达到峰值的时间不同,但是在达到人均水泥峰值时城镇化率均超过了70%,并且城镇化率增加值在每年0.65个百分点以上(仅英国例外)。

表 3-21 美国、英国、日本、韩国人均水泥消费量峰值

国家	年份	人均水泥消费量峰值(吨/人)	城镇化率(%)	城镇化率增加值(百分点)
美国	1974	0.41	73.64	0.69
英国	1973	0.40	77.36	0.31
日本	1980	0.83	76.18	0.66
韩国	1997	1.28	78.91	0.99

资料来源:美国矿产资源项目网站,世界银行数据库。

如图3-14所示,英国经济发展和城镇化起步较早,因此在20世纪60年代以后,其城镇化发展水平较为稳定,50年间,英国城镇化率仅增长了4%。美国在20世纪70年代期间城镇化发展趋于稳定,此后一段时间内保持在一定的城镇化发展增长水平。英、美两国城镇化发展趋于稳定的阶段恰好与两国人均水泥消费量达到最高值的时间段相符合。

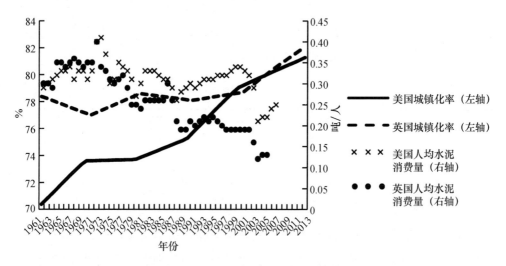

图 3-14 1961—2013年美国、英国的城镇化率和人均水泥消费量
资料来源:世界银行数据库。

如图3-15所示,日本和韩国在20世纪60年代城镇化发展迅速,而韩国由于城镇化发展起步较晚,其城镇化高速增长趋势一直持续到20世纪90年代中期。日、韩两国城镇化发展增速下降阶段与拐点出现时间段大体一致。

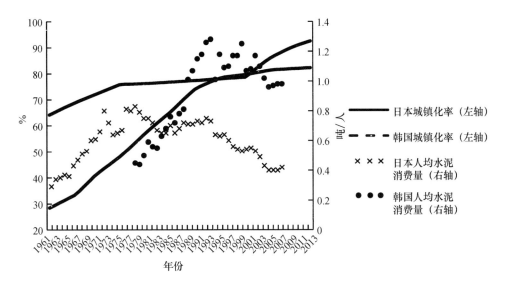

图3-15　1961—2013年日本、韩国的城镇化率和人均水泥消费量
资料来源:世界银行数据库。

从图3-14和图3-15中可以看出,美、英、日、韩等发达国家的城镇化率曲线均呈现近似于S形的曲线。当城镇化率在30%—75%时,城镇化增长率为正值,城镇化发展加速,曲线较为陡峭。当城镇化率超过75%以后,城镇化发展速度放缓,曲线开始趋于平缓。根据城镇化率的发展趋势,并结合表3-20的回归结果,可以得出结论:对于美、英、日、韩等四国而言,如果城镇化率每年提高0.72个百分点,人均水泥消费量就呈现上涨趋势;如果城镇化增长率低于0.72个百分点,人均水泥消费量就下降。

从世界各国的经验数据判断,城镇化率达到稳定值和人均水泥消费量达到极大值的时间非常接近。也许可以说,城镇化率趋于稳定是出现人均水泥消费量极大值的必要条件。

从城镇化率来分析,中国人均水泥消费量离顶峰还有很长的距离。这主要有两点理由:第一,2013年中国城镇人口为73 111万,城镇化率只有

53.7%；预期在2020年城镇人口达到84 624万，城镇化率为60.6%。城镇人口在2013年的基础上要增加11 513万。预期到2030年，城镇人口98 998万，城镇化率73.4%，城镇人口在2011年的基础上增加25 887万。[①] 2013—2030年，城镇人口要增加几亿，不大量盖住房能行吗？第二，中国城镇化率每年提高超过1个百分点，大大超过0.72个百分点的判别标准，按照统计规律，人均水泥消费量必然呈现上升态势。因此，没有理由说水泥消费量已经临近拐点。

各国城镇化增长率与人均水泥消费量关系的实证分析

倒U形曲线模型的研究最早可以追溯到Kuznets(1955)，他依据推测和经验提出了经济发展与收入差距呈倒U形曲线。此后倒U形曲线被拓展到区域经济发展、环境污染等多个领域。乔海曙、陈力(2009)和胡宗义、刘亦文(2010)等学者提出了非参数方法，对倒U形曲线模型进行实证研究。本节试图采用非参数方法对城镇化速度与人均水泥消费量的倒U形关系进行实证检验。[②]

由于在实际问题中人们往往对总体的分布形态知之甚少，因此很难对总体的分布形态做出明确假定；而非参数方法并不假定总体分布的具体形态，其结果一般有较好的稳定性。因此，这里对于城镇化率与人均水泥消费量相关关系的检验采用了Kendall τ 非参数检验方法。

随着城镇化的深入，人均水泥消费量呈现先递增、后递减的趋势。统计上可以将此趋势表述为，人均水泥消费量对城镇化速度的弹性先显著大于0，后显著小于0。Acc_i 表示人均水泥消费量，Urp_i 表示城镇化速度水平，则城镇化速度处在 $[i,j]$ 区间的弹性为：

---

① 城镇人口预测基于"一孩"的计划生育政策背景，来自曾毅教授课题组的研究。
② 李昕和丁宁对本节回归分析有较大贡献。

$$e_{ij} = \frac{\text{Urp}_i}{\text{Acc}_i} \frac{\Delta \text{Acc}_{ij}}{\Delta \text{Urp}_{ij}} = \frac{\dfrac{\text{Acc}_i - \text{Acc}_j}{\text{Acc}_i}}{\dfrac{\text{Urp}_i - \text{Urp}_j}{\text{Urp}_i}} \quad (3\text{-}1)$$

当 $e_{ij}>0$ 时,说明随着城镇化发展增速的提高,人均水泥消费量会增加;当 $e_{ij}<0$ 时,说明随着城镇化发展增速的提高,人均水泥消费量会减少;当 $e_{ij}=0$ 时,说明城镇化增速和人均水泥消费量之间的关系不显著。

由于受到各种随机因素和不确定性因素的影响,即使是在"倒 U 形"的上升(在人均水泥消费量随城镇化发展水平的深入而增加)阶段,e_{ij} 也不可能全都大于 0;同理,在"倒 U 形"的下降阶段,e_{ij} 也不可能全都小于 0。在统计上看来,如果在某一区间,$e_{ij}>0$ 出现的次数显著大于 $e_{ij}<0$ 出现的次数,就可以说明在这一区间内,人均水泥消费量随城镇化发展水平的深入而增加;反之,则人均水泥消费量随城镇化发展水平的深入而减少。而如果在某一区间,$e_{ij}>0$ 出现的次数既不显著大于 $e_{ij}<0$ 出现的次数,也不显著小于 $e_{ij}<0$ 出现的次数,就说明在这一区间内,人均水泥消费量与城镇化发展水平不存在明显的相关关系。

这样,城镇化速度与人均水泥消费量的关系问题可进一步转化为在城镇化速度各区间内,比较 $e_{ij}>0$ 出现的次数与 $e_{ij}<0$ 出现的次数的问题,即转化为比较城镇化速度各区间内 e_{ij} 的符号问题。

考虑到 $f_{ij} = (\text{Acc}_i - \text{Acc}_j) \times (\text{Urp}_i - \text{Urp}_j)$ 的符号与(3-1)式的符号相同,而对各区间内相邻数相关性检验可以用非参数统计中 Kendall τ 的相关检验,因此用 f_{ij} 代替 e_{ij} 对城镇化速度与人均水泥消费量的相关关系进行检验。提出双边假设 H_0:Acc 与 Urp 不相关;H_1:Acc 与 Urp 相关。为了简化表述,用 x 表示 Urp,用 y 表示 Acc,假设有 n 对观测值 $(x_1,y_1),(x_2,y_2),\cdots,(x_n,y_n)$。如果 $(x_j-x_i)\times(y_j-y_i)>0$,且 $\forall j>i(i,j=1,\cdots,n)$,则称 (x_i,y_i) 和 (x_j,y_j) 是协同的;反之,如果 $(x_j-x_i)\times(y_j-y_i)<0$,且 $\forall j>i(i,j=1,\cdots,n)$,则称 (x_i,y_i) 和 (x_j,y_j) 是不协同的。令 N_c 表示协同数对的数目,N_d 表示不协同数对的数目,则所有可能前后数对共有 C_n^2 个,即

$$N_c + N_d = \frac{n(n-1)}{2} \tag{3-2}$$

此时的 Kendall τ 统计量表示为：

$$\tau = \frac{N_c - N_d}{\dfrac{n(n-1)}{2}} \tag{3-3}$$

取显著性水平 α 为 0.05（见图 3-16），根据以下标准进行判断：

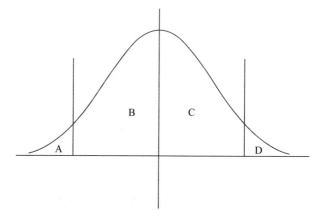

图 3-16　假设检验的区域分布

（1）当样本统计量落入区域 A 时，一方面可以以 97.5% 的概率拒绝 $\tau=0$ 的原假设，即以 97.5% 的概率认为 $\tau\neq 0$；另一方面可以以相同概率拒绝 $\tau>0$ 的原假设，即以 97.5% 的概率认为 $\tau\leqslant 0$。综上所述，当样本统计量落入区域 A 时，协同数对显著小于不协同数对，即此时人均水泥消费量随城镇化速度的增长而降低的趋势是显著的。

（2）当样本统计量落入区域 D 时，一方面可以以 97.5% 的概率拒绝 $\tau=0$ 的原假设，即以 97.5% 的概率认为 $\tau\neq 0$；另一方面可以以相同概率拒绝 $\tau<0$ 的原假设，即以 97.5% 的概率认为 $\tau\geqslant 0$。当样本统计量落入区域 D 时，协同数对显著大于不协同数对，即此时人均水泥消费量随城镇化速度的增长而增加的趋势是显著的。

（3）当样本统计量落入区域 B+C 时，既不能拒绝 $\tau=0$ 的原假设，也不能拒绝 $\tau>0$ 或 $\tau<0$ 的原假设，此时 τ 呈现何种变化趋势并不确定。当样本统

计量落入区域 B+C 时,协同数对和不协同数对没有显著差异,即此时人均水泥消费量与城镇化速度之间没有明显关系。

这里的数据根据世界银行数据库和美国矿产资源项目网站公布的数据整理得出,选取美国、英国、日本、韩国、加拿大、德国等国家 1960—2013 年人均水泥消费量和城镇化增长率的数据,样本容量为 420。其中,人均水泥消费量指标即当年该国水泥消费量与年末该国人口的比值,城镇化速度以城镇化增长率表示,即城镇化的增量用一阶导数表示。通常,城镇化率的计算方式为一国城镇人口数量占该国总人口数的比例。通过 SPSS 软件对选取数据进行检验。

首先,按照城镇化增量水平由低到高排序,分别以城镇化增长率的 20%、40%、60%、80% 和 100% 分位数为临界值,将原始数据分成 5 个小样本,分别标记为样本 1、样本 2、样本 3、样本 4 和样本 5,对各样本进行 Kendall τ 检验。检验结果如表 3-22 所示。

表 3-22 分位数检验结果

分位数 (%)	城镇化增速 (%)	τ 统计量	$p(H_0)$	城镇化增速与人均 水泥消费量之间的关系
0—20	[−0.503,0.053]	0.193	0.010	正向显著
20—40	[0.053,0.160]	−0.231	0.002	负向显著
40—60	[0.160,0.265]	−0.910	0.222	不显著
60—80	[0.265,0.813]	−0.107	0.154	不显著
80—100	[0.813,3.710]	0.243	0.001	正向显著

从表 3-22 可以看出,当城镇化增长率高于 80% 分位数(即城镇化增长率较高)时,随着城镇化速度的增长,人均水泥消费量增加;当城镇化增长率位于 20%—40% 分位数(即城镇化增长率较低)时,随着城镇化速度的增长,人均水泥消费量减少;当城镇化增长率位于 40%—80% 分位数时,随着城镇化速度的增长,人均水泥消费量不确定,说明此阶段处于人均水泥消费量的峰值上下。

同理,按照城镇化发展水平由低到高排序,分别以城镇化发展水平的 20%、40%、60%、80% 和 100% 分位数为临界值,将原始数据分成 5 个小样本,分别标记为样本1、样本2、样本3、样本4和样本5,对各样本进行Kendall τ 检验。检验结果如表3-23所示。

表3-23 分位数检验结果

分位数(%)	城镇化水平(%)	τ 统计量	$p(H_0)$	城镇化率与人均水泥消费量之间的关系
0—20	[30.105,65.801]	0.294	0.001	正向显著
20—40	[65.801,73.233]	0.290	0.000	正向显著
40—60	[73.233,76.712]	-0.233	0.002	负向显著
60—80	[76.712,79.145]	-0.227	0.002	负向显著
80—100	[79.145,97.732]	-0.091	0.215	负向不显著

从表3-23可以看出,当城镇化水平低于40%分位数时,随着城镇化发展水平的深入,人均水泥消费量增加;当城镇化水平位于40%—80%分位数时,随着城镇化发展水平的深入,人均水泥消费量减少;当城镇化水平大于80%分位数时,城镇化发展水平与人均水泥消费量之间的关系不显著。

从统计规律来看,城镇化率在70%以上才出现人均水泥消费量的拐点。我国当前城镇化率为54%,离人均水泥消费量的峰值还有相当大的距离。虽然中国人均水泥消费量很高,但是尚且不能说人均水泥消费已经接近峰值。由于人均水泥消费量还要继续增加,而中国总人口在2038年之前还在增加,因此在今后相当长的一段时间里,水泥总产量依然会保持上升态势。

城镇居民住房总面积和人均住房面积

城镇居民住房总面积的统计口径

对中国城镇居民住房需求量的预测是讨论水泥产能是否过剩的关键。如果城镇居民住房已经过剩,那么水泥产能就很可能已经临近拐点。倘若如此,则应当事先发出警告,不能继续扩大对水泥行业的投资。如果居民住房还有很大的发展空间,声称水泥产能过剩就站不住脚。因此,分析与判断我国水泥产量拐点时,需要从我国现有和未来实际住房水平入手进行深入论证。

居民住房需求变化取决于三个要素:第一,人口增长率;第二,城镇化率;第三,人均住房面积。为了准确地预测住房需求,我们必须搞清楚城镇居民住房总量和人均住房面积。

按照一般的理解,别的变量不易统计,统计住房总面积还不容易吗?难道国家统计局、国土资源部、住房和城乡建设部还没有准确的住房统计数字吗?

非常遗憾,城镇住房面积的统计数字倒是有,可是国家统计局、国土资源部、住房和城乡建设部统计数字中的城镇住房面积各不相同。乍看起来让人摸不着头脑,主要原因是它们在统计时选取的"城镇"口径不一样。

哪些住房属于城镇住房?这个问题看似简单,实际上很难说清楚。2000年以后,城镇面积迅速扩张。2000年全国地级城市面积22 439平方公里;仅仅6年功夫,2006年增加到33 660平方公里,猛增50%以上。可是,出于各种原因(如拆迁遇到困难等),在城镇行政区划内还有一些土地没有被征用,在新建的居民小区之间留下来一些人们常说的"城中村"。其中,有些土地通过合法手续"农转非",土地上的住宅也随之变成了商品房;有些土地没办"农转非",依然属于集体所有。"农转非"部分的住房被计入城镇住房,没办"农转非"的住房算不算城镇住房?从地域上考虑应当算,但是从土地管理和交易程序来看又不算。国家统计局强调人口,住房和城乡建设部强调地域。由于两家采用的口径不同,统计局公布的住房总面积大于住房和城乡建设部的数据。

按照国家统计局2005年人口调查数据,在全国范围内,"城中村"住房面积占全部城市住房面积的33%,城市常住人口当中有29.5%居住在"城中村"。众所周知,"城中村"的居民当中有很多是没有户籍的农民工。按照统计规则,在城镇中居住超过6个月的人算城镇人口,不到6个月的人则不算城镇人口。可是,有些人流动性较大,来了又走,走了又来,一年之内究竟在城里多少天是说不清楚的,统计部门充其量也只能大致估计个数字。

近年来,城镇住房面积急剧上升,实际上新建住宅还不到新增城镇住房面积的一半,相当大一部分的城镇住房增量来自行政区划变更(城中村)和土地类别调整(农转非)。有些郊区被划入城镇,部分农村住宅转为非农住宅，在城镇人口增加的同时把大量"城中村"和"农转非"的住房纳入城镇住房总量之中。根据2000年全国人口普查和2005年1‰人口调查，2000—2005年全国城镇住房存量由91.4亿平方米增加到156.1亿平方米，净增64.5亿平方米。在住房增量中，新建住房竣工30亿平方米，进入城镇范围的"城中村"住房28亿平方米，"农转非"住房12亿平方米，此外还要扣除城镇住房拆迁5.5亿平方米。①

2000—2005年，拆迁面积大约为总住房面积的3.5%，相当于新建住房的18.3%。尽管拆迁速度因地而异、因时而异，但大致上可以估计在2012—2017年，每年拆迁住房为总住房面积的2%—3%。

众所周知，"城中村"居民的居住条件较差，人均居住面积较小，因此把"城中村"计入城镇，很可能压低人均住房面积。如果把郊县划入城镇，虽然一般来说农民住房质量较差，可是面积比较大，就有可能拉高城镇人均住房面积。从理论上来说，如果扩大城镇区划范围，在增加住房总量的同时必然增加城镇人口。无论是将"城中村"计入还是不计入城镇，对人均住房面积的影响都不大。归根结底，提高城镇人均住房面积的主要贡献来自扣除拆迁之后的新建住房。

由于城镇的边界在不断变化，统计口径也在变化，对城镇居民住房总面积的数字影响很大。只有行政区划相对稳定之后，城镇住房总面积的数字才能根据新建住房扣除折旧进行预测。因此，没有必要过度地追求城镇住房面积的准确数值。

相互矛盾的人均住房面积统计数字

众所周知，水泥需求量和城镇居民住房需求密切相关。新增住房需求可以分解为三个部分：第一，城镇人口增量；第二，住房折旧更替；第三，人均住房面积上升带来的改善性需求。城镇居民住房需求不仅取决于人口增长率、城镇化速度，还与人均住房面积有关。如果人均住房面积已经达到了稳定状态，

---

① 住房数据来自REICO工作室，"2008—2009年度中国房地产市场报告2008—2009"，第115页。

那么城镇新增住房需求就取决于城镇人口增量和住房折旧更替。如果城镇人均住房面积低于中等收入国家的平均值，那么随着居民收入的增加，人均住房面积就将逐步上升，进一步推动城镇住房需求。

估算新增住房需求时，不仅要看城镇人口增加的速度，还要看城镇居民人均住房面积有多少。城镇人均住房面积在很大程度上决定了房地产市场的未来走势，是制定各项经济政策必须考虑的一个重要因素。可是，非常遗憾，中国的城镇人均住房面积是一笔糊涂账。

在统计年鉴上不难找到城镇居民人均住房面积的数字，可是不同版本的统计年鉴相互打架。例如，在2010年版统计年鉴上，2002年城镇人均住房面积为22.8平方米，但在2011年版统计年鉴上为24.5平方米，哪一个数字是正确的？在2010年版统计年鉴上，城镇人均住房面积的数字起始于1978年、终止于2006年；但在2011年版统计年鉴上，城镇人均住房面积的数字从2002年开始，以前的数字是一片空白。为什么统计数字会出现间断和不连续？究竟哪个版本是正确的？

按照时间序列分析，2002年以前，每年城镇人均住房面积增加0.2—0.9平方米。可是，在2002年人均住房面积突然从20.8平方米跳跃到22.8平方米，在一年之内猛增2平方米。显然，这不符合房地产市场的发展规律。就在这一年，还出现了一组新的数据。在2012年统计年鉴上，2002年的城镇人均住房面积被调整为24.5平方米。也就是说，在2002年一年之内，人均住房面积猛增3.7平方米。这不是在开玩笑吧？随后各年的数据在这个基础上逐年递增，在2011年，人均住房面积达到32.7平方米。

按照统计年鉴，2011年，全国城镇居民人口69 079万人，人均住房面积32.7平方米，两项相乘，城镇居民住房总面积应为225.89亿平方米（见表3-24）。看起来合情合理，无懈可击。不过，并不难发现其中的矛盾。2010年全国住房总面积为211.65亿平方米，也就是说2011年全国城镇居民住房增加了14.24亿平方米，这个数字准确吗？

表 3-24　城镇居民住房总面积增量

年份	城镇人口（万人）	城镇人均住房面积（平方米/人）	城镇住宅总面积（亿平方米）	住房增量（亿平方米）
2002	50 212	24.5	123.02	NA
2003	52 376	25.3	132.51	9.49
2004	54 283	26.4	143.31	10.80
2005	56 212	27.8	156.27	12.96
2006	58 288	28.5	166.12	9.85
2007	60 633	30.1	182.51	16.38
2008	62 403	30.6	190.95	8.45
2009	64 512	31.3	201.92	10.97
2010	66 978	31.6	211.65	9.73
2011	69 079	32.7	225.89	14.24
2012	71 182	32.9	234.19	8.30

资料来源：《中国统计摘要 2013》，第 40、101 页。

探索住宅存量的真实数据也许可以从住宅增量入手。一般来说，由于涉及各项税收和产权注册手续，商品房销售面积比较可信。商品房销售量包括住宅、办公楼、商业营业用房和其他，每年新增住宅量肯定少于商品房销售面积。

居民住房增量等于商品房销售量减去折旧住房面积。

按照城镇居民住宅总面积不难计算出折旧住房面积。每年折旧或拆除的老住宅占总住宅面积的 2%—3%，在此取 2.5%。例如，2011 年商品房销售面积为 10.99 亿平方米，其中商用面积 2.18 亿平方米，则居民住房为 8.81 亿平方米；再扣除折旧、拆除的 2.89 亿平方米，则住房增量为 5.92 亿平方米（见表 3-25）。

表 3-25　城镇居民住房增量　　　　　　　　　　单位：亿平方米

年份	商品房销售面积	折旧和其他	理论住房增量
2002	2.68	3.08	−0.39
2003	3.37	3.31	0.06
2004	3.82	3.58	0.24
2005	5.58	3.91	1.67
2006	6.19	4.15	2.03

(续表)

年份	商品房销售面积	折旧和其他	理论住房增量
2007	7.74	4.56	3.17
2008	6.60	4.77	1.82
2009	9.48	5.05	4.43
2010	10.48	5.29	5.19
2011	10.99	5.07	5.92

资料来源：商品房销售面积来自《中国统计摘要2012》，第58页。

按照官方公布的城镇居民人均住房面积和城镇人口总数计算，2011年住房增量为14.24亿平方米；可是该年全部商品房销售面积才10.99亿平方米，扣除商用房和折旧之后，居民住房增量只有5.92亿平方米。两者相差实在太远。面对这个无法解释的矛盾，只能得出这样的结论：2011年全国城镇居民住房总量225.89亿平方米，这个数字错了。

宏观统计和微观统计的区别

经济发展有其内在的规律，房地产业也是这样。每年新增住房的数量要符合统计规律，逐年递增，不可能突然"大跃进"。为什么在2002年前后城镇人均住房面积出现前后不一致的现象？问题出在：城镇居民人数和居民人均住房面积两组数据来自不同的统计方法。

2010年版的统计年鉴上注明：城市人均住宅面积为住房和城乡建设部的统计数字。2012年版的统计年鉴上则注明：城镇居民人均住房面积为城镇住户抽样调查数据（不含集体户）。

抽样调查是在城镇居民的住宅中按照门牌号码随机抽取样本，然后用每一户的住房面积除以人数。抽样调查反映在已有的住宅中每个人分摊的面积。显而易见，抽样调查只涉及在城镇拥有住房的人群，没有住房的居民并没有被包括在内。

住房和城乡建设部数据在计算人均住房面积时采用住房总面积除以城镇居民总数，而不管其是不是拥有住房。

不言而喻，城镇中已经拥有住房的居民和城镇人口总数并不是一个概念，城镇人口中并非人人拥有住房。在城镇中,许多年轻人没有自己的住房,许多进城的农民工也没有自己的住房。城镇人口大于在城镇拥有住房的人数。[①] 抽样调查数据并不能反映他们的居住状态,也不能全面反映城镇人口对住房的需求。

住房和城乡建设部数据属于宏观统计数据,而抽样调查属于微观统计数据。两组数据从不同角度反映城镇居民的居住状况,没有对与错之分。

不过,如果用城镇人口(宏观数据)乘上人均住房面积(微观数据)计算城镇住房总面积,那就完全错了。在表3-24中,第二列数据(城镇人口)是宏观统计数据,第三列数据(人均住房面积)是微观统计数据,将这两列数据相乘得出的城镇住房总面积非驴非马,严重地夸大了事实。

户籍和拥有住房状态

最好是能够定量区分出城镇人口中多少人有住房,多少人还没有住房,再分别计算出人均住房面积和已有住房的人均住房面积。

能不能按照户籍状态分类?很难。

按照户籍,城镇人口分为本地户籍和外地户籍两大类。在每一类中还分为非农户籍和农村户籍两类(见表3-26)。这样,城镇人口共分四类:本地非农户籍,本地农村户籍,外地非农户籍,外地农村户籍(见图3-17)。

表3-26 2005年全国人口户籍登记状况抽样调查数据   单位:%

户籍类型		本地户籍	非本地户籍
非农户籍	城市	72.9	27.1
	镇	87.1	12.9
农村户籍	乡村	96.7	3.3

注:本表是2005年全国1‰人口抽样调查样本数据,抽样比为1.325‰。此处,"本地户籍"即"住本乡、镇、街道、户口在本乡、镇、街道人口";"非本地户籍"即"住本乡、镇、街道、户口登记地在外乡、镇、街道,离开户口登记地半年以上人口"。
资料来源:《中国人口统计年鉴2006》。

[①] 进城的农民工超过2.5亿人,其中购房者在13%左右。参见"保障房何时向农民工敞开",《人民日报》,2012年11月23日。

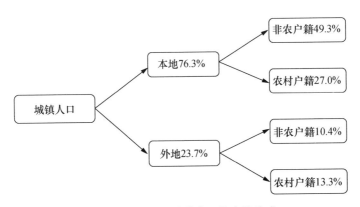

图 3-17 2005 年城镇人口的户籍构成

根据国家统计局的数据,2005 年,城镇人口中本地农村户籍人均住房面积为 34.5 平方米,外地非农户籍人均住房面积为 32.5 平方米,本地非农户籍人均住房面积为 29.7 平方米,外地农村户籍人均住房面积为 18.5 平方米。[①]

在城镇拥有住房(商品房)的人主要是本地非农户籍人口,也就是人们常说的"城里人"。本地农村户籍人口("乡下人")拥有的住宅基本上都不属于商品房。例如,北京郊区的农村户籍人口住房面积较大(34.5 平方米/人);不过,他们的住房基本上是自建的农舍,不属于商品房,很难在市场上流通。外地非农户籍人口住房面积也比较大(32.5 平方米/人);显然,这是来自外地的有钱人,譬如在别墅区里住了很多外地来的大老板。山西"煤老板"在北京一买好几套房子,他们人均住房面积虽然大,但是总的人数并不多。在外地非农户籍中还有一部分低收入人群(如在北京的"北漂"),其中一部分人拥有商品房,但人均面积不大,多数人租房居住。本地非农户籍人口是北京市民的主体,其人均住房面积为 29.7 平方米。外地农村户籍人口基本上属于进城的农民工,其人均住房面积最小(18.5 平方米)。还有大量城镇居民根本就没有自己的住房,没有出现在这个统计之中。

国务院发展研究中心在 2011 年调查了全国 20 多个城镇的 6 233 名农民工。其中,8.4% 居住在自购的商品房,4.8% 居住在自购的经济适用房和两限

---

① REICO 工作室,"2009 年中国房地产市场报告",第 121 页。

房,0.4%居住在政府提供的廉租房,34%租房,33.5%居住在单位提供的集体宿舍,还有18.9%居住在其他形式的房屋(如临时搭建的工棚等)。① 农民工当中,在城镇中拥有自己住宅的仅有13.6%,大部分进城的农民工不仅没有自己的住房,而且没有购房能力。

一方面,城镇居民中有户籍但没有自己住房的人还为数不少;另一方面,进城的农民工没有户籍,可是有一些人已经购置了自己的住房。两类之间的交集错综复杂,边界不清楚。尽管户籍统计数据比较准确,但不可能根据户籍资料计算城镇人均住房面积。

城镇住房竣工面积和商品房销售面积

统计年鉴中有好几种住宅竣工面积:全社会住宅竣工面积,建筑业住宅竣工面积,开发企业住宅竣工面积。2000年,建筑业住宅竣工面积只有全社会住宅竣工面积的36.9%;到了2011年,这个比例上升为94.3%。建筑业住房竣工面积逐渐接近全社会住宅竣工面积,这说明居民(包括农民)自建住宅的比例越来越少,住宅建设专业化趋势很明显(见表3-27)。

表3-27　住宅供给面积　　　　　　　　　　单位:万平方米

年份	建筑业住宅竣工面积	全社会住宅竣工面积	开发企业住宅竣工面积	商品房销售面积
2000	49 668	134 529	25 105	18 637
2001	57 901	130 420	29 867	22 412
2002	63 712	134 002	34 976	26 808
2003	69 039	130 161	41 464	33 718
2004	81 859	124 881	42 426	38 232
2005	89 471	132 836	48 793	55 769
2006	102 940	131 408	55 831	61 857
2007	119 325	146 283	60 607	77 355
2008	133 881	159 405	66 545	65 970
2009	151 881	184 210	72 677	94 755
2010	172 493	183 172	78 744	104 765

---

① 参见《中国经济调查》,2011年第3期,第21页。

(续表)

年份	建筑业住宅竣工面积	全社会住宅竣工面积	开发企业住宅竣工面积	商品房销售面积
2011	200 749	197 452	92 620	109 947
2012	234 222	195 103	99 425	111 304
2013	267 736	193 328	101 435	130 551
2014	286 292	107 501	107 459	120 624

资料来源:《中国统计摘要 2015》。

建筑业住宅竣工面积中包括城镇和乡村、住宅和非住宅。一般来说,房地产开发企业主要服务于城镇,因此开发企业竣工的住宅面积低于建筑业住宅竣工面积。

开发企业住宅竣工面积低于商品房销售面积,说明并非所有的商品房都是开发商所建。有些非房地产开发企业也建造一些商品房出售。自1998年房改以来,由于不是商品房拿不到房产证,绝大部分新增居民住房都被纳入商品房。

2005年人口调查显示,2000—2005年新增住房30亿平方米,平均每年新增住房5亿平方米。同期,商品房销售面积总共19.5亿平方米。由此可见,2000年前后,居民住房增量中还有相当一部分不是商品房。2010年以后,居民住房增量基本上都是商品房。

在商品房销售面积中,除住房之外还有办公楼、商业营业用房等。由于住宅和非住宅的边界不是很清楚,根据历年数据,在估计住房供给的时候假定新增加的住房是商品房销售量的80%。

2011年,房屋建筑竣工面积29.2亿平方米,其中住宅竣工面积18.3亿平方米,占总房屋建筑面积的62.7%,住宅竣工面积分城镇和农村。商品房销售面积10.9亿平方米。如果商品房都计入城镇,大致算来,农村新建住宅7.4亿平方米。在商品房中住房大约8.72亿平方米。如果城镇住房存量面积140亿平方米,按照折旧率2%计算,那么拆除旧房面积大约2.80亿平方米,当年新增住房面积为5.92亿平方米(见图3-18)。

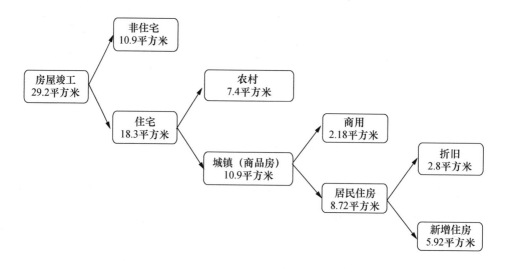

图 3-18　2011 年新增住房面积

从城镇居民住房总需求的预测可见,在 2011 年城镇住房需求量为 10.35 亿平方米,实际供给量为 8.72 亿平方米,缺口为 1.63 亿平方米。如果城镇居民的人均住房面积在 2030 年达到 30 平方米的话,则 2015 年住房需求为 11.09 亿平方米,2020 年为 13.13 亿平方米,2025 年为 14.50 亿平方米。

许多研究住房问题的专家对这方面的估计非常近似。例如,全国工商联房地产商会会长聂梅生在 2011 年 12 月 22 日举办的"中国城市与资本市长论坛"上说:"在我国快速城镇化的背景下,住宅的需求量将不断增加,房价调控压力将随之增大,未来 10 年,国内将有 120 亿平方米的住宅需求,相当于 2011 年销售面积的 10 倍以上。"

计算人均住房面积的次优方案

为了探索人均住房面积的变化规律,必须明确以下几点:

城镇人口统计原则不能变动,凡是在城里居住时间超过 6 个月的人都应计入城镇人口。世界各国都是按照这个原则区分城镇人口和农村人口的。按照这个原则办事,无可非议。

城镇居民住房增量等于商品房销售面积扣除办公楼、商业营业用房等再减去折旧住房面积。

由于人均住房面积在2002年以前的数据具有较好的连续性,假定2002年的数字是正确的。值得指出的是,这条假设并没有太大的把握,这是没有办法的办法。倘若2001年数据高估了城镇人均住房面积,就将导致以后各年的城镇人均住房面积被高估。

城镇人口和商品房销售面积的数据比较可信。计算的起始点为2001年,该年城镇人口为48 064万人,商品房销售量为2.24亿平方米。按照城镇人口和人均住房面积计算出城镇住房总面积为99.97亿平方米,人均住房面积为20.8平方米。从这个起点递推城镇住房面积。在前一年城镇住房总面积的基础上加上商品房销售面积,再减去折旧拆除面积,得出城镇住房总面积(折旧率分别按照2%、2.5%和3%计算);再除以城镇人口,得到城镇人均住房面积。

值得指出的是,在这里计算的人均住房面积没有考虑城镇区划变更的影响。如果将某些"城中村"划入市区,将某些土地"农转非",随着土地性质或统计口径的变化,居民住房增加了,居民数量也增加了。因此,在2001年基础上推算出来的人均住房面积仍然具有相当大的参考价值(见表3-28)。

表3-28 重新计算城镇人均住房面积

年份	城镇人口 (万人)	总面积 (亿平方米)	折旧 (亿平方米)	商品房销售量 (亿平方米)	人均住房面积 (平方米/人)
折旧率为2%					
2001	48 064	99.97	2.00	2.24	20.80
2002	50 212	100.21	2.00	2.68	19.96
2003	52 376	100.89	2.00	3.37	19.26
2004	54 283	102.24	2.02	3.82	18.83
2005	56 212	104.02	2.04	5.58	18.50
2006	58 288	107.52	2.08	6.19	18.45
2007	60 633	111.55	2.15	7.74	18.40
2008	62 403	117.06	2.23	6.60	18.76
2009	64 512	121.31	2.34	9.48	18.80
2010	66 978	128.36	2.43	10.48	19.16
2011	69 079	136.27	2.57	10.99	19.73

(续表)

年份	城镇人口（万人）	总面积（亿平方米）	折旧（亿平方米）	商品房销售量（亿平方米）	人均住房面积（平方米/人）
折旧率为2.5%					
2001	48 064	99.97	2.50	2.24	20.80
2002	50 212	99.71	2.49	2.68	19.86
2003	52 376	99.90	2.50	3.37	19.07
2004	54 283	100.78	2.52	3.82	18.56
2005	56 212	102.08	2.55	5.58	18.16
2006	58 288	105.10	2.63	6.19	18.03
2007	60 633	108.66	2.72	7.74	17.92
2008	62 403	113.68	2.84	6.60	18.22
2009	64 512	117.44	2.94	9.48	18.20
2010	66 978	123.98	3.10	10.48	18.51
2011	69 079	131.35	3.28	10.99	19.01
折旧率为3%					
2001	48 064	99.97	3.00	2.24	20.80
2002	50 212	99.21	2.98	2.68	19.76
2003	52 376	98.92	2.97	3.37	18.89
2004	54 283	99.32	2.98	3.82	18.30
2005	56 212	100.16	3.00	5.58	17.82
2006	58 288	102.74	3.08	6.19	17.63
2007	60 633	105.84	3.18	7.74	17.46
2008	62 403	110.40	3.31	6.60	17.69
2009	64 512	113.68	3.41	9.48	17.62
2010	66 978	119.75	3.59	10.48	17.88
2011	69 079	126.63	3.80	10.99	18.33

如果每年住房折旧率为2%，则2011年全国城镇居民住房总面积为136.27亿平方米。如果折旧率为2.5%，则住房总面积为131.35亿平方米。如果折旧率为3%，则城镇住房总面积为126.63亿平方米。如果按照统计年鉴上的城镇人口和城镇人均住房面积计算，则城镇住房面积将是225亿平方米。两者相差悬殊。

按照官方统计数字，2011年城镇人均居住面积为32.7平方米，用住房总面积除以这个数字，则城镇人口只有4.55亿—4.75亿人。这意味着4.5亿左右的城镇居民拥有自己的住房。城镇人口共计6.91亿人,也就是说,差不多有2.16亿—2.36亿人没有自己的住房,在统计居住面积时没有被包括在内。

官方统计2011年城镇人均住房面积为32.7平方米,在修正数据之后,人均住房面积可能只有19—20平方米,两者相差超过50%。从总体来讲,城镇居民改善住房的需求还非常旺盛,要满足城镇居民住房需求还有很长的路要走。

城镇人均住房面积在2002年以后非但没有增加还略有降低,从20.8平方米下降为19平方米左右。有些人很不理解,全国城镇到处都在大兴土木,盖了许多新楼房,怎么人均住房面积还下降了?原因很简单,城镇化加速,大量农民进城;与此同时,各地改造旧城区,拆迁速度也在加快,拆除了不少旧房子,城镇居民人均住房面积连原地踏步都没有做到。

由数据可见,在最近几年内的已经拥有住房的城镇居民住房面积持续增加,人均住房面积从2002年的24.5平方米上升为2011年的32.7平方米。随着房价上涨,他们的资产性收入越来越高。可是,在城镇居民中还有大量农民工以及毕业不久的年轻人,他们没有住房(甚至没有被包括在城镇居民住房的统计数字之中),在房价持续上涨以后几乎没有购房能力。随着房价上涨,贫富差距不断加大。

按照统计规则,进城务工超过6个月的农民工都被计入城镇人口。他们聚集在简陋的工棚和棚户区里,不仅没有购房能力,而且不符合某些大城市公开宣布的购房条件,甚至在医疗、教育和其他社会福利上存在着严重的对农民工的歧视。众所周知,户籍制度是带歧视性的不合理的规章制度。党中央和政府多次表明绝对不能歧视农民工。"农民工"的称呼迟早会被彻底取消,让所有人都站在同一条起跑线上公平竞争。如果取消户籍制度和其他歧视农民工的政策,他们融入城市的进程就会显著加快,越来越多的农民工将拥有购房能力。因此,在计算城镇居民住房需求的时候,没有理由把农民工排除在外。

总之,由于城镇人均住房面积被严重高估,使得一部分人误以为中国的房地产市场已经供过于求。事实上,由于人均住房面积在前几年原地踏步,在今后几年内只要改变错误的房地产调控政策,住房需求肯定会大幅度上升;再加上城镇化进程加快,城镇人口大幅度上升,在相当长的时期内,城镇居民住房是供不应求的。

城镇人均住房面积的长期预测

从长期来看,究竟中国城镇人均住房面积可能达到多少呢?

可以参照世界上那些人口密度和我们相差无几的国家来估计中国人均住房面积的长期稳定值(见表3-29)。如果中国城镇居民人均住房面积远远低于长期稳定值,就没有理由说中国人在人均收入提高之后不会产生改善居住条件的需求。

表3-29　2009年人口密度和人均住房面积

国家	国土面积 (万平方公里)	总人口 (万人)	人口密度 (人/平方公里)	人均住房面积 (平方米/人)
美国	982.6	31 300	31.9	67.0
法国	64.4	6 563	101.9	35.2
中国	960.0	134 700	140.3	15.4
意大利	30.1	6 126	203.5	43.0
德国	35.7	8 130	227.7	39.4
英国	24.4	6 305	258.4	35.4
日本	36.4	12 730	349.3	36.9
荷兰	4.2	1 673	403.1	40.8

资料来源:国土面积和人口数字来自 www.cia.gov;西方国家人均住房面积来自《世界财经报道》;日本住房面积来自日本统计局《全国普查数据》;中国城镇人均住房面积19.7平方米,折合使用面积15.4平方米。

2009年,美国人均住房面积为67平方米,英国35.4平方米,法国35.2平方米,德国39.4平方米,意大利43平方米,荷兰40.8平方米。西方各国的住房面积指的是使用面积,而中国使用建筑面积。一般来说,在每1平方米的建筑面积中使用面积大约为0.77平方米。

北美地区人少地多,人均住房面积高于60平方米。中国的人口密度远高于北美地区,无论如何也难以达到美国和加拿大的人均住房标准。

日本的数据比较有参考价值。2010年日本统计局公布的《五年全国普查数据》中有一项"Total Dwellings：Occupied：Floor Space Area per Dwelling (Japan)"。其中，日本居屋建筑面积1983年平均为85.92平方米，1988为89.29平方米，1993年为91.92平方米，1998为92.43平方米，2003年为94.85平方米，2008年为94.13平方米。

根据吉林大学东亚研究所的研究报告，"1975年日本平均家庭人口为3.28人，到1990年降为2.99人，15年共减少0.29人。如果家庭规模以同样的速度减少的话，那么到2010年，日本平均每个家庭只有2.55人"。依此推算，日本1990年人均住房面积约30.74平方米（折合建筑面积40平方米）；2008年人均住房面积约36.9平方米（折合建筑面积48平方米）（见表3-30）。

表3-30　日本人均住房面积

年份	住房建筑面积（平方米）	每户人数（人）	人均住房面积（平方米/人）
1983	111.6	3.4	32.9
1988	116.0	3.2	35.7
1993	119.4	3.0	39.4
1998	120.0	2.8	42.2
2003	123.2	2.7	45.7
2008	122.2	2.6	47.9
2013	94.4	2.4	39.3

资料来源：Dwellings, Households, Household Members and Size of Dwellings by Prefecture (1983—2008)。

中国人口分布很不均匀。如果仅仅以国土面积计算，中国的人口密度为140人/平方公里。可是，中国西部许多地方缺水、高寒，不宜居住。如果从黑龙江的漠河到云南的腾冲画条线，东西面积相当，可是在这条线的东面的人口占94%。沿海地区的人口密度要比全国平均值高出1倍以上。中国东部的人口密度接近280人/平方公里，和日本、荷兰等国类似。人口密度很高的荷兰，人均住房面积为40.8平方米。

根据现有城镇住房统计，中国人均住房面积从2001年的20.8平方米逐步增加到2011年的32.7平方米（折合使用面积为25.2平方米），这是在城镇中已经有住房的人的平均住房面积。众所周知，在城镇中还有相当多的人没有自己的住房。这组数据不包括集体户口，即在校的学生不包括在内。学生宿舍通常四个人一间，平均住房面积很低。此外，一个人登记租房，实际上住进去好几个人。这种现象相当普遍。许多农民工住在"城中村"，不仅居住条件差，人口密度还很高；还有一些农民工住在简易工棚里，根本谈不上人均住房面积。如果把所有城镇人口都统计在内，2011年人均住房面积可能只有20平方米左右，折算成使用面积为15.4平方米。

保守一点，假设中国未来人均住房面积的发展目标为35平方米，如果折算成建筑面积，则将近45平方米。在2011年，中国城镇居民的人均居住面积只有20平方米左右，连目标值的一半都没有达到。在这种情形下，说什么城镇居民住房已经供过于求，岂不是荒唐！

城镇住房和水泥需求预测

城镇住房需求预测

预测未来城镇住房需求不是一项简单的任务。房地产市场充满了不确定性，倘若遭遇金融危机，则整个金融系统都会发生翻天覆地的变化。宏观环境变了，政府政策变了，一切预测都会面目全非。因此，预测都只能根据当前的状况，按照正常的发展规律往前递推。以下是参数设定：

住房总需求 X_t $X_t = \Delta Z_t + D_t$

总住房面积 Z_t $Z_t = C_t F_t$

人口总数 M_t $M_{t+1} = (1+\delta_t) M_t$

城镇人口 C_t $C_t = \alpha_t M_t$

人均住房面积 F_t $F_{t+1} = \gamma_t F_t$

折旧面积 D_t $D_t = \beta Z_t$

对新增住房的总需求 X_t 等于新建住房 ΔZ_t 加上折旧 D_t。在这里，δ_t、α_t 和 γ_t 分别是人口增长率、城镇化率和人均住房面积增长率，这些增长率都不是常数。β 是折旧系数，选取 0.025。

城镇居民人数有不同的估计方法,在这里采用城镇人口减速递增模式的曾毅模型。如果采用匀速递增模式或者加速递增模式,城镇居民人数将大大高于这个预测数字,对住房需求就更高。如果采用减速递增模式得出的结论是城镇住房供不应求,那么采用匀速递增模式或加速递增模式预测,供求缺口将更大。

根据历年数据,通过 Gompertz 模型预测 2011—2030 年人均住房面积。在模型中,假定远期人均住房面积稳定在 35 平方米的水平。这个假设并不夸张,2011 年已经拥有住房的城镇居民人均居住面积已经达到 32 平方米。因此,有理由希望在未来让所有城镇居民的人均住房面积达到 35 平方米。

Gompertz 曲线是由英国统计学家和数学家 Benjamin Gompertz 于 1825 年提出的,该曲线是成长曲线的一种,最初用于分析如何控制人口的增长。1922 年,美国学者 R. Prescott 首次运用该曲线进行市场预测;其后,该曲线多用于产品的生命周期分析,尤其适用于处在成熟阶段的产品,对市场的需求量和产品的饱和量进行预测。其一般数学模型为:

$$Y_t = Y^* \times \alpha^\beta \tag{3-4}$$

其中,α、β 是待估参数;Y^* 为 Y_t 的上限值,其取值经常在模型估计之前已经被确定,0 为 Y_t 的下限值;t 是时间趋势变量,随着时间的增长而逐步递增。参数 α 决定曲线的位置,参数 β 决定渐近线的斜率,$\left(\dfrac{\ln\beta}{\alpha}, \dfrac{Y^*}{e}\right)$ 是拐点,如图 3-19 所示。

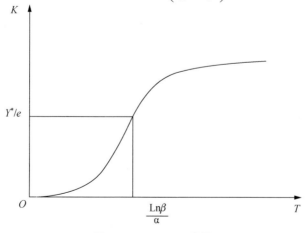

图 3-19 Gompertz 曲线

有些学者运用 Logistic 曲线分析城镇人均住房面积,该曲线的函数表达式为:$\text{Logistic} = \dfrac{Y^*}{1+\alpha \times \beta}$。Logistic 曲线与 Gompertz 曲线存在一定的相似,两者都是三参数曲线,都能较好地描述某些有上限的增长现象。曲线开始于规模递增函数(increasing return to scale),经过二阶导数为零的拐点(inflection point)之后,转变为规模递减函数(decreasing return to scale)。也就是说,前半段是凹曲线,后半段是凸曲线。增长曲线的一般形态是凸曲线,可是在经济起飞阶段却常常出现加速增长的现象。因此,这些曲线比较适用于描绘经济起飞阶段的特征。

从曲线的特征来看,Logistic 曲线和 Gompertz 曲线的被解释变量在区间$(-\infty,+\infty)$上均递增,且被解释变量的范围均为$(0,Y^*)$;但是,两者也有诸多不同。例如,Logistic 曲线的拐点为其对称中心,而 Gompertz 曲线无对称中心;Gompertz 曲线的增长现象在后期阶段更加呈现上升趋势,这较符合随着人均收入水平的提高,城镇住房需求将显著上涨的发展过程。从数学模型可以看出,Logistic 曲线是时间趋势的变量,可以说时间是决定 Logistic 的唯一因素;而 Gompertz 曲线可以允许其他解释变量进入模型,更适合用来预测城镇居民住房需求。

人均住房面积的 Gompertz 函数可以描述为:

$$H_t = H^* \times e^{\alpha e^{\beta GDPPC_t}} \qquad (3\text{-}5)$$

其中,H_t 表示第 t 年人均住房面积,H^* 表示人均住房面积的相对饱和水平,$GDPPC_t$ 表示第 t 年的人均 GDP 水平(Gross Domestic Product per capita,GDPPC),α、β 决定 Gompertz 曲线的形状及人均住房面积和经济增长关系的参数。

为了预测我国未来人均住房面积,需要 4 个数值:人均住房面积饱和值 H^*,人均 GDP 和参数 α、β。有了未来人均住房面积的数据,再乘以我国未来城镇人口预测数,就可以粗略估算未来我国的房地产需求总量。

由于传统的 Gompertz 是一个非线性模型,在估计之前要对其进行线性化处理,对公式(3-5)两边取对数得到:

$$\ln\left(\frac{H^*}{H_t}\right) = (-\alpha) \times e^{\beta \text{GDPPC}_t} \tag{3-6}$$

再对公式(3-6)取对数得到公式(3-7)：

$$\ln\left[\ln\left(\frac{H^*}{H_t}\right)\right] = \ln(-\alpha) + \beta \times \text{GDPPC}_t \tag{3-7}$$

方程(3-7)的左边可视为一个普通变量，右边 $\ln(-\alpha)$ 可视为常数项，通过最小二乘法对以上各参数进行估计，得到的结果满足最优线性无偏等特征。

中国人均 GDP 的预测

早在 21 世纪初，国内外很多学者利用不同的方法对我国未来经济增长情况进行了各种预测。例如，Chow 和 Li(2002)利用 1952—1998 年的劳动力、资本和全要素生产率数据，通过柯布-道格拉斯生产函数估计中国经济增长，在假设未来全要素生产率保持目前水平、目前水平 50% 以及 0 的情况下，分别预测未来我国的经济增长率。[1]

Wang 等(2007)根据 1953—2005 年宏观经济数据，在卢卡斯增长模型的基础上，引入影响全要素生产率的技术革新、市场化、城市化、外商投资、对外贸易、基础设施、政府管理费用等因素，构建卢卡斯扩展增长模型，分析了影响中国经济增长的众多潜在因素，并在此基础上预测未来(直至 2020 年)的中国经济增长。结果显示，2011—2020 年，中国经济的年均实际增长率将下降至 5.9% 的水平，自 1978 年以来中国经济快速增长态势将在 2020 年结束。然而，若通过政府改革提高政府管理效率，通过改善公共服务、社会保障制度和收入分配公平性等促进国内消费，那么 2011—2020 年，中国经济增长率仍可保持在 9% 的平均水平上，并且可以期望中国经济未来较长时间持续、平稳、快速增长。[2]

---

[1] Chow G. C. and K. Li, 2002, China's Economic Growth: 1952—2010. *Economic Development and Cultural Change*, Vol. 51 (1): 247—256.

[2] Wang Xiaolu, Gang Fan and Peng liu, 2007, Pattern and Sustainability of China towards 2020, CERDI Working Paper.

Holz(2006)根据1978—2003年中国大陆经济的发展趋势,通过比较中国大陆改革开放以来经济增长过程与美国、日本、韩国和中国台湾地区经济的早期发展过程,利用外推法,预测未来直至2025年中国大陆的经济增长率。得到的结论是,中短期内,中国大陆经济的快速增长仍将维持一段时间,2005—2025年,中国大陆经济增长率将维持在7%—9%。[1]

Perkins和Rawski(2008)根据1952—2005年数据,在传统柯布-道格拉斯生产函数的基础上,增加生产率时间趋势项,实证分析了中国经济增长及各影响因素,并根据模型预测在2015年前,中国经济仍将继续沿着快速增长的路径发展,预测GDP年均增长率在6%—8%。[2]

综合前人研究,我们对未来10年GDP年均名义增长率、GDP绝对水平、人均GDP水平等指标进行了估算(见表3-31)。

表3-31 人均GDP估计

年份	GDP年均增长率(上限,%)	GDP年均增长率(下限,%)	GDP估计上限(现价,亿元)	GDP估计下限(现价,亿元)	人均GDP上限(元)	人均GDP下限(元)
2011	—	—	472 115	472 115	—	—
2012	11.3	8.0	525 464	509 884	38 808	37 658
2013	11.4	8.0	585 367	550 675	42 994	40 446
2014	11.3	8.0	651 513	594 729	47 601	43 452
2015	11.1	8.0	723 831	642 307	52 635	46 706
2016	10.9	8.0	802 729	693 692	58 127	50 231
2017	10.8	7.3	889 279	744 331	64 157	53 700
2018	9.0	7.3	969 314	798 668	69 720	57 446
2019	9.0	6.7	1 056 552	852 178	75 815	61 149
2020	9.0	6.2	1 151 642	905 013	82 496	64 829

---

[1] Holz C. A., 2006, China's Economic Growth 1978—2025: What We Know Today and China's Economic Growth Tomorrow, SSRN Research Paper.

[2] Perkins, D. H. and E. Rawski, 2008, *China's Great Economic Transformation*, Cambridge University Press.

(续表)

年份	GDP年均增长率（上限,%）	GDP年均增长率（下限,%）	GDP估计上限（现价,亿元）	GDP估计下限（现价,亿元）	人均GDP上限（元）	人均GDP下限（元）
2021	9.0	5.4	1 255 290	953 884	89 818	68 252
2022	9.0	4.5	1 368 266	996 809	97 845	71 282

注：2012—2017年我国GDP年均增长率上限值来自 *IMF World Economic Outlook*，2012ed预测值；2018—2022年我国GDP年均增长率上限（即9%）参考Holz(2006)的预测。2012—2017年我国GDP年均增长率下限（即8%）主要参考我国"十二五"规划方案。根据以往经验，五年计划制定的未来经济增长率目标会较实际经济增长率偏低，在此将"十二五"规划制定的8%经济增长目标视为未来5年我国经济增长率水平的下限值。2017—2022年我国GDP增长率下限值，参考以上所述文献的结果。

资料来源：人口预测数据来自表3-13。利用未来我国GDP名义增长率预测值，算出我国未来GDP的绝对水平，除以人口预测值，得到未来我国人均GDP水平的预测值。

参数 α、β 的估计

根据式(3-6)，利用最小二乘法对参数 α、β 进行估计。在此，考虑人口、居住习惯、发展轨迹等因素，我们选取日本作为我国人均住房面积相对饱和水平的参照国家。

根据日本5年一次的经济普查数据，日本1993年家庭平均住房面积为118.45平方米，1998年为119.97平方米，2003年为121.67平方米，2008年为121.03平方米。[①] 我国2011年人均GDP水平约4 428美元，相当于日本20世纪80年代的水平。未来，随着我国的经济发展以及人均收入水平的提高，我国家庭平均住房面积也会显著上升。在此，将121平方米作为我国家庭住房面积的相对饱和值，假设家庭平均人口数维持在2011年2.87人/户的水平，即未来我国人均住房面积的相对饱和水平为42.16平方米。利用1978—2011年我国人均GDP($GDPPC_t$)和人均住房面积相对饱和值与人均住房面积当期值之比 $\left(\dfrac{H^*}{H_t}\right)$ 对式(3-6)进行最小二乘估计，EViews 6.0的估计结果如表3-32所示。

---

① 此处考虑的是拥有产权的日本家庭平均住宅面积，没有考虑租房住的日本家庭。

表 3-32 参数 α、β 的估计

参数	系数估计值	标准误差	T 统计量	P 值
C	0.29	0.04	7.04	0.0000
GDPPC	−5.76E−05	3.49E−06	−16.51	0.0000
R^2	0.89	P 值(F 统计量)		0.0000
F 统计量 c	272.72	D-W 值		2.2100

注：从模型的 T 值与 P 值判断，估计系数满足 1% 的显著性水平，$R^2=0.89$，模型就有较强的解释力；且 D-W 值 ∈ [1.8, 2.2] 系数无序列自相关性，模型估计结果可信。

在得到人均 GDP 预测值和必要的参数之后，将表 3-31 估计结果代入方程(3-6)，换算得出 α、β 的估计值，分别为 −1.34 和 −0.0000576。

新增住房需求的预测

根据预测的结果，2030 年城镇人口为 98 998 万人，人均住房面积为 29.03 平方米，全国城镇居民住房面积为 287.35 亿平方米。与 2011 年全国城镇住房总面积 136.36 亿平方米相比，2011—2030 年需要增加住房面积为 150.99 亿平方米。也就是说，在 2011 年住房总面积的基础上要增加 110.7%，翻一番还要多。

以 2030 年为例，城镇居民住房面积从 2029 年的 277.73 亿平方米增加到 2030 年的 287.35 亿平方米，净增 9.62 亿平方米。假定折旧率为 2.5%，则该年折旧住房面积 7.18 亿平方米。新建住房总面积为新增量和折旧量之和，共计 16.80 亿平方米。2012 年，新增城镇住房面积只有 6.41 亿平方米，加上折旧 3.57 亿平方米，当年新建住房总面积为 9.98 亿平方米。预期 2030 年新建住房总面积是 2012 年新建住房总面积的 1.68 倍(见表 3-33)。

表 3-33 新增住房需求预测

年份	城镇人口（万人）	人均住房面积（平方米/人）	住房总量（亿平方米）	新增住房需求（亿平方米）	折旧（亿平方米）	总需求（亿平方米）
2011	69 079	19.74	136.36	6.94	3.41	10.35
2012	70 806	20.16	142.77	6.41	3.57	9.98
2013	72 533	20.59	149.37	6.60	3.73	10.34
2014	74 260	21.03	156.17	6.80	3.90	10.71

(续表)

年份	城镇人口（万人）	人均住房面积（平方米/人）	住房总量（亿平方米）	新增住房需求（亿平方米）	折旧（亿平方米）	总需求（亿平方米）
2015	75 987	21.48	163.18	7.01	4.08	11.09
2016	77 714	21.93	170.40	7.22	4.26	11.48
2017	79 441	22.38	177.83	7.43	4.45	11.87
2018	81 168	22.85	185.47	7.65	4.64	12.28
2019	82 895	23.32	193.34	7.87	4.83	12.70
2020	84 624	23.80	201.44	8.10	5.04	13.13
2021	86 061	24.29	209.06	7.62	5.23	12.84
2022	87 498	24.79	216.88	7.82	5.42	13.25
2023	88 935	25.29	224.91	8.03	5.62	13.66
2024	90 372	25.80	233.16	8.25	5.83	14.08
2025	91 809	26.32	241.62	8.46	6.04	14.50
2026	93 246	26.84	250.31	8.69	6.26	14.94
2027	94 683	27.38	259.22	8.91	6.48	15.39
2028	96 120	27.92	268.36	9.14	6.71	15.85
2029	97 557	28.47	277.73	9.37	6.94	16.32
2030	98 998	29.03	287.35	9.62	7.18	16.80

资料来源：根据上述模型计算。

水泥需求预测

水泥需求量和新增（竣工）住房面积密切相关。因此，可以根据新增住房面积的预测推断未来对水泥的需求。1997—2012年，竣工住宅面积年年上升；与之相应，全国水泥产量也节节上升（见图3-20）。2002—2008年，房屋施工面积的实际增长率每增长1个百分点，带动水泥产量增长1.09个百分点；2008—2012年，房屋施工面积的实际增长率每增长1个百分点，带动水泥产量增长0.71个百分点。由此可见，住房建筑是拉动水泥产量增长的最大驱动力。只要今后住宅竣工面积还在继续增加，对水泥的需求就必然持续增加，这是不言而喻的事实。

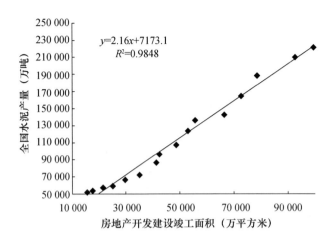

图 3-20　我国 1997—2012 年水泥产量和新增住房面积的关系

从近二十年的数据可见，新建住房面积增长率相对于水泥产量的增长率呈现一定的时滞。水泥产量增长率上升之后，大约滞后 1 年，住房面积增长率也跟着上升（见图 3-21）。显然，居民住房面积增长率是导致水泥产量波动的主要原因。

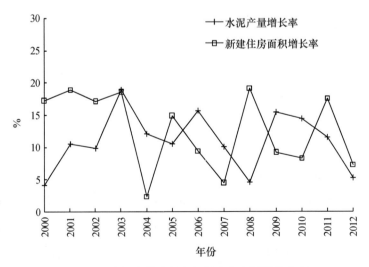

图 3-21　水泥产量增长率与新建住房面积增长率

显而易见，2030 年的水泥需求量将远远高于当今的生产能力，在相当长的一段时间内根本不会出现水泥产能过剩；恰恰相反，出现水泥产能不足的概率极高(见表 3-34)。

表 3-34 水泥需求预测

年份	住房总量 (亿平方米)	新增住房需求 (亿平方米)	折旧 (亿平方米)	住房总需求 (亿平方米)	水泥总产量 (万吨)
2001	99.97		2.00		66 000
2002	100.21	0.24	2.00	2.24	72 500
2003	100.89	0.68	2.00	2.68	86 208
2004	102.24	1.35	2.02	3.37	96 682
2005	104.02	1.78	2.04	3.82	106 885
2006	107.52	3.50	2.08	5.58	123 676
2007	111.55	4.03	2.15	6.18	136 117
2008	117.06	5.51	2.23	7.74	142 356
2009	121.31	4.25	2.34	6.59	164 398
2010	128.36	7.05	2.43	9.48	188 191
2011	136.36	6.94	2.57	10.35	209 926
2012	142.77	6.41	3.57	9.98	220 984
2013	149.37	6.60	3.73	10.34	241 614
2014	156.17	6.80	3.90	10.71	223 190
2015	163.18	7.01	4.08	11.09	229 922
2016	170.40	7.22	4.26	11.48	236 830
2017	177.83	7.43	4.45	11.87	243 739
2018	185.47	7.65	4.64	12.28	251 002
2019	193.34	7.87	4.83	12.70	258 442
2020	201.44	8.10	5.04	13.13	266 059
2021	209.06	7.62	5.23	12.84	260 922
2022	216.88	7.82	5.42	13.25	268 185
2023	224.91	8.03	5.62	13.66	275 448
2024	233.16	8.25	5.83	14.08	282 888
2025	241.62	8.46	6.04	14.50	290 328

资料来源:2001—2011 年城镇住房总量数据来自表 3-28,随后各年是预测数据;2001—2013 年水泥总产量数据来自《中国统计年鉴 2014》,随后各年是预测数据。

基建投资、交通与水泥需求

水泥需求与基建投资

近年来,全国各地建筑工程热火朝天,大量水泥被用于住房(包括商品房、廉租房、商业用房等)、工业厂房、仓储设施、公共服务建筑(如机场、体育馆、娱乐场所、饭店旅馆等)、政府设施(如办公楼、广场等)、交通(如桥梁、高速铁路、公路)、农田水利建设等。除居民住房以外,水泥需求还与道路建设、公共设施建设等密切相关。我们必须逐一进行深入的分析研究,然后才能比较准确地预测出水泥需求拐点出现的时间。

水泥消费量和基建投资规模密切相关。建筑安装工程投资从1990年的3 000亿元迅速上升,2013年增加到30万亿元,增长了近100倍。与此同时,水泥需求量从1990年的2.09亿吨上升为2013年的24.16亿吨,增长近12倍(见表3-35、图3-22)。毫无疑问,只要建筑安装工程投资继续上升,对水泥的需求量就肯定继续增加。

表3-35 水泥产量和基本建设的关系

年份	全国水泥产量		全社会固定资产投资		其中建筑安装工程		房屋施工面积	
	水泥产量(百万吨)	增长率(%)	完成额(千亿元)	增长率(%)	完成额(千亿元)	增长率(%)	完成(亿平方米)	增长率(%)
2002	725.0	9.8	43.5	16.7	26.6	14.6	30.4	10.3
2003	862.1	18.9	55.6	27.8	33.4	25.6	34.4	13.2
2004	966.8	12.1	70.5	26.8	42.8	28.1	37.6	9.3
2005	1 068.9	10.6	88.8	26.0	53.4	24.8	43.1	14.6
2006	1 236.8	15.7	110.0	23.9	66.8	25.1	46.3	7.4
2007	1 361.2	10.1	137.3	24.8	83.5	25.0	54.9	18.6
2008	1 423.6	4.6	172.8	25.9	105.0	25.7	63.2	15.1
2009	1 644.0	15.5	224.6	30.0	138.8	32.2	75.4	19.3
2010	1 881.9	14.5	251.7	12.1	155.6	12.1	84.4	11.9
2011	2 099.3	11.6	311.5	23.8	200.2	28.7	103.6	22.7
2012	2 209.8	18.9	374.7	20.3	243.6	21.7	116.7	12.6

(续表)

年份	全国水泥产量		全社会固定资产投资		其中建筑安装工程		房屋施工面积	
	水泥产量（百万吨）	增长率（%）	完成额（千亿元）	增长率（%）	完成额（千亿元）	增长率（%）	完成（亿平方米）	增长率（%）
2013	2 416.1	9.3	446.3	19.1	—	—	133.6	14.5
2014	2 476.2	2.5	512.8	14.9	—	—	124.9	−6.5
2002—2008年平均		11.6		24.5		24.0		12.6
2009—2014年平均		11.9		19.9		23.4		12.0

资料来源：根据《中国水泥年鉴2015》《中国统计年鉴2015》的相关数据整理。

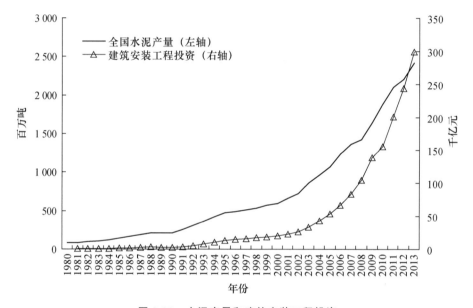

图 3-22　水泥产量和建筑安装工程投资

水泥需求量和房屋施工面积也密切相关。如果房屋施工面积增加，水泥需求量也必然随之增加。1990年，全社会房屋施工面积为13.7亿平方米，2013年增加到133.6亿平方米，几乎增长了10倍。同期，水泥需求量增长了约12倍。今后，只要全社会房屋施工面积还在增加，水泥需求量就不仅不会减少，还会相应增加（见表3-35）。

水泥与投资增长弹性系数的计算方法为水泥产量增长速度与固定资产投资增长速度的比率。水泥与建筑安装工程增长弹性系数表示水泥产量增长率和建筑安装工程增长率的比率。水泥与房屋施工面积增长弹性系数表示水泥产量增长率与房屋施工面积增长率的比率。水泥与投资增长弹性系数反映了水泥产量增长速度与固定资产投资增长速度之间的比例关系(见表3-36)。

表3-36 水泥产量与全社会固定资产投资增长对比

年份	水泥产量增长率(%)	水泥的增长弹性系数		
		投资总额	建筑安装工程	房屋施工面积
2002	9.8	0.59	0.67	0.95
2003	18.9	0.68	0.74	1.43
2004	12.1	0.45	0.43	1.30
2005	10.6	0.41	0.43	0.73
2006	15.7	0.66	0.63	2.12
2007	10.1	0.41	0.40	0.54
2008	4.6	0.18	0.18	0.30
2009	15.5	0.52	0.48	0.80
2010	14.5	1.20	1.20	1.22
2011	11.6	0.49	0.40	0.51
2012	18.9	0.93	0.87	1.50
2013	9.3	0.49		0.64
2014	2.5	0.17		−0.38
2002—2008年平均	11.6	0.47	0.48	0.92
2009—2014年平均	11.9	0.60	0.51	0.99

注:1. 全社会固定资产投资是以货币形式表现的、在一定时期内全社会建造和购置固定资产的工作量,以及与此有关的费用,按构成分为建筑安装工程、设备工具器具购置及其他费用。建筑工程指各种房屋、建筑物的建造工程,又称建筑工作量;这部分投资额必须兴工动料,通过施工活动才能实现。安装工程指各种设备、装置的安装工程,又称安装工作量;在安装工程中,不包括被安装设备本身的价值。

2. 1997—2010年,除房地产投资、农村集体投资、个人投资以外,投资统计的起点为50万元;2011年起,除房地产投资、农村个人投资外,固定资产投资的统计起点提高至500万元。

3. 投资完成额增长速度均为扣除投资价格因素后的实际增长速度。

4. 房屋施工面积指年内施工的全部房屋建筑面积,包括年内新开工的面积,上年跨入本年继续施工的房屋建筑面积,上年停缓建在本年恢复施工的房屋建筑面积,本年竣工的房屋建筑面积,以及本年施工后又停缓建的房屋建筑面积。多层建筑包括各层建筑面积之和。

资料来源:根据《中国水泥年鉴2015》整理计算得到。

例如,2009—2014年,全社会固定资产投资剔除价格变动因素的实际增长率每增长1个百分点,带动水泥产量增长0.60个百分点;建筑、安装工程完成额每增长 1 个百分点,带动水泥产量增长 0.51 个百分点;房屋施工面积每增长 1 个百分点,带动水泥产量增长 0.99 个百分点。

2011 年以后,受到房价调控政策的冲击(全国建筑安装工程投资增长率从 2011 年的 28.7% 下降到 2012 年的 21.7%,下降了 7 个百分点);全社会房屋施工面积的增长率从 2011 年的 22.7% 下降为 2012 年的 12.6%,下降了 10 个百分点;水泥消费量的增速也随之下降,紧接着,水泥产量增速迅速下降。从 2012 年的 18.9% 下降为 2013 年的 9.3%。2014 年以后,水泥产量的下降趋势更为严重,其增长仅为 2.5%,统计数据清楚地展示了房地产宏观调控政策对水泥产业的冲击。由于水泥消费增速下降造成一部分人的错觉,以为水泥产能过剩了。于是,在误解数据的情况下,提出了另外一个错误的判断:水泥行业产能扩张必须急刹车。

交通设施建设与水泥需求

水泥需求和道路建设有关。中国的高速公路、铁路、机场建设方兴未艾,需要大量水泥。虽说用于交通设施建设的水泥所占的比重赶不上居民住房,但是也可以清楚地看出高速公路、铁路建设里程和水泥需求的同步变化趋势。

2000 年以后,每年普通公路里程的增速大约在 3% 左右,可是高速公路的年增长率基本都在两位数。除 2008 年以外,水泥产量的增速也在两位数。高速公路建设使用了大量水泥,拉动了水泥生产。今后,只要还继续发展高速公路和高速铁路,对水泥的需求就会保持在较高的水平(见表 3-37)。

表 3-37 水泥产量和公路建设

年份	全国水泥产量 (百万吨)	公路里程 (万公里)	高速公路里程 (万公里)	水泥增速 (%)	公路增速 (%)	高速公路增速 (%)
1990	210	102.8	—	—	—	—
1991	253	104.1	—	20.5	1.3	—
1992	308	105.7	—	22.0	1.5	—
1993	363	108.4	—	17.9	2.6	—
1994	421	117.8	—	15.9	8.7	—
1995	476	115.7	0.21	13.0	−1.8	—

(续表)

年份	全国水泥产量（百万吨）	公路里程（万公里）	高速公路里程（万公里）	水泥增速（%）	公路增速（%）	高速公路增速（%）
1996	491	118.6	0.34	3.2	2.5	61.9
1997	512	122.6	0.48	4.2	3.4	41.2
1998	536	127.9	0.87	4.7	4.3	81.3
1999	573	135.2	1.16	6.9	5.7	33.3
2000	597	168.0	1.63	4.2	24.3	40.5
2001	660	169.8	1.94	10.6	1.1	19.0
2002	725	176.5	2.51	9.8	3.9	29.4
2003	862	181.0	2.97	18.9	2.5	18.3
2004	967	187.1	3.43	12.1	3.4	15.5
2005	1 069	334.5	4.10	10.6	78.8	19.5
2006	1 237	345.7	4.53	15.7	3.3	10.5
2007	1 361	358.4	5.39	10.1	3.7	19.0
2008	1 424	373.0	6.03	4.6	4.1	11.9
2009	1 644	386.1	6.51	15.5	3.5	8.0
2010	1 882	400.8	7.41	14.5	3.8	13.8
2011	2 099	410.6	8.49	11.6	2.4	14.6
2012	2 210	423.8	9.62	5.3	3.2	13.3
2013	2 416	435.6	10.44	9.3	2.8	8.5
2014	2 492	446.4	11.19	3.1	2.5	7.2

资料来源：《中国统计年鉴2015》。

水泥生产的地域布局和集中度

水泥生产的地域布局

水泥生产存在产能布局和水泥生产集中化两个方面的问题。

从水泥总产量来看，排名前5的是山东（15 072.84万吨）、江苏（15 034.22万吨）、河北（14 533.91万吨）、四川（14 522.30万吨）、河南（13 824.26万吨）。北京、上海、天津等大城市的水泥产量很低。这合情合理，因为从环保角度出发，在人口密集的大都市周边不适合兴建大水泥厂。河北、浙江、江苏的人均水泥产量很高,显然担负着给邻近的大都市提供水泥的责任。从总体来讲,水泥生产的布局基本合理(见表3-38)。

表3-38 2011年各省份水泥产量

省份	新建住房面积（万平方米）	占全国新建住房比重(%)	水泥产量（万吨）	占全国水泥产量比重(%)	人均水泥产量(吨/人)
北京	2 245	2.4	923	0.4	0.46
天津	2 103	2.3	943	0.5	0.70
河北	5 181	5.6	14 534	6.9	2.01
山西	2 110	2.3	4 101	2.0	1.14
内蒙古	2 519	2.7	6 499	3.1	2.62
辽宁	6 323	6.8	5 800	2.8	1.32
吉林	1 879	2.0	3 802	1.8	1.38
黑龙江	3 231	3.5	4 379	2.1	1.14
上海	2 384	2.6	806	0.4	0.34
江苏	8 448	9.1	15 034	7.2	1.90
浙江	4 529	4.9	12 197	5.8	2.23
安徽	3 629	3.9	9 572	4.6	1.60
福建	2 652	2.9	6 810	3.2	1.83
江西	1 906	2.1	6 874	3.3	1.53
山东	6 357	6.9	15 073	7.2	1.56
河南	5 527	6.0	13 824	6.6	1.47
湖北	3 221	3.5	9 504	4.5	1.65
湖南	4 146	4.5	9 364	4.5	1.42
广东	6 141	6.6	12 714	6.1	1.21
广西	2 303	2.5	8 747	4.2	1.88
海南	449	0.5	1522	0.7	1.74
重庆	3 424	3.7	5 016	2.4	1.72
四川	4 233	4.6	14 522	6.9	1.80
贵州	1 455	1.6	5 309	2.5	1.53
云南	1 572	1.7	6 789	3.2	1.47
西藏	22	0.0	233	0.1	0.77
陕西	1 128	1.2	6 592	3.1	1.76
甘肃	744	0.8	2 760	1.3	1.08
青海	520	0.6	1 048	0.5	1.85
宁夏	967	1.0	1 463	0.7	2.29

资料来源:《中国工业经济统计年鉴》《中国统计年鉴》和《中国房地产统计年鉴》。

从表 3-38 可以看到,水泥生产和需求的分布并不重合,但是水泥基本都在需求所在地附近生产。水泥生产的地理位置布局必须因地制宜,出于环保的考虑,在某些地区不适合扩大水泥产能。

水泥生产的集中度

有人说,中国水泥行业的集中度太低,须减少水泥厂的数量,提高集中度。当前,全球规模较大的水泥企业总数1 000家。在许多国家中,水泥企业前10家占市场份额的60%—70%,水泥生产的集中程度相当高。相比之下,中国水泥厂的数字非常大。1995年,水泥企业总数高达8 018家,最大的4家水泥企业的总产量仅仅占全国市场份额的2.33%。[①]

国务院在2005年提出计划,要求在2010年把水泥企业减少到3 500家,企业平均生产规模由2005年的20万吨提高到40万吨左右,前10家水泥企业的生产规模提高到3 000万吨以上。在2020年将水泥企业数目进一步减少到2 000家,生产规模3 000万吨以上的达到10家,500万吨以上的达到40家。

可是,这个计划的执行情况却不能令人满意。水泥企业总数从2008年的5 156家下降为2012年的3 943家。直到2013年,水泥企业总数还有3 818家。[②] 2013年,排名第一的中国建材年产水泥超过3亿吨,排名第二的安徽海螺集团产量约1.68亿吨,全国水泥产量超过3 000万吨的水泥企业有11家(见表3-39)。尽管单一企业的规模都很大,但是水泥产业的集中度依然不高。前10家企业的产量只占市场份额的36%。

表 3-39　排名前 20 的水泥企业(2013)

排名	企业名称	水泥熟料产量(万吨)	占有全国市场份额(%)
1	中国建材集团有限公司	30 005	12.42
2	安徽海螺水泥股份有限公司	16 774	6.94

[①] 魏后凯,《市场竞争、经济绩效与产业集中》,北京:经济管理出版社,2003年版。
[②] http://www.askci.com/news/201311/21/21105510124170.shtml。

(续表)

排名	企业名称	水泥熟料产量（万吨）	占有全国市场份额(%)
3	中国中材集团有限公司	8 396	3.47
4	唐山冀东水泥股份有限公司	7 080	2.93
5	华润水泥控股有限公司	5 664	2.34
6	山东山水水泥集团有限公司	4 747	1.96
7	华新水泥股份有限公司	4 263	1.76
8	台泥水泥股份有限公司	3 602	1.49
9	红狮控股集团有限公司	3 311	1.37
10	天瑞集团水泥有限公司	3 209	1.33
11	北京金隅集团有限责任公司	3 181	1.32
12	拉法基瑞安水泥有限公司	2 031	0.84
13	吉林亚泰(集团)股份有限公司	2 018	0.84
14	新疆青松建材化工(集团)股份有限公司	1 606	0.66
15	尧柏特种水泥集团有限公司	1 581	0.65
16	亚洲水泥(中国)控股公司	1 566	0.65
17	江苏金峰水泥集团有限公司	1 318	0.55
18	内蒙古蒙西水泥股份有限公司	1 302	0.54
19	河南同力水泥股份有限公司	1 225	0.51
20	葛洲坝集团水泥有限公司	1 178	0.49

资料来源:http://www.cementren.com/viewnews-40015.html。

一般而言,小水泥企业技术落后、耗能大、污染比较严重、利润空间小,因此许多小水泥企业有可能在市场竞争中被淘汰、兼并、整合,水泥生产的集中度会逐步提高。不过,中国地域广阔,各地的情况差异很大。在很多地方,小水泥厂靠近矿山,靠近市场,节省了运费,人工便宜,未必没有经济效益。决定是否撤销小水泥厂的原则应当以环保、节能为主要标准。如果小水泥厂能够符合国家提出的环保标准,能耗较低,为什么一定要取缔呢?没有必要让政府来确定水泥厂的数量,还是让市场来决定水泥生产的布局更好。该多少家就多少家,水泥企业的兼并、重组要依据市场竞争。无论是大企业还是中小企业,无论是国有企业还是民营企业,都应一视同仁,公平竞争。

除严格执行环保标准之外,还要给民营水泥企业提供必要的市场信息。

尽管民营经济对市场变化非常敏感,但是它们缺乏对长期走势的掌控能力。因此,有必要帮助民营企业了解市场需求的长期变化态势,帮助它们做好预测,合理投资。

房价与水泥产能过剩

能否从房价判断住宅过剩

某些媒体看到某些三、四线城镇的房价下跌,于是宣称居民住房全面过剩。其实,这是严重的误解。

究竟房价跌了没有?有的城市的房价确实下跌了;但是,北京、上海等大城市的房价非但没有跌,还在继续上涨。如果以2010年的房价水平为100,则:

北京的新建住宅平均房价上升为123.7,二手房上升为118.2;

上海的新建住宅平均房价上升为119.5,二手房上升为115.7;

广州的新建住宅平均房价上升为122.4,二手房上升为117.8;

深圳的新建住宅平均房价上升为127.8,二手房上升为127.2。

在大城市房价继续上涨的同时,许多中小城市的房价在下跌。在房价下跌的城市中,温州居首位。以2010年为基准,其新建住宅平均房价下跌为75.6,二手房下跌为73.8。杭州的房价跌幅也较大,新建住宅平均房价下跌为91.3,二手房下跌为92.4(见表3-40)。

表3-40　部分大中城市住宅销售价格指数(2015年4月)

城市	新建商品住宅		二手房	
	环比	与2010年相比	环比	与2010年相比
北京	100.8	123.7	102.1	118.2
上海	100.7	119.5	100.6	115.7
广州	100.4	122.4	101.1	117.8
深圳	101.8	127.8	102.4	127.2
南京	100.3	114.0	100.6	104.6
厦门	100.2	127.4	100.2	110.2

(续表)

城市	新建商品住宅		二手房	
	环比	与2010年相比	环比	与2010年相比
温州	100.7	75.6	100.4	73.8
杭州	100.4	91.3	100.2	92.4
唐山	99.8	98.4	99.7	100.2
房价下降的城市数目	48	8	34	28

资料来源:《中国经济景气月报》,2015年第5期,第200页,本表仅在全国70个大中城市中选择了部分城市。

从房价环比来看,2015年4月,在全国70个大中城市中,与2010年相比,新建住房房价上涨的有62个,二手房房价上涨的有42个。总的说来,涨的多,跌的少。一线大城市的房价在继续上升,而三、四线城市的房价基本稳定或者略有下降。[①]

判断房价波动趋势要看资金流的走向。如果大量资金流入某一个城市的房地产市场,这个城市的房价就一定上涨。如果资金流出这个城市,房价下跌的可能性就很大。在北京、上海、广州、深圳等一线城市,聚集着许多高收入家庭,银行中居民存款余额很高,而且还有资金从全国各地甚至海外源源不断地流入,推动这些城市的房价居高不下。反之,像鄂尔多斯、沈阳、唐山等城市,资金不断流出,房价必然涨不起来。

用房价指数来判断住房是否过剩并不严谨。房价指数度量的是新建商品房和二手房的销售价格。而商品房还要进一步区分为大户型(144平方米以上)、中户型(90—144平方米)和小户型(90平方米以下)。在某些城市(例如鄂尔多斯),大户型住宅过剩,而小户型住宅并不过剩。

有人在说水泥产能过剩的时候,实际上意味着居民住房过剩。这种说法也不严谨。居民有穷有富,可以按照收入分为高收入、中等收入和低收入等多个组别。有的高收入家庭占有多套住宅,过剩了;可是,低收入家庭根本就买

---

① 2015年1月,京沪深广等一线城市房价再度回升。深圳房价连续6个月上涨,涨幅领先。2015年2月,深圳市区房价27 942元/平方米,同比上涨21.9%;可是,销量却在下降,仅仅销售了1985套,同比下降22.8%。资料来自财经网。

不起商品房,他们的居住条件十分恶劣。因此,无论如何也谈不上住房过剩。眼睛里绝对不能只有高收入的1亿人,而忘记了中低收入的12亿人。在讨论房地产政策的时候要把立场摆正,要为大多数民众服务。当前就是要大兴土木,给低收入家庭提供廉租房。只要大盖廉租房,水泥产能就绝对不过剩。

商品房积压并不等于居民住房过剩

有人说,由于积压的商品房实在太多了,即使1平方米的房子都不盖,光消化这些积压的商品房就要好几年。还有人说,用不着盖廉租房,只要把积压的商品房收购之后分给低收入家庭就可以了。姑且不说这种提法在产权安排上是否合理,这些人忽视了房地产的一个最基本的特征:住房具有空间不可移动性。

在某些三、四线城市中确实积压了大量商品房,每平方米只要4 000元左右还卖不动。可是,在北京四环以内,平均房价每平方米早就超过了4万元。只要新建小区一开盘,当天就售罄,人们称之为"日光盘"。除非喊价实在离谱,否则哪里还有什么积压的商品房?积压的商品房大多在三、四线城市,但是迫切需要住房的人在一线大城市。显然,积压的住房和急需住房的民众并不在同一个地方。住宅具有空间不可移动性,绝对不可能把外地积压的住房搬到北京、上海。把大城市的居民迁移到外地的难度也很大。有些人看到三、四线城市积压的商品房很多,就以为居民住房已经过剩,这是一个严重的误解。

为什么许多人宁愿在房价非常高的北京、上海等大城市中蜗居,当"蚁族",也不愿意到中小城镇去?道理很简单,在这些地方找不到工作。媒体曾经宣传,因为房价太高,年轻人纷纷逃离"北上广"。可是,喊了一阵子就不响了。逃离"北上广"的人找不到合适的工作,又不得不返回大城市。资金和劳动力继续向大城市集中,在中小城镇积压的商品房并不能化解大城市房价上涨的压力。

从总量上来讲,中国城镇居民人均住房面积远远低于发达国家的平均水平,根本谈不上住房过剩。从地域分布来讲,在中小城镇有不少积压的商品房;但是,在北京、上海、广州、深圳等大城市里大批中低收入家庭买不起商品房,亟须改善住房条件。在这种情形下,说居民住房过剩岂不是在开玩笑?

房价调控是水泥产能过剩的根源

2014年8月以后,水泥产量出现负增长。2015年第一季度,水泥产量同比下降20.5%。由于订单大幅度减少,大量水泥企业关门歇业,工人下岗,产能严重过剩。为什么水泥企业得到的订单会急剧下降呢?

遍查世界各国经济史,有没有水泥产量断崖式下跌的案例?有。如果遭遇大地震、大洪水、大饥荒等严重的灾难,或者爆发内战、社会动荡、民不聊生,水泥产量就很可能急剧下跌。如果只是一般的经济衰退,那么了不起水泥产量增长率逐步下降,不至于由正变负。近年来,中国既没有遭遇大地震、大洪水,也没有打内战,是什么原因让水泥行业遭到如此严重的冲击?追根溯源,很可能和2012年的"历史上最严厉的房地产调控政策"有关。

限购、限价、限贷等措施打压了商品房的销售量,打乱了经济体系的内在均衡。有关部门信誓旦旦,再三表示有信心一定把房价打下来,改变了民众的市场预期。在房地产市场上,买涨不买落是普遍规律,没有人愿意刚刚买到住房就跌价。在舆论误导下,许多购房者观望等待。2011年,北京、上海等地的商品房销售额陡然下降30%以上。商品房卖不动,钢材、水泥等建筑材料自然也卖不动,家电、家具、装饰材料等一系列相关产业都陷入困境。2015年1—2月,商品房销售面积和销售额同比分别下降16.3%和15.8%,降幅都比上年同期更大。[①] 这是破坏了宏观经济均衡之后的系统功能紊乱症。不仅建筑业萧条,水泥业产能过剩,而且贫富差距越来越大;一旦失去社会稳定,就势必危及国家安全,更不要说经济高速增长了。

---

① 《人民日报》,2015年3月14日。

只要大盖廉租房,水泥产能就不会过剩

商品房和廉租房,缺一不可

当前,大部分低收入家庭的居住条件依然很差。一线城市的房价很高,中低收入家庭根本买不起商品房,但不等于说老百姓就不需要住房。低收入群体的住房困难必须靠政府这只"看得见的手"解决。

无论是在美国、加拿大、日本等工业发达国家(地区),还是在中国香港、韩国等新兴经济体,大都市的房价都很高,相当大比例的民众也买不起商品房。一部分人租房,另一部分人居住在政府提供的社会福利房里。在香港,47%的居民住在政府提供的"公屋"和"居屋"中;请问,在北京、上海、深圳、广州等大城市,免费或者只收很低租金的廉租房在哪里?

在许多发达国家(地区)中,用于社会保障住房的经费占政府总预算的2%—3%。可是,2008年以前,用于廉租房的开支只占中国政府预算的0.18%,到2010年才提高到预算总额的0.817%。这像话吗?[①]

2012年以后,有的人打出保障房的旗号,不再提廉租房了。保障房的定义含糊不清,鱼龙混杂,华而不实,徒有其名。把铁路工人换班宿舍、医院就诊大楼、拆迁安置、棚户改造、政府办公大楼等都包括在保障房内。搞不清楚其中有多少是专门用来照顾低收入群体、不收或者少收房租的廉租房。

廉租房的定义很清楚,产权属于国家(地区),低收入家庭只能住,不能买卖。可是,保障房的产权该如何界定?在产权问题上稀里糊涂,就很容易留下寻租的空间。

其实,识别廉租房并不困难。香港的"公屋"就相当于内地的廉租房。2014年,中国香港人均GDP已经高达55 200美元,香港照顾低收入家庭的廉租房为每户38.2平方米。中国内地的人均GDP仅有7 000美元,廉租房的面

---

① 徐滇庆,《房地产供求与保障》,北京:机械工业出版社,2014年版。

积无论如何也不应当超过香港的标准。如果像北京天通苑那样,名义上是照顾低收入家庭的经济适用房,但动辄180平方米,最终就都变成了官员寻租的腐败房。

香港的公屋面积虽小,却独门独户,二室一厅,厨卫俱全。要在38平方米的面积内做出5个窗户,只有把廉租房的外形修得像铅笔一样,才能解决通风和采光问题。站在深圳罗湖远远望去,对面一大片像铅笔一样耸立在海边的建筑就是廉租房。据说在北京、上海等地也有廉租房,可是无论官方还是媒体都很少公开这些廉租房的位置所在。在很多情形下,保障房的执行状况不公开,经不起民众和舆论的监督。说穿了,保障房多数是挂羊头卖狗肉,有些人瞒天过海,忽悠民众,浑水摸鱼。

毋庸讳言,中国的贫富差距越来越大。一方面,有钱的人可以一掷千金,买很多套住房,北京、上海等大城市中空置的住房比比皆是;另一方面,买不起房的人越来越多。城镇居民住房远远不能满足居民的需要,谈何过剩?纠正错误的分配政策,提高居民收入和社会保障,缩小贫富差距,是当前深化改革的当务之急。如果只把眼光盯住商品房,而忽视了许多民众居住条件很差的客观事实,就很难制定正确的房地产投资政策,也就很容易误判未来对水泥的需求。

大干快上廉租房是制止经济下滑、稳定局势的当务之急

在一线城市中,一般工薪阶层买不起住房,但是并不等于他们不需要住房。解决办法是在这些地方拨出更多的地块,由政府出面修建廉租房。

应当将当前花样百出的各类住房按照产权归属统一划分为三类:住户拥有完全产权的商品房,住户完全没有产权的廉租房,住户拥有部分产权的经济适用房。分类的核心是产权归属。廉租房的产权归国家,只能居住,不能交易。

参照中国香港的案例,建议廉租房的标准配置是独门独户,每户38平方米,两室一厅一卫,配置标准的水、电、煤气、电话和安全设施。廉租房住户须自理水电、电话和煤气费用,缴纳物业维护费用。

建议发行廉租房债券,首期发行1万亿元,连续发放5年,总共筹集廉租房建设资金5万亿元,债券年回报率约为6%。也就是说,10 000元面值的债券首次购买价为7 000元,5年后还本。廉租房债券由中央银行提供担保,可以在证券市场上自由交易。

廉租房债券的80%面向一般居民发行,单位购买的比重不得超过20%。

各地国资委负责廉租房的修建、管理、维护、保值。

按照国家重点基本建设项目的原则,免除建设廉租房的土地出让金。地面建筑拆迁费用由财政部按照国家重点基础建设项目的原则进行专项拨款。

建议首先在北京、上海、广州、深圳等大城市集中修建一批廉租房,然后逐步扩大推广。由地方政府会同住建部、土地资源部慎重选择廉租房的位置。用于廉租房建设的地块必须和普通商品房穿插安排,充分利用当地的交通、文教、医疗设施,绝对不能把廉租房建设在交通不便的远郊,更不能形成"贫民窟"。

当前,北京、上海、广州、深圳等大城市廉租房的建筑安装成本每平方米大约2 000元。[①] 投入1万亿元可以修建廉租房5亿平方米,按照每套38平方米计算,约1 316万套。如果在2015年开工,大约在2016年下半年,低收入家庭就可以陆续搬入。

如果在2015年开工建设5亿平方米廉租房,一下子就会把钢铁、水泥、平板玻璃等产业救活了。可以预见,当居民在2016年陆续迁入廉租房的时候,电冰箱、彩电、家具、灯具、装修材料等行业也将得到恢复和发展,完全有可能恢复经济增长的势头。

廉租房的租金按照住户的实际收入情况分为六组:

第一组,人均收入低于社会保障线(低保线,每月400元)的家庭,每户以3人计算,每月发放低保1 200元。在迁入廉租房之后每月收租金100元,发放低保的时候扣除廉租房的房租。

第二组,人均收入介于低保线(400元)和最低工资线(1 200元)的家庭,

---

① 每平方米2 000元的建筑安装成本中还包含了10%左右的利润,对于开发商和建筑企业来说都很有吸引力。政府提出规划之后即可通过公开招标把廉租房工程交给市场。

以每户 3 人计算,月收入在 1 200—3 600 元,每月每户收租金 300 元。

第三组,人均收入介于最低工资线(1 200 元)和高于最低工资线 1 倍(2 400 元)的家庭,按照实际收入的 25% 缴纳房租。

第四组,人均收入高于最低工资线 2 倍(3 600 元)的家庭,按照当地平均房租的 50%(大约每月 1 500 元)或者按照家庭实际收入的 30% 缴纳房租。[①] 两项之中选择较低者执行。

第五组,人均收入高于最低工资线 3 倍(4 800 元)的家庭,按照当地平均房租的 75%(大约 2 250 元)缴纳房租。

第六组,人均收入高于最低工资线 4 倍(6 000 元)的家庭,按照当地平均房租缴纳房租,并且劝告住户搬离廉租房另外寻找社会出租房屋。

只要管理得当,廉租房收取的租金不仅足以维持廉租房的正常运行,还能有所结余。由于廉租房的产权归国家所有,随着周边房价上升,其房产价值在不断上升,不存在廉租房还本的问题。

为了节省用地,廉租房一般在 50 层左右,按照建筑专家的估计,数月即可竣工。争取尽快分配首批廉租房。在首批廉租房分配方案中,应首先照顾最穷的穷人,低保户分配比例不得低于 25%。家庭人均收入在低保线和最低工资线之间的居民为第二等,分房比例也不得低于 25%。在这两组居民中有很多进城打工的农民工。只要有一批人搬进廉租房,就会对稳定社会起到非常积极的作用。

深化改革当中的一项重要任务就是把住房建设的重点从商品房转移到廉租房,把服务的重心从高收入群体转移到低收入群体,坚定不移地为大多数人服务。一定要按照习近平主席的指示,"千方百计增加住房供应",改变当前住房供不应求的状况。建筑住房的能力要提高到每年新增住房 12 亿—16 亿平方米。为此,必须有计划地逐步增加房地产的产能,配套增加相应的钢材、水

---

① 根据北京师范大学国民核算研究院对北京市各区 40 平方米小户型住房月租价格的调查,2015 年 5 月,月租均值为 3 031 元,极大值为 8 900 元,极小值为 350 元,标准差为 1 120。靠近市中心的地方月租较高,例如,崇文区均值为 4 091 元,西城区为 3 832 元,海淀区为 3 464 元。远郊各区月租较低,例如,怀柔区为 1 000 元,平谷区为 1 400 元,通州区为 1 773 元。上海平均租金为 2 598 元,广州为 1 848 元,深圳为 2 577 元。

泥、建筑材料和家电的生产能力。在淘汰高污染、高能耗的水泥企业的同时，还要大力发展水泥业的产能。

  城镇住房需求非常旺盛，要满足民众的住房需求还需要艰苦的努力，不可等闲视之。中国的房地产业和水泥产业任重道远，根本谈不上水泥产能过剩，如果误判形势就可能犯战略性的错误。当前出现的水泥产业产能过剩是打压房价错误政策干扰的结果。种瓜得瓜，种豆得豆。只要纠正错误的房价调控政策，为低收入群体大力兴建廉租房，水泥行业很快就会恢复活力，迎来另一个生产高峰。

第四章

平板玻璃产能是否过剩

> **导 读**
>
> ● 2012年以前,平板玻璃行业总产出节节上升,产能利用率合理,企业利润率正常,产销基本平衡,库存量不高,没有理由说平板玻璃行业产能过剩。
>
> ● 2012年以后,由于错误的房价调控政策搞乱了经济体系的内在均衡,建筑业滑坡,导致平板玻璃行业产能过剩。平板玻璃属于短板型产能过剩。
>
> ● 平板玻璃总产量与建筑业竣工面积和居民住房需求密切相关。由于居民住房面积还没有达到中等收入国家的平均标准,因此从长期来看,平板玻璃产量还远远没有达到峰值。
>
> ● 只要为低收入家庭多盖一些廉租房,平板玻璃的产能不仅不过剩,还必须大力发展。

平板玻璃产能越限越高

2009年9月,国家发改委等十部委、行、局、会《关于控制部分行业产能过剩和重复建设引导产业健康发展的若干意见》中指出:"2008年全国平板玻璃产能6.5亿重量箱,产量5.74亿重量箱,约占全球产量的50%。其中,浮法玻璃产量4.79亿重量箱,占平板玻璃总量的80%。2009年上半年新投产13条生产线,新增产能4848万重量箱,目前各地还有30余条在建和拟建浮法玻璃生产线,平板玻璃产能将超过8亿重量箱,产能明显过剩。"

尽管有关部门采取了一系列措施限制扩张平板玻璃产能;可是对于企业来说这些行政命令好像耳旁风,根本不起作用。新建的平板玻璃工厂仍然在全国各地四处开花,平板玻璃产能越限越高。2008年平板玻璃产量为53 918万重量箱,到2011年增加到79 107万重量箱,4年内增加了46.7%。[①] 2012年,全国新投产的平板玻璃生产线19条,新增产能8 040万重量箱。

有关部门在2013年再度出手,强行限制平板玻璃的产能,他们估计还有16条生产线将陆续投入生产,新增产能6 060万重量箱/年。可是,新投产的平板玻璃生产线的数字又一次超出他们的估计。截至2013年9月,国内浮法玻璃已经累计点火新生产线24条,新增产能11 550万重量箱/年。其中,河北投产了8条生产线,湖北投产了5条生产线,熔化量1 000吨/天以上的生产线达到7条。

国务院在2013年10月15日发布《关于化解产能严重过剩矛盾的指导意见》,把平板玻璃列为产能过剩的五大重点行业之一。一方面,有关部门三令五申,严格限制平板玻璃行业的产能过剩;另一方面,平板玻璃的产能越限越多。这些指令等于没说,毫无权威。人们不禁质疑这样的行政命令到底是对还是错。平板玻璃产能过剩到底是怎么一回事?

高速增长的平板玻璃产业

改革开放以来,随着国民经济的高速发展,平板玻璃产业日新月异,突飞猛进。平板玻璃总产量从1980年的2 466万重量箱增加到2013年的79 261万重量箱,增加了32.141 5倍。人均平板玻璃产量从1980年的0.025重量箱增加到2014年的0.579重量箱,增加了23.16倍。

[①] 《中国统计摘要2015》,第115页。

进入21世纪之后,中国平板玻璃产量增速加快。1993—2013年这20年,平板玻璃产量的增速在多数年份都高达两位数。2004年,平板玻璃产量增长了33.7%,创造了平板玻璃产量增速的最高纪录(见表4-1)。

表4-1 中国平板玻璃产量

年份	全国平板玻璃产量（万重量箱）	平板玻璃净增量（万重量箱）	平板玻璃增长幅度(%)	人均平板玻璃产量(重量箱/人)
1980	2 466	383	18.4	0.025
1981	2 701	235	9.5	0.027
1982	3 154	453	16.8	0.031
1983	3 647	493	15.6	0.035
1984	4 190	543	14.9	0.040
1985	4 942	752	18.0	0.047
1986	5 202	260	5.3	0.048
1987	5 803	601	11.6	0.053
1988	7 293	1 490	25.7	0.066
1989	8 442	1 149	15.8	0.075
1990	8 067	−375	−4.4	0.071
1991	8 712	645	8.0	0.075
1992	9 359	647	7.4	0.080
1993	11 086	1 727	18.5	0.094
1994	11 925	839	7.6	0.100
1995	15 732	3 807	31.9	0.130
1996	16 069	338	2.2	0.131
1997	16 631	561	3.5	0.135
1998	17 194	563	3.4	0.138
1999	17 420	226	1.3	0.139
2000	18 352	932	5.4	0.145
2001	20 964	2 612	14.2	0.164
2002	23 446	2 481	11.8	0.183
2003	27 703	4 257	18.2	0.214
2004	37 026	9 324	33.7	0.285
2005	40 210	3 184	8.6	0.308
2006	46 575	6 364	15.8	0.354
2007	53 918	7 343	15.8	0.408
2008	59 890	5 972	11.1	0.451
2009	58 574	−1 316	−2.2	0.439

(续表)

年份	全国平板玻璃产量（万重量箱）	平板玻璃净增量（万重量箱）	平板玻璃增长幅度(%)	人均平板玻璃产量(重量箱/人)
2010	66 331	7 757	13.2	0.495
2011	79 108	12 777	19.3	0.587
2012	75 051	−4 057	−5.1	0.554
2013	77 898	2 848	3.8	0.573
2014	79 261	1 363	1.8	0.579

资料来源:《中国统计摘要 2015》,第 115 页。

和钢材、水泥等基建材料一样,并不是人均 GDP 越高,人均平板玻璃消费量就越高。只要基本建设越过高峰期,公共设施建设速度放慢,人均住房面积达到合理的水平,人均平板玻璃消费量也一定会从顶峰逐渐下降。从长期来看,人均平板玻璃消费量必然呈现倒 U 形曲线。不过,从 1980—2014 年中国人均平板玻璃消费量的曲线来看,似乎还看不出接近倒 U 形曲线顶峰的迹象（见图 4-1）。

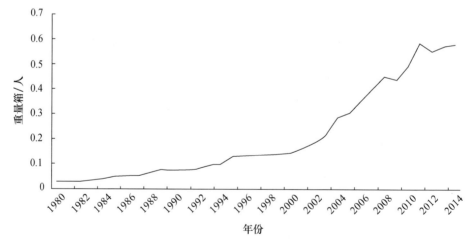

图 4-1　1980—2014 年人均平板玻璃产能

由于世界各国统计玻璃产品的口径不尽相同,很难横向比较各国平板玻璃产量。可是,无论采用何种统计口径,中国平板玻璃的产量都遥遥领先,几乎等于其他所有国家产量的总和。只要看到中国大小城镇四面八方拔地而起的高楼大厦,就不难理解为什么中国需要这么多平板玻璃。

平板玻璃的三次负增长

改革开放以来,平板玻璃产量一直处于上升态势。但是,也曾出现三次负增长。

第一次负增长发生在1990年。全国平板玻璃增幅从1989年的15.8%下跌为1990年的-4.4%。不言而喻,这是受到了国内政治局势不稳定的冲击。好在这个下跌趋势很快就得到扭转,平板玻璃增幅在1991年又恢复到8%的高水平。

2009年,中国平板玻璃产量遭遇第二次负增长,总产量下降了2.2%。显然,这是受到了海外金融危机的冲击。由于美国、欧洲金融危机的出现,在华投资的许多跨国公司不得不抽出资金回救总部。自改革开放以来,中国的经常项目和资本项目基本上都是双顺差;可是,2008年到2009年年初,连续8个月资金外流。2008年12月的一个月内,资金外流高达775亿美元。由于资金大量外流,中国股市和房市都很不景气。2008年大城市的房价指数下降,建筑业投资增速减缓,平板玻璃产量也随之下降。

2010年,平板玻璃产量恢复上升态势,保持两位数的高增长;可是,2012年,平板玻璃产量出现第三次负增长,下降了4 057万重量箱,总产量下降5.1%。2012年,美国和欧洲经济已经逐步复苏,国际贸易形势大为好转,为什么中国的平板玻璃产业如此不景气?

众所周知,2012年有关部门大张旗鼓地推出了"历史上最严厉的房地产调控政策"。限购、限价、限贷等房地产调控措施纷纷出台,试图把一线城市的高房价打下去。高房价不好,这一点并无争议。姑且不论一线城市的高房价有没有被打下去,商品房交易额却实实在在地被打下去了。[①] 2012年上半年,全国商品房销售面积负增长10%。[②] 北京、上海、广州、深圳等一线城市的商

[①] 如果以2010年的房价为参照,2015年5月北京房价指数为125.4,上海为122.5,广州为124.2,深圳为136.3。一线城市的房价居高不下。可是,三、四线城市的房价下降了,如唐山为97.8,温州为75.7。《中国经济景气月报》,2015年第6期,第200页。

[②] 商品房销售面积数据来自《中国经济景气月报》,2013年第7期,第47页。

品房交易额下降了30%左右。

2012年,某些政府官员连续表态,有信心在任期内把房价降到合理的水平。究竟什么水平才是合理的房价?如果合理房价指的是让工薪阶层买得起住房,北京的商品房每平方米应当在3 500元左右。实际上,北京三环以内的平均房价早就超过了每平方米40 000元。即使把商品房的房价拦腰一刀,砍掉一半,工薪阶层还是买不起。

有些人在媒体上扬言,房价将下跌20%;还有人估计房价要跌50%。经过政府官员和媒体的反复宣传,改变了人们的期望,有意愿购房者大多持观望态度,打算等到房价跌下来之后再买房。限购政策与居民对房价的预期严重地冲击了居民住房和基本建设投资,建筑业不景气,自然拖累了平板玻璃行业。

进入2015年以后,基建投资大幅度下滑。2015年1—4月,我国房屋新开发面积35 756万平方米,同比下降17.3%;房屋竣工面积21 210万平方米,同比下降10.5%。[①] 房地产市场断崖式萎缩,导致平板玻璃产出大幅度下滑。2015年4月,平板玻璃产量同比下跌了11.2%;平板玻璃企业大量设备闲置,开工不足,日子难过(见表4-2)。

表4-2　平板玻璃产量(2014年4月至2015年4月)

时间	平板玻璃(万重量箱)	环比增长率(%)	同比增长率(%)
2014年4月	6 799	—	6.8
2014年5月	7 134	4.9	6.4
2014年6月	7 033	−1.4	−1.9
2014年7月	6 721	−4.4	1.8
2014年8月	6 403	−4.7	−3.8
2014年9月	6 221	−2.8	−6.5
2014年10月	6 314	1.5	−6.7
2014年11月	6 073	−3.8	−6.3
2014年12月	6 214	2.3	−0.3
2015年3月	6 636	—	−6.6
2015年4月	6 142	−7.4	−11.2

资料来源:《中国经济景气月报》,2015年第5期,第13页。

---

① 《中国经济景气月报》,2015年第6期,第44页。

对平板玻璃产能过剩的质疑

从平板玻璃的产量增速、利润率、库存量等多项指标判断，2012年以前平板玻璃产能并没有过剩；但是2012年以后，平板玻璃的产能确实过剩了。

如果平板玻璃产能过剩，很可能出现三个后果：其一，平板玻璃总产量下降；其二，平板玻璃企业利润率下降；其三，平板玻璃存货不断上升。

第一，虽然某个行业产能过剩，但只要市场机制还能正常地起作用，用不了多久，这个行业的产出就一定逐步下降。可是，近年来平板玻璃的产量一直在高速增长。2008年，全国平板玻璃产能增加5 972万重量箱，增长率为11.1%。2009年在外部市场萎缩的冲击下，平板玻璃的产出略微下调；可是在2010年平板玻璃产量猛增13.2%，2011年再增加19.3%。平板玻璃总产量从2000年的18 352万重量箱上升到2013年的79 286万重量箱，增长了4.32倍。总不能说在过去十几年里市场机制一点作用也没有吧？声称平板玻璃产能长期过剩缺乏数据支持。从平板玻璃总产量的增长趋势判断，起码在2012年以前，平板玻璃的产能并没有过剩。

第二，为什么在2000年以后全国各地大量投资平板玻璃产业？唯一的解释是有利可图。事实上，由于平板玻璃企业的生产效率不断提高，降低了成本，不少玻璃企业的业绩得到了较大的提升，平板玻璃企业的利润率并不低。根据南玻A的股市业绩报告，由于浮法玻璃价格回升明显，使得公司平板玻璃产业业绩同比大幅上升。2013年1—9月，上市公司股东的净利润约6.2亿元，同比增长约54%，其中7—9月实现净利润2.7亿元，同比增长约72%。

第三，平板玻璃库存积压情况并不严重。2012年以前，平板玻璃市场购销两旺。根据安信期货提供的数据，截至2013年10月11日，平板玻璃生产企业存货略有上升，增至2 739万重量箱，同比增长了3%。乍看起来，存货数字不小，可是和全国平板玻璃总产量77 898万重量箱相比，仅占3.5%。不能仅看库存的绝对值，而要看库存可供销售的时间，销售总量上升自然要求更高的库存量。2013年，全国平板玻璃产量上升6.0%，库存量上升3%，合情合理。更何况，平板玻璃和水泥不同，只要不影响资金周转，平板玻璃放在仓库中的时间长一点也不要紧。

显然，在2012年之前，对平板玻璃行业产能过剩的判断缺乏数据支持，不足为凭。

2012年，平板玻璃产量从2011年的79 108万重量箱下降为75 051万重量箱，增幅从2011年的19.3%下跌为－5.1%。2013年平板玻璃增幅为6.0%，2014年增幅为5.0%，2015年4月平板玻璃产量同比下降11.2%。在平板玻璃产量下降的同时，企业利润也相应地下降，库存急剧上升，迫使许多平板玻璃厂不得不停工，大量设备闲置，不折不扣地出现了产能过剩。

有些人担心，即使当下没有严重的产能过剩，倘若平板玻璃产业的增速快于市场需求，将来可能出现严重的产能过剩。这种担心不无道理。如果由地方政府主导或者干预平板玻璃的投资就很可能出现过度投资，确实存在不少这样的案例。如果相信市场，把投资的决策权交给自负盈亏的企业，那么出现过度投资的概率就并不高。事实上，2012年以来，随着建筑业遭遇低谷，玻璃企业迅速对投资做出调整。2012年9月，新增点火的浮法玻璃生产线只有2条，分别为河北鑫利的三线800吨和湖北三峡的五线1 000吨。在10月份新增点火只有本溪玉晶一家四线1 000吨平板玻璃生产线。只要放手让企业独立自主进行决策，绝大部分企业就会根据市场的变化理性决策，用不着杞人忧天。

平板玻璃行业的产能利用率

由于存在市场的不确定性，为了追求利润最大化，企业必须在生产能力上留有余地。让一部分设备处于备用状态，保持一定的产能机动性，一旦取得市场订单，很快就能组织生产，按期交货。保持一定的储备产能的成本要远远低于错过订单的损失。因此，把产能利用率保持在80%上下是一般企业的最佳选择。对于制造业来说，产能利用率的正常水平在75%—85%。如果产能利用率达到90%就是产能不足，如果达到95%就出现了产能瓶颈。

按照发改委文件的数据,2008年全国平板玻璃的产能利用率为88.3%。

据中国玻璃信息网统计,截至2013年10月11日,全国共有浮法玻璃生产线309条,产能总计达到10.59亿重量箱,实际产出8.84亿重量箱,产能利用率约为83.5%。[①]

横向对比,世界主要平板玻璃生产国家的产能利用率都在80%以下。数据表明,在2013年以前,全国玻璃行业的产能利用率相当好。不知道文件中所说的"产能明显过剩"从何而来?

平板玻璃产量与建筑业竣工面积

平板玻璃主要用于建筑业。一般来说,在建筑竣工之前才安装玻璃。平板玻璃的产量和建筑业竣工面积密切相关(见表4-3)。毫无疑问,如果建筑业竣工面积继续增长,对平板玻璃的需求将持续上升。要让平板玻璃需求下降,除非建筑竣工面积下降。

表4-3 平板玻璃和建筑业竣工面积

年份	平板玻璃 (万重量箱)	平板玻璃 增长率(%)	竣工面积 (万平方米)	竣工面积 增长率(%)
1995	15 732	—	35 666	—
1996	16 069	2.1	60 048	68.4
1997	16 631	3.5	62 244	3.7
1998	17 194	3.4	65 683	5.5
1999	17 420	1.3	73 925	12.5
2000	18 352	5.4	80 715	9.2
2001	20 964	14.2	97 699	21.0
2002	23 446	11.8	110 217	12.8
2003	27 703	18.2	122 828	11.4
2004	37 026	33.7	147 364	20.0

[①] 有资料显示,全国平板玻璃在2012年的产能利用率为74.1%。显然,如果在统计产能上采用不同的标准,得到的结论也不同。关键在于,如果把那些需要淘汰的落后产能继续统计为企业的产能,势必大大降低产能利用率。

(续表)

年份	平板玻璃 (万重量箱)	平板玻璃 增长率(%)	竣工面积 (万平方米)	竣工面积 增长率(%)
2005	40 210	8.6	159 406	8.2
2006	46 575	15.8	179 673	12.7
2007	53 918	15.8	203 993	13.5
2008	59 890	11.1	223 592	9.6
2009	58 574	−2.2	245 402	9.8
2010	66 331	13.2	277 450	13.1
2011	79 108	19.3	316 429	14.0
2012	75 051	−5.1	358 736	13.4
2013	79 286	6.0	401 521	12.0
2014	83 128	5.0	423 357	5.0

资料来源:《中国统计年鉴2015》,第461页。

2000年,全国建筑竣工面积为8.07亿平方米;2013年,建筑竣工面积上升为40.15亿平方米,增长了4.98倍。同期,平板玻璃产量从2000年的18 352万重量箱上升为2013年的79 286万重量箱,增长了4.32倍。平板玻璃产量和建筑竣工面积同步增长。2012年之前,平板玻璃市场基本上实现了供求平衡,既没有出现平板玻璃短缺,也没有出现大量库存积压。

根据历史数据预测未来几年的竣工面积。以1995年为起点,x代表年份,$x=1,2,\cdots,25$。根据散点图分布状况选择二次曲线。拟合曲线为:

$$y = -2.1E - 7x^2 + 0.2973x - 1127.4$$

拟合优度为0.9771,拟合程度较高(见图4-2)。采用回归模型预测建筑业竣工面积隐含着一个假设:其他各项宏观政策和环境都保持不变。1995—2012年,这个假设基本上成立。但是,2012年出台了"历史上最严厉的房价调控政策",建筑业面临的宏观环境发生了重大变化。建筑业竣工面积非但没有能够按照惯性继续增加,反而出现了非常罕见的负增长。平板玻璃行业由产能不足迅速转换为产能过剩。毫无疑问,只要纠正了错误的房价调控政策,建筑业竣工面积的增速再度上升,平板玻璃产量势必恢复增长的势头。

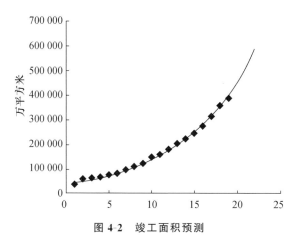

图 4-2　竣工面积预测

从居民住房需求预测平板玻璃产量

产能过剩可以分为绝对过剩和相对过剩。

在研究平板玻璃产业走向的时候,既要看到短期内的市场波动,又要看到长期的发展趋势。短期市场波动并不一定代表长期趋势。平板玻璃企业的产能取决于投资,具有较长的时间滞后。由于市场的不确定性导致对平板玻璃的需求上下波动,产能过剩和产能不足交替出现。市场机制会通过价格信号自动地调整供给和需求,最终达成新的均衡。因此,不能一看到市场需求波动就妄言产能过剩;否则很容易矫枉过正,从产能过剩跳到产能不足。

决定平板玻璃长期发展趋势的是中国的基本建设投资走向。其中,最主要的是居民住房建设的需求。有些人看见在三、四线城市中居民住房积压,在大城市中有大量商品房空置,于是得出结论,中国居民住房已经严重过剩。如果这些判断是正确的,毫无疑问,平板玻璃行业将出现长期的产能过剩。非常遗憾,这些判断所依托的数据错了,谬误的数据必然导致离谱的判断。

中国城镇居民住房的统计数字相当混乱。有些人用城镇人口乘以城镇居民人均住房面积,误以之为城镇居民住房总面积。岂不知,城镇居民人均住房面积来自抽样调查,其真实含义是在城镇中已经有住房的人的人均住房面积。可是在2015年,城镇居民中还有2.3亿人没有自己的住房,大量的年轻人和进城的农民工根本就买不起一线城市的商品房。城镇居民平均住房面积在2012年只有20平方米左右,远远落后于发达国家的平均水平。[①]

平板玻璃的主要用途是建筑居民住房。平板玻璃产能是否过剩的核心在于中国城镇居民的住房是否已经足够。有些人看到大城市中商品房空置率很高,高房价使得大部分工薪阶层买不起商品房,因而得出结论,中国的住房建设已经饱和。既然住房建设要下滑甚至崩溃,那么平板玻璃产业的前途自然一片漆黑。只见其一,不计全局,这是学风浮躁的一个典型案例。

根据中国未来人口和城镇化速度的预测,推断未来住房总需求。假定中国城镇居民的人均住房面积在2030年达到30平方米左右,中国城镇住房总面积需要从2015年的130亿平方米增加到280亿平方米,需要在现有的基础上增加1倍多。毫无疑问,居民住房的需求将决定性地推动平板玻璃的总需求。

大城市中商品房的房价太高,空置房太多,这些都是众所周知的事实。究其原因,主要是国民财富分配政策失误,贫富差距过大,以及房产税政策迟迟不能出台所导致。无论如何,这并不意味着中国人的住房条件已经很好,更不意味着在大城市中数量巨大的年轻人和进城的农民工不需要住房。在香港,居住在政府提供的廉租房(公屋和居屋)中的人占48%;可是在北京、上海、广州、深圳的廉租房在哪里?长期以来,在保障房、棚户改造旗号的掩护下,新建的真正的廉租房微乎其微,以至于连确切的数字都不敢公布。面对中国的现实,为了解决居民住房问题,特别是在北京、上海、广州、深圳等大城市中,必须政府和市场两手并用。在继续发展商品房的同时,由政府出面大力新建廉租房。

修建廉租房是当务之急。由于兴建廉租房不仅不会给地方政府带来土地出让金和各项税收收入,还要额外增加基建开支,因此许多地方政府会以种种借口拖延甚至阻挠廉租房的建设。其实,只要中央下决心,兴建廉租房的土地并不成问题。资金也完全可以通过债券的形式筹集。中国香港和新加坡都有

[①] 关于城镇居民人均住房面积的研究请参见徐滇庆、李昕,《房地产供求与保障》,北京:机械工业出版社,2013年版。

各自的管理廉租房的经验。只要吸取它们的经验,中国内地完全有可能在廉租房的建设和管理上做得更好。

讨论平板玻璃产能是否过剩,绝对不能脱离市场需求。2013年,中国城镇人均住房面积仅有20平方米左右,离世界上发达国家的平均值还有很长的距离。[①] 美国、加拿大的人均住房面积为60多平方米,人口密度和中国相仿的荷兰、英国、日本的人均住房面积为40平方米。如果中国在2030年将城镇人均住房面积提高到30平方米,由于城镇化加速,尚需在现有居民住房的基础上翻一番。2013年竣工的居民住房大约8万平方米,今后需要将居民住房竣工面积提高到10万平方米以上才有可能满足不断增长的城镇居民的需要。

根据2015—2030年的新增住房需求,利用乘幂模型预测平板玻璃的需求。2014年住房总需求为10.71亿平方米,该年平板玻璃产量为79 261万重量箱。由于城镇居民人均住房面积有可能从2014年的21平方米逐步增加到2030年的30平方米;与此同时,中国总人口在继续增加,城镇化率也继续提高,预计2030年居民住房需求有可能达到16.8亿平方米,对平板玻璃的需求将相应地上升为109 405万重量箱(见表4-4、图4-3)。

表4-4 住房需求和平板玻璃产量预测

年份	新增住房需求(亿平方米)	平板玻璃产量(万重量箱)
2001	—	20 964
2002	2.24	23 446
2003	2.68	27 703
2004	3.37	37 026
2005	3.82	40 210
2006	5.58	46 575
2007	6.18	53 918
2008	7.74	59 890
2009	6.59	58 574
2010	9.48	66 331
2011	10.35	79 108

---

① 有关城镇居民住房面积请参见北京师范大学国民核算研究院,《2013国民核算研究报告》,北京:中国财经出版社,2014年版。

(续表)

年份	新增住房需求（亿平方米）	平板玻璃产量（万重量箱）
2012	9.98	75 051
2013	10.34	77 898
2014	10.71	79 261
2015	11.09	80 824
2016	11.48	82 887
2017	11.87	84 930
2018	12.28	87 059
2019	12.70	89 219
2020	13.13	91 412
2021	12.84	89 935
2022	13.25	92 020
2023	13.66	94 087
2024	14.08	96 187
2025	14.50	98 271
2026	14.94	100 436
2027	15.39	102 632
2028	15.85	104 860
2029	16.32	107 117
2030	16.80	109 405

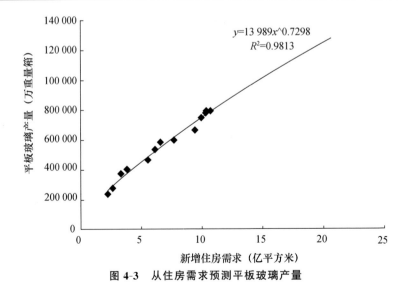

图 4-3　从住房需求预测平板玻璃产量

由于2012年的房价调控政策失误,在严重打压房地产需求之后导致平板玻璃行业产能过剩。如果把眼光依然放在大城市的商品房上,完全不顾低收入家庭的住房需求,那么只要商品房卖不动,住房建设就会下滑,平板玻璃自然产能过剩。因此,必须纠正错误的政策,减少政府干预,兴建廉租房。只要廉租房建设大发展,平板玻璃的产能过剩必然会迎刃而解,现有的平板玻璃产能不仅不会过剩还有可能供不应求。

平板玻璃企业的更新换代

新建的平板玻璃工厂基本上都采用比较先进的浮法技术,只有一些中小企业还在继续采用格法技术。传统的格法技术,效率低下,产品质量不佳,不仅能耗大,还污染环境。平板玻璃行业需要进行技术改造、产业升级,逐步淘汰那些陈旧的生产工艺,更新换代。显然,不能把那些即将被淘汰的生产线计入产能,否则很容易夸大平板玻璃产能而造成产能过剩的假象。

从平板玻璃生产的布局来看,第一梯队包括河北、广东、山东、湖北四省,平板玻璃产量都在8 000万重量箱以上。第二梯队的产量在3 000万—8 000万重量箱,包括江苏、福建、四川、浙江、安徽、辽宁六省。低于3 000万重量箱的省市属于第三梯队。北京、上海等大都市以及西藏、宁夏、海南等地区几乎不生产平板玻璃(见表4-5)。

表4-5 各省份平板玻璃产量　　　　　　　　　单位:万重量箱

省份	2008年	2009年	2010年	2011年	2012年	2013年	2014年
河北	8 676	10 965	12 369	16 942	14 898	11 836	15 845
广东	6 392	8 103	7 823	8 391	8 088	8 587	8 195
山东	5 619	6 092	8 033	7 794	7 904	8 280	7 624
湖北	2 602	3 528	4 653	6 830	7 365	8 133	9 185
江苏	5 667	5 258	5 732	7 595	6 466	5 931	5 835
福建	1 575	2 092	2 765	3 507	4 645	5 243	5 241
四川	3 035	3 368	4 417	4 924	4 093	4 008	3 424
浙江	4 333	3 372	4 137	4 023	2 992	3 591	3 978

(续表)

省份	2008年	2009年	2010年	2011年	2012年	2013年	2014年
安徽	576	1 036	1 044	2 680	2 388	3 347	2 545
辽宁	2 275	1 674	1 262	2 258	2 523	3 016	2 530
天津	648	680	687	866	1 651	2 137	3 285
山西	1 324	1 276	1 673	1 848	1 976	2 065	1 759
陕西	1 250	1 453	1 378	1 442	1 489	1 838	2 332
湖南	1 411	1 664	1 757	1 946	1 806	1 833	1 208
重庆	208	292	679	731	791	1 250	1 461
河南	3 209	2 772	2 420	2 159	1 219	1 128	1 458
云南	333	501	736	850	873	997	1 109
青海	103	50	150	206	236	677	801
江西	559	450	437	607	668	663	514
广西	533	454	519	327	608	638	623
甘肃	576	512	658	577	497	600	538
内蒙古	1 458	1 565	1 197	1 260	549	522	568
新疆	11	227	335	245	375	436	796
黑龙江	596	777	693	558	400	416	416
吉林	737	381	422	412	355	364	1 191
贵州	0	32	177	126	195	364	604
上海	770	1	2	1	0	0	
北京	91	0	0	0	0	0	41
海南	601	0	176	0	0	0	
西藏	0	0	0	0	0	0	
宁夏	15	0	1	0	0	0	23

资料来源:2010—2015年《中国统计年鉴》。

河北历来是平板玻璃的生产大省,老企业较多,随着平板玻璃生产技术改造,许多格法生产线逐步下马,大量陈旧、落后的生产线被停工、拆除。河北的平板玻璃产量从2011年的16 942万重量箱逐步下降为2013年的11 836万重量箱。① 即便如此,河北改造落后生产线的任务依然很重。与此同时,广东、

---

① 据报道,玻璃制造大省河北下决心杜绝新增产能。河北省工信厅表示,对于平板玻璃企业,无论是对单纯扩大产能,还是以技改名义扩产改造,一律不再审批。全省计划在2014年以前,格法玻璃产能压减约2 000万重量箱。

山东、湖北、福建及多数省份的平板玻璃产量都在节节攀升。大批新建的平板玻璃生产线采用比较先进的浮法生产线,技术改造的压力不大。在这些省份的统计数字中,并不包括那些需要逐步淘汰的落后产能。如果仅仅观察河北的平板玻璃企业,也许会得到"产能过剩"的印象;但如果把眼光投向全国,平板玻璃"产能过剩"的结论就显得有些苍白无力了。

平板玻璃产能还存在很大的挖潜节能空间。有可能通过改善平板玻璃企业的工业组织,在更大范围内横向组合,提高专业分工的程度,推广设备租赁服务,从而降低设备闲置的成本。

迎接平板玻璃产业的大发展

平板玻璃是已经达到顶峰还是要进一步发展?或者说,平板玻璃产能是否过剩?这是决定平板玻璃产业发展战略的关键问题。

如果断定平板玻璃已经"产能过剩",那么就要把信息告诉企业,劝诫它们切不可盲目投资,以免造成严重的损失。我们应通过市场机制淘汰那些低效率、高能耗、高污染的老式生产线,关停并转,压缩生产规模。

如果平板玻璃行业根本就不存在"产能过剩",只不过因前段时间房地产调控政策的错误而导致对平板玻璃的需求下滑,那么平板玻璃企业不但不能关门下马,还要准备迎接一个新的生产高潮。

如果稀里糊涂、不辨是非、人云亦云,在平板玻璃产能过剩的舆论误导下限制平板玻璃的生产,等到基建高潮到来之际再重新上马、上下折腾,且不说要付出极高的"学费",还要拖累其他行业的发展。这样瞎折腾的教训已经不少了。理应吸取以往的教训,在讨论平板玻璃产能是否过剩的问题上必须提倡严谨的学风,宁可慢一点也要把问题讨论清楚。要鼓励不同意见之间的争论,因为真理越辩越明。

除国内市场之外,平板玻璃海外市场有待开拓发展。近年来,多数平板玻璃生产大省的出口量持续上升。根据沈阳海关的数据,2013年前8个月,辽宁平板玻璃出口达 468 万吨,比上年同期增长 35%;出口额达 2 479 万美元,增长 1.4 倍。

　　平板玻璃深加工和生产高端产品是未来玻璃产业的发展方向。国务院鼓励平板玻璃原片生产深加工一体化,使平板玻璃深加工率超过50%。[①] 严格控制新增平板玻璃产能,遵循调整结构、淘汰落后、市场导向、合理布局的原则,发展高档用途及深加工玻璃。各省份要制定三年内彻底淘汰"平拉法"(含格法)落后平板玻璃产能时间表。新项目能源消耗应低于16.5千克标煤/重量箱;硅质原料的选矿回收率要达到80%以上;严格环保治理措施,二氧化硫排放低于500毫克/标准立方米,氮氧化物排放低于700毫克/标准立方米,颗粒物排放浓度低于50毫克/标准立方米。鼓励企业联合重组,在符合规划的前提下,支持大企业集团发展电子平板显示、光伏太阳能、低辐射镀膜等技术含量高的玻璃以及优质浮法玻璃项目。

　　即使在2014年建筑业处于不景气、平板玻璃销售衰退的状态下,深加工玻璃产品(如钢化玻璃、超薄玻璃、中空玻璃、压延玻璃、防弹玻璃等)依然供不应求。科技含量较高的变色玻璃具有节能、环保等特点,被广泛地应用在汽车和建筑领域。不少玻璃制造企业正在研发在线镀膜技术、超薄技术、节能工艺等,不断开发新产品。

　　总之,只要依靠市场、依靠企业、依靠科学技术,平板玻璃产业还有非常广阔的发展前景,任何悲观的产能过剩的论调终将被证明是站不住脚的。

[①] 河北在调整平板玻璃产业结构方面主要有两项指标:一是深加工率提高到50%,二是优质浮法玻璃的占比提高到45%。

第五章

原铝产能是否过剩

导 读

● 原铝产能过剩属于局部过剩。在传统的原铝产地河南、山东等,产能确实过剩;但是,西部地区原铝产业方兴未艾,发展势头良好。一刀切地宣称原铝产能过剩缺乏理论和数据支持。

● 中国东部沿海地区人口密度高,工业发达,供电紧张,电价较高。由于生产原铝需要消耗大量电能,为了优化资源配置,必须进行生产地域分布调整,原铝生产重心理应向能源充沛的西部地区转移。这一调整符合经济规律,有利于节能减排,保护环境。

● 储存原铝就是储存能源,应当有计划地扩大原铝的国家战略储备。

● 铝制品重量轻,经久耐用,便于储存,有可能被更广泛地应用于运输车辆和建筑门窗。只要为低收入群体多盖一些廉租房,原铝产能不仅不会过剩,还要更上一层楼。

越调控,原铝的产能越大

2013年10月,国务院下发《关于化解产能严重过剩矛盾的指导意见》(国发〔2013〕41号),将电解铝列为产能严重过剩的五大行业之一。

看懂中国产能过剩

根据中国有色金属工业协会的统计,1998—2012年,原铝产能利用率均未超过75%。2012年全国电解铝产能2 600万吨,实际产量为2 027万吨,产能利用率约为78%,而这已是2008年以来电解铝产能利用率最高的一年。2013年,新疆、内蒙古、甘肃、青海等地区在建的电解铝产能还有800多万吨。如果这些产能建成,而中东部高电价成本地区的产能又无法及时退出,产能过剩的状况会更加严重。[①] 根据国发〔2013〕41号文件援引的数据,2013年,原铝行业投资下降13.2%,电解铝全行业的平均利润率为−0.57%。从这些指标来看,原铝产业的产能难道还不严重过剩吗?

长期以来,原铝产业产能过剩的舆论频频见诸各类媒体。据说山东、河南的许多铝厂面对电价上涨、原铝价格下跌的局面,亏损累累,连职工的工资都发不出来。可是,新建的铝厂依然如同雨后春笋,一个接一个投产。各大铝厂叫苦连天,怨声载道,不断地呼吁政府出面管一管。

事实上,政府有关部门真的没少管,发改委几乎每年都下文要求整治原铝产业的产能过剩,三令五申实施严格的调控。2006年,发改委下文明文规定:"今后三年原则上不再核准新建、扩建电解铝项目"。可是,上有政策,下有对策,不论如何施压、折腾,新建铝厂依然接连问世,而且都拿到了发改委的批文。对于原铝产能而言,越调控,投资越猛;越调控,产能越大。究竟是哪里错了?难道不值得深思吗?

如果原铝产能果真过剩,那么原铝产量理应逐年下降。可是,2000年以来,原铝产量持续增加。这是一个难以解释的悖论。

为什么西部许多省份要大量投资生产原铝?唯一的解释是有利可图。[②] 毋庸置疑,并不是所有的原铝企业都亏损。在东部的铝厂亏损的同时,西部的铝厂日子过得很滋润。只不过位于东部地区的传统炼铝大企业离北京近,嗓门大,更能吸引媒体的眼球;而西部新建的铝厂地处偏远,在媒体上基本听不

---

① 参见中国有色金属工业协会的报告,"电解铝产能过剩现状及应对策略",中铝网,2013年5月20日。
② 2012年我国铝冶炼行业固定资产投资增幅近25%,主要集中在电解铝行业;而整个有色金属冶炼行业完成固定资产投资同比下降5%。可见,在铜铅锌等行业投资大幅回落的情况下,经营十分困难的铝冶炼行业的投资热度仍然较高。参见中国有色金属工业协会的报告,"电解铝产能过剩现状及应对策略",中铝网,2013年5月20日。

到它们的声音。因而不能只看到东部铝厂亏损就以偏概全,片面地得出原铝行业全面亏损的结论。

众所周知,由于市场需求具有不确定性,如果突然来了一些订单,倘若没有机动的生产能力,就只能看着这些订单被别人抢走。为了实现利润最大化,企业必须在闲置部分设备的成本和丢失订货合同的损失之间选择一个折中点,让一部分设备处于备用状态,这才是企业的最优策略。一般来说,制造业企业的产能利用率在75%—85%;如果产能利用率接近90%就应当迅速增加投资,扩充产能;如果产能利用率达到95%,就通常称为遭遇产能瓶颈。

根据《中国统计年鉴2014》提供的数据,2011年原铝产能2202.77万吨,产量1767.89万吨,产能利用率为80.26%。2012年原铝产能2448.81万吨,产量2020.84万吨,产能利用率为82.52%。[①] 如此计算出来的原铝产能利用率相当不错,根本谈不上产能过剩。即使按照中国有色金属工业协会的统计数字,原铝产业的平均产能利用率为78%左右,也是可以接受的,在国际上属于中上水平。有什么好大惊小怪的?

值得指出的是,2009年起,电解铝改称原铝,内涵更宽一些。也许是由于统计口径发生变化,原铝产量数据有点乱。《中国统计摘要2015》"主要工业产品产量"中的原铝产量和《中国统计年鉴2014》中的不一致。在《中国统计年鉴2014》上,2011年的原铝产量为1767.89万吨;而在《中国统计摘要2015》上,该数字被调整为1961.40万吨,增加了193.51万吨。2012年的原铝产量从2020.84万吨调整为2314.10万吨,增加了293.26万吨。这一调整使得原铝产出的时间序列数据前后不一致。在《中国统计年鉴2014》"分地区工业产品产量"中干脆就没有原铝产量这一项,在综合部分的"国民经济和社会发展总量与速度指标"中原铝只有2012年和2013年的数据,其他年份全是空白。为了研究原铝的变化趋势,必须保持数据的连续性,显然,2009年以前的数据仅指电解铝。本章采用中国经济和社会发展数据库的数据再加上《中国统计年鉴2014》的数据,而仅仅把《中国统计摘要2015》的数据作为参照。

---

① 原铝产能数据来自《中国统计年鉴2014》,第440页;原铝产量数据来自《中国统计年鉴2014》,第434页。

全国原铝产量的上升态势

在讨论中国原铝产能是否过剩的时候,不能不回顾一下原铝产业走过的道路,并且和世界各国做一个横向比较。

1979 年,中国原铝产量只有 36.2 万吨,人均原铝产量 0.4 千克,实在少得可怜。当时,很少有人料到,到了 2013 年,中国原铝产量会发生翻天覆地的变化,总产量增长了 59.94 倍,达到 2 205.9 万吨;人均原铝产量扩张了 40.5 倍,达到 16.2 千克(见表 5-1、图 5-1、图 5-2)。

表 5-1　全国原铝产量和增长速度

年份	全国原铝产量(万吨)	原铝净增量(万吨)	原铝增长幅度(%)	人均原铝产量(千克/人)
1954	0.2	0.15	78.95	0.0
1955	2.1	1.88	90.82	0.0
1956	2.2	0.08	3.72	0.0
1957	2.9	0.74	25.61	0.0
1958	4.8	1.88	39.41	0.1
1959	6.8	2.07	30.26	0.1
1960	11.4	4.57	40.05	0.2
1961	6.3	−5.11	−81.11	0.1
1962	7.4	1.11	14.98	0.1
1963	8.7	1.29	14.83	0.1
1964	10.4	1.65	15.94	0.1
1965	12.8	2.46	19.20	0.2
1966	16.5	3.73	22.55	0.2
1967	18.7	2.16	11.55	0.2
1968	12.1	−6.60	−54.55	0.2
1969	18.1	5.99	33.11	0.2
1970	23.2	5.12	22.06	0.3
1971	28.4	5.16	18.19	0.3
1972	28.3	−0.07	−0.25	0.3
1973	28.3	−0.03	−0.11	0.3
1974	21.2	−7.12	−33.66	0.2
1975	21.8	0.60	2.76	0.2
1976	21.3	−0.44	−2.06	0.2

(续表)

年份	全国原铝产量（万吨）	原铝净增量（万吨）	原铝增长幅度（％）	人均原铝产量（千克/人）
1977	21.1	−0.19	−0.90	0.2
1978	29.6	8.49	28.67	0.3
1979	36.2	6.62	18.27	0.4
1980	39.6	3.37	8.51	0.4
1981	39.1	−0.55	−1.41	0.4
1982	39.6	0.59	1.49	0.4
1983	44.0	4.34	9.87	0.4
1984	47.2	3.22	6.82	0.5
1985	52.3	5.10	9.75	0.5
1986	55.5	3.24	5.83	0.5
1987	60.9	5.33	8.76	0.6
1988	71.2	10.34	14.52	0.6
1989	74.5	3.30	4.43	0.7
1990	84.7	10.20	12.04	0.7
1991	95.5	10.81	11.32	0.8
1992	109.1	13.58	12.45	0.9
1993	124.2	15.10	12.16	1.0
1994	146.2	22.02	15.06	1.2
1995	167.6	21.39	12.76	1.4
1996	177.1	9.49	5.36	1.4
1997	203.5	26.40	12.97	1.6
1998	233.6	30.10	12.89	1.9
1999	259.9	26.30	10.12	2.1
2000	279.4	19.51	6.98	2.2
2001	337.1	57.73	17.12	2.6
2002	432.1	94.99	21.98	3.4
2003	554.7	122.57	22.10	4.3
2004	669.0	114.30	17.09	5.1
2005	780.6	111.60	14.30	6.0
2006	935.8	155.23	16.59	7.1
2007	1 234.0	298.17	24.16	9.3
2008	1 317.7	83.66	6.35	9.9
2009	1 296.5	−21.16	−1.63	9.7
2010	1 577.1	280.60	17.79	11.8
2011	1 767.9	190.80	10.79	13.1
2012	1 985.8	217.90	10.97	14.7
2013	2 205.9	220.05	11.08	16.2
2014	2 438.2	232.30	10.53	17.8

资料来源：中国经济和社会发展数据库；2013年数据来自《中国统计年鉴》；2014年数据来自中经网统计数据库。

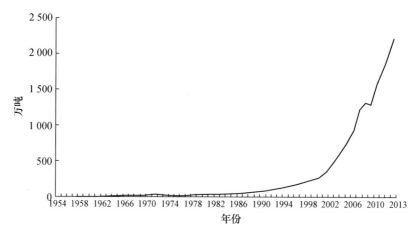

图 5-1　1954—2013 年全国原铝产量

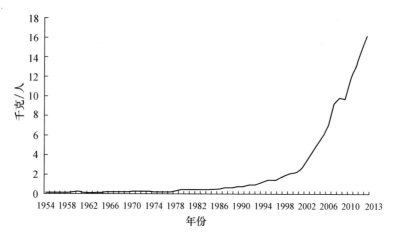

图 5-2　1954—2013 年全国人均原铝产量

中国原铝产量的横向比较

改革开放初期,中国原铝产量在全球的比重微乎其微。在世界各国铝业同行眼中,中国铝业无足轻重,不值一提。到了 1990 年,中国原铝产量只占全球产量的 4.39%。可是,近 30 年内,中国铝业突飞猛进,到了 2013 年,中国原铝产量占全球的 46.34%,几乎占有全球的半壁江山(见表 5-2)。

表 5-4　中国原铝产量的赶超过程　　　　　　　　　　　　单位：万吨

年份	中国	美国	英国	德国	日本
1953	0.0	113.6	2.9	9.7	4.1
1954	0.2	132.5	3.2	12.9	5.3
1955	2.1	142.0	2.5	13.7	5.8
1956	2.2	152.3	2.8	14.7	6.6
1957	2.9	149.5	3.0	15.4	6.8
1958	4.8	142.0	2.7	13.7	8.5
1959	6.8	177.3	2.5	15.1	10.0
1960	11.4	182.7	2.9	16.9	13.3
1961	6.3	172.7	3.3	17.3	15.4
1962	7.4	192.1	3.5	17.8	17.2
1963	8.7	209.8	3.1	20.9	22.4
1964	10.4	231.6	3.2	22.0	26.6
1965	12.8	249.8	3.6	23.4	29.4
1966	16.5	269.3	3.7	24.4	33.7
1967	18.7	296.6	3.9	25.3	38.2
1968	12.1	295.3	3.8	25.7	48.2
1969	18.1	344.1	3.4	26.3	56.9
1970	23.2	360.7	4.0	30.9	73.3
1971	28.4	356.1	11.9	42.8	89.3
1972	28.3	373.9	17.1	44.5	101.5
1973	28.3	410.9	25.2	53.2	110.3
1974	21.2	444.8	29.3	68.9	112.4
1975	21.8	351.9	30.8	67.8	101.6
1976	21.3	385.7	33.5	69.7	92.3
1977	21.1	411.8	35.0	74.2	119.3
1978	29.6	435.8	34.6	74.0	106.2
1979	36.2	455.7	36.0	74.1	101.4
1980	39.6	465.4	37.4	79.1	109.5
1981	39.1	448.9	33.9	72.9	77.7
1982	39.6	327.4	24.1	72.3	35.5
1983	44.0	335.3	25.3	74.3	25.9
1984	47.2	409.9	28.8	77.7	29.1
1985	52.3	350.0	27.5	74.5	23.2

(续表)

年份	中国	美国	英国	德国	日本
1986	55.5	303.7	27.6	76.5	14.8
1987	60.9	334.3	29.4	79.3	5.3
1988	71.2	394.4	30.0	75.3	4.9
1989	74.5	403.0	29.8	73.4	5.1
1990	84.7	404.8	29.0	71.5	5.0
1991	95.5	412.1	29.4	69.0	5.2
1992	109.1	404.2	24.4	60.3	1.9
1993	124.2	369.5	23.9	55.2	1.8
1994	146.2	329.9	23.1	50.3	1.7
1995	167.6	337.5	23.8	57.6	1.8
1996	177.1	357.7	24.0	57.7	1.7
1997	203.5	360.3	24.8	57.2	1.7
1998	233.6	371.3	25.8	61.2	1.6
1999	259.9	377.9	27.0	63.9	1.1
2000	279.4	366.8	30.5	64.4	0.7
2001	337.1	263.7	34.1	51.6	0.7
2002	432.1	270.7	34.4	65.0	0.6
2003	554.7	270.3	34.3	66.1	0.6
2004	669.0	251.6	36.0	66.8	0.6
2005	780.6	248.1	36.9	53.7	0.7
2006	935.8	228.4	36.0	51.6	0.7
2007	1 234.0	255.4	36.5	55.1	0.7
2008	1 317.7	265.8	32.6	60.6	5.9
2009	1 296.5	172.7	25.3	29.2	3.9
2010	1 577.1	172.6	18.6	40.3	5.4
2011	1 767.9	198.6	21.3	43.3	4.7
2012	1 985.8	207.0	6.0	41.0	3.1
2013	2 205.9	194.6	4.4	49.2	3.3
2014	2 438.2	171.0	4.2	58.0	3.0

资料来源：http://minerals.usgs.gov/minerals/pubs/usbmmyb.html；http://minerals.usgs.gov/minerals/pubs/historical-statistics/；http://minerals.usgs.gov/minerals/pubs/commodity/aluminum/。

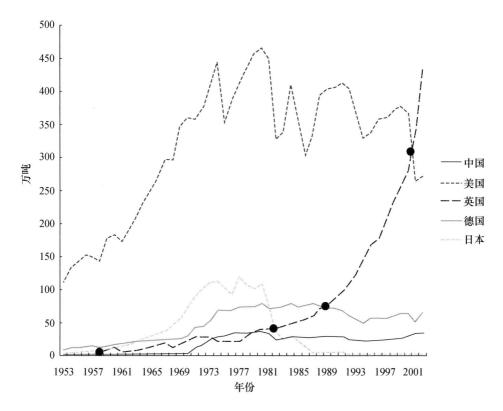

图 5-3 中国铝业的赶超过程

注：此图采用的是 1953—2001 年的数据，中国原铝产量在 2001 年超过美国之后继续高速上升，和其他国家的差距越来越大。

1979 年，中国原铝产量(36.2 万吨)超过了英国(36.0 万吨)。

1982 年，中国原铝产量(39.6 万吨)超过了日本(35.5 万吨)。

1989 年，中国原铝产量(74.5 万吨)超过了德国(73.4 万吨)。

2001 年，中国原铝产量(337.1 万吨)超过了美国(263.7 万吨)。

此后，中国原铝产量一直稳居世界第一，把竞争对手远远地抛在身后。2013 年，中国原铝产量是美国的 11.3 倍，是德国的 44.8 倍，是英国的 501.3 倍，是日本的 668.5 倍。

从原铝产量排名榜来看(见表 5-5)，1990 年，中国在世界各国中排名第 6；1993 年，中国超越巴西，位居第 5；1994 年，中国超越澳大利亚，位居第 4；1999

年,中国超越加拿大,成为世界第 4 原铝生产大国;2001 年,中国原铝产量超越了俄罗斯和美国,跃居世界第 1。从那个时候起,中国原铝产量不断飙升。2014 年,中国原铝产量占全球的一半,几乎等于其他所有国家原铝产量的总和。在人类历史上,还从来没有一个国家的原铝产量在世界上的占比如此之高。

表 5-5　排名前 10 的原铝生产国　　　　　　　　　单位:千吨

排名	1990 年		1991 年		1992 年		1993 年	
	国别	原铝产量	国别	原铝产量	国别	原铝产量	国别	原铝产量
1	美国	4 030	美国	4 121	美国	4 042	美国	3 695
2	俄罗斯	—	俄罗斯	—	俄罗斯	2 700	俄罗斯	2 820
3	加拿大	1 567	加拿大	1 822	加拿大	1 972	加拿大	2 309
4	澳大利亚	1 234	澳大利亚	1 228	澳大利亚	1 194	澳大利亚	1 306
5	巴西	931	巴西	1 140	巴西	1 193	中国	1 255
6	中国	850	中国	963	中国	1 096	巴西	1 172
7	挪威	845	挪威	833	挪威	838	挪威	888
8	德国	740	德国	690	德国	603	委内瑞拉	568
9	委内瑞拉	590	委内瑞拉	601	委内瑞拉	508	德国	552
10	印度	433	印度	504	印度	499	印度	478
排名	1994 年		1995 年		1996 年		1997 年	
	国别	原铝产量	国别	原铝产量	国别	原铝产量	国别	原铝产量
1	美国	3 299	美国	3 375	美国	3 577	美国	3 603
2	俄罗斯	2 670	俄罗斯	2 724	俄罗斯	2 874	俄罗斯	2 906
3	加拿大	2 255	加拿大	2 172	加拿大	2 283	加拿大	2 327
4	中国	1 498	中国	1 870	中国	1 896	中国	2 180
5	澳大利亚	1 384	澳大利亚	1 285	澳大利亚	1 331	澳大利亚	1 395
6	巴西	1 185	巴西	1 181	巴西	1 197	巴西	1 189
7	挪威	857	挪威	847	挪威	863	挪威	919
8	委内瑞拉	585	委内瑞拉	627	委内瑞拉	635	委内瑞拉	641
9	德国	503	德国	576	德国	577	德国	572
10	法国	482	印度	518	印度	516	印度	539

(续表)

排名	1998 年		1999 年		2000 年		2001 年	
	国别	原铝产量	国别	原铝产量	国别	原铝产量	国别	原铝产量
1	美国	3 713	美国	3 779	美国	3 668	中国	3 576
2	俄罗斯	3 005	俄罗斯	3 146	俄罗斯	3 245	俄罗斯	3 300
3	加拿大	2 374	中国	2 809	中国	2 989	美国	2 637
4	中国	2 362	加拿大	2 390	加拿大	2 374	加拿大	2 583
5	澳大利亚	1 589	澳大利亚	1 686	澳大利亚	1 742	澳大利亚	1 788
6	巴西	1 209	巴西	1 250	巴西	1 271	巴西	1 132
7	挪威	996	挪威	1 020	挪威	1 026	挪威	1 068
8	德国	612	德国	634	印度	644	德国	652
9	委内瑞拉	584	印度	614	德国	644	印度	624
10	印度	542	委内瑞拉	567	委内瑞拉	569	委内瑞拉	572

排名	2002 年		2003 年		2004 年		2005 年	
	国别	原铝产量	国别	原铝产量	国别	原铝产量	国别	原铝产量
1	中国	4 511	中国	5 450	中国	6 670	中国	7 800
2	俄罗斯	3 347	俄罗斯	3 478	俄罗斯	3 592	俄罗斯	3 647
3	加拿大	2 709	加拿大	2 792	加拿大	2 592	加拿大	2 894
4	美国	2 707	美国	2 703	美国	2 516	美国	2 481
5	澳大利亚	1 809	澳大利亚	1 858	澳大利亚	1 894	澳大利亚	1 903
6	巴西	1 318	巴西	1 381	巴西	1 457	巴西	1 499
7	挪威	1 095	挪威	1 192	挪威	1 322	挪威	1 372
8	印度	671	印度	799	南非	863	印度	942
9	德国	650	南非	738	印度	862	南非	846
10	委内瑞拉	570	德国	661	阿联酋	683	巴林	751

排名	2006 年		2007 年		2008 年		2009 年	
	国别	原铝产量	国别	原铝产量	国别	原铝产量	国别	原铝产量
1	中国	9 360	中国	12 600	中国	13 200	中国	12 900
2	俄罗斯	3 718	俄罗斯	3 955	俄罗斯	4 190	俄罗斯	3 815
3	加拿大	3 051	加拿大	3 083	加拿大	3 120	加拿大	3 030
4	美国	2 284	美国	2 554	美国	2 658	澳大利亚	1 943
5	澳大利亚	1 932	澳大利亚	1 957	澳大利亚	1 974	美国	1 727
6	巴西	1 605	巴西	1 655	巴西	1 661	印度	1 598
7	挪威	1 331	挪威	1 357	挪威	1 358	巴西	1 536
8	印度	1 105	印度	1 222	印度	1 308	挪威	1 139
9	南非	895	南非	899	阿联酋	948	阿联酋	1 010
10	巴林	872	阿联酋	890	巴林	872	巴林	848

(续表)

排名	2010年		2011年		2012年		2013年		2014年	
	国别	原铝产量	国别	原铝产量	国别	原铝产量	国别	原铝产量	国别	原铝产量
1	中国	16 200	中国	18 100	中国	20 300	中国	22 100	中国	24 380
2	俄罗斯	3 947	俄罗斯	3 993	俄罗斯	3 924	俄罗斯	3 724	俄罗斯	3 488
3	加拿大	2 963	加拿大	2 988	加拿大	2 781	加拿大	2 969	加拿大	2 858
4	澳大利亚	1 928	美国	1 986	美国	2 070	美国	1 946	阿联酋	2 330
5	美国	1 726	澳大利亚	1 945	澳大利亚	1 864	阿联酋	1 864	印度	1 939
6	印度	1 607	阿联酋	1 800	阿联酋	1 820	澳大利亚	1 778	美国	1 710
7	巴西	1 536	印度	1 667	印度	1 700	印度	1 703	澳大利亚	1 704
8	阿联酋	1 400	巴西	1 440	巴西	1 436	挪威	1 338	挪威	1 331
9	挪威	1 109	挪威	1 122	挪威	1 145	巴西	1 304	巴西	962
10	巴林	851	巴林	881	巴林	890	巴林	913	巴林	931

资料来源：http://minerals.usgs.gov/minerals/pubs/commodity/aluminum/index.html#mcs。

原铝进出口

20世纪90年代，中国原铝进口量大于出口量。净出口量占总产量的—10%左右。

2001—2008年，在国内市场需求的刺激下，原铝生产高速增长，增幅高达国内产量的10%，中国摇身变为原铝净出口国。

2007年，原铝产量增加298.2万吨，增幅31.87%；2010年以后，每年原铝增量都在200万吨上下。虽然中国再次变为原铝的净出口国，不过，净出口的原铝数量还不到国内生产总量的2%（见表5-6）。

表5-6 中国原铝进出口量

年份	总产量（万吨）	出口量（万吨）	进口量（万吨）	净出口量（万吨）	出口占比（%）	进口占比（%）	净出口占比（%）
1992	109.1	4.8	19.8	−15.0	4.4	18.1	−13.7
1993	124.2	5.8	13.4	−7.6	4.7	10.8	−6.1
1994	146.2	12.2	12.9	−0.7	8.3	8.8	−0.5
1995	167.6	15.8	31.0	−15.2	9.4	18.5	−9.1

(续表)

年份	总产量 (万吨)	出口量 (万吨)	进口量 (万吨)	净出口量 (万吨)	出口占比 (%)	进口占比 (%)	净出口占比 (%)
1996	177.1	7.2	29.4	−22.2	4.1	16.6	−12.5
1997	203.5	16.4	23.0	−6.6	8.1	11.3	−3.2
1998	233.6	23.8	20.3	3.5	10.2	8.7	1.5
1999	259.9	10.0	38.1	−28.1	3.8	14.6	−10.8
2000	279.4	8.1	61.5	−53.4	2.9	22.0	−19.1
2001	337.1	29.5	22.6	6.9	8.7	6.7	2.0
2002	432.1	62.0	27.1	34.9	14.4	6.3	8.1
2003	554.7	103.2	54.5	48.7	18.6	9.8	8.8
2004	669.0	140.5	69.8	70.7	21.0	10.4	10.6
2005	780.6	113.6	42.7	70.9	14.6	5.5	9.1
2006	935.8	83.8	29.0	54.8	9.0	3.1	5.9
2007	1 234.0	16.1	11.1	5.0	1.3	0.9	0.4
2008	1 317.7	11.0	12.2	−1.2	0.8	0.9	−0.1
2009	1 296.5	4.6	149.6	−145.0	0.4	11.5	−11.2
2010	1 577.1	19.4	23.0	−3.6	1.2	1.5	−0.2
2011	1 767.9	8.2	22.5	−14.3	0.5	1.3	−0.8
2012	1 985.8	12.6	51.8	−39.2	0.6	2.6	−2.0
2013	2 205.9	11.6	37.1	−25.5	0.5	1.7	−1.2
2014	2 438.2	9.6	26.8	−17.2	0.4	1.1	−0.7

资料来源:http://minerals.usgs.gov/minerals/pubs/commodity/aluminum/。

能不能扩大出口以化解原铝产能过剩的压力呢？这条路可能行不通。众所周知,生产原铝需要消耗大量电能。由于中国人均拥有的能源低于其他工业国,能源储备比较紧张,沿海许多地方供电压力很大,出口原铝不符合中国的资源禀赋和比较优势。因此,今后大量出口原铝的可能性并不大。

人均原铝消费量的倒 U 形曲线

原铝被广泛地应用于机械制造、交通运输和住房建筑等领域。在经济发展初期,随着制造业、建筑业的高速发展,原铝产业也随之增长,人均原铝产量不断上升。当经济发展到成熟期之后,制造业增速减缓,住房和基础建设逐渐趋于饱和,市场对原铝的需求自然而然地从峰值下降。显然,并不是人均 GDP 越高,人均原铝消费量就越高。发达国家的人均原铝消费量呈现非常清楚的倒 U 形曲线。

美国的人均原铝消费量在 1999 年达到峰值,人均原铝消费量为 27.7 千克;随后逐年减少,在 2013 年减少为 14.3 千克(见图 5-4)。英国人均原铝消费量在 1993 年达到峰值,为 14.1 千克,随后逐年减少。日本人均原铝消费量在 1997 年达到峰值,为 21.14 千克,随后逐年减少,在 2013 年人均原铝消费量为 12.4 千克(见图 5-5)。韩国人均原铝消费量在 2005 年达到峰值,为 20.33 千克;近年来人均原铝消费量略有降低,2013 年韩国人均原铝消费量为 19.97 千克(见图 5-6)。

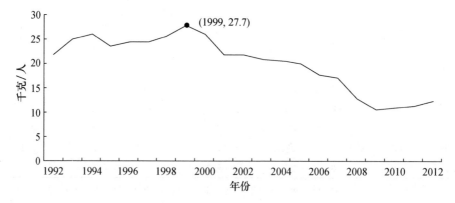

图 5-4　美国人均原铝消费量

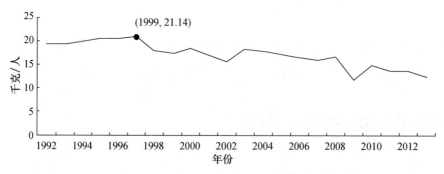

图 5-5　日本人均原铝消费量

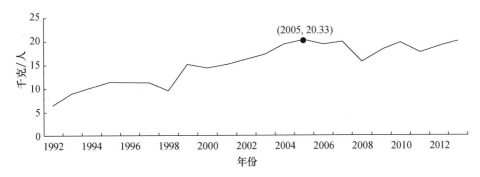

图 5-6 韩国人均原铝消费量

迄今为止,中国的人均原铝消费量一直呈现上升态势,人均原铝产量在 2013 年为 16.4 千克。虽说中国人均原铝产量已经超过了美国、英国、德国和日本,但是尚未超过这些工业国家的历史峰值,与美国 1999 年人均原铝产量 27.7 千克和韩国 2005 年人均原铝产量 20.33 千克相比还有一段距离。从历史数据的变化趋势来看,似乎还看不出中国人均原铝产量已经接近峰值的征兆。

几乎所有的发达国家的人均原铝产量在达到峰值时,人均 GDP 都超过了 15 000 美元(见表 5-7、表 5-8)。由于各国达到人均原铝产量峰值的时间不同,单位美元的购买力也各不相同,只能大致上判断:在人均 GDP 达到 15 000 美元之前,不大可能达到人均原铝产量倒 U 形曲线的顶峰。在达到拐点之前,即使人口总数不变,原铝总产量也必定保持上升的态势。有些研究预计中国在 2020 年前后人均 GDP 可能达到 15 000 美元,考虑到通货膨胀的因素,届时 15 000 美元的购买力远不及当年各个工业国家人均 GDP 达到 15 000 美元时的购买力。即便如此,仍然可以大致判断,在 2020 年之前,中国人均原铝产量出现峰值的可能性不大。由于中国人口总数还在上升,因此原铝总产量必定还处于上升态势。

表 5-7 人均 GDP 和人均原铝消费量

年份	中国 人均GDP (美元/人)	中国 人均原铝消费量 (千克/人)	美国 人均GDP (美元/人)	美国 人均原铝消费量 (千克/人)	日本 人均GDP (美元/人)	日本 人均原铝消费量 (千克/人)	韩国 人均GDP (美元/人)	韩国 人均原铝消费量 (千克/人)
1992	362.8	1.1	25 493.0	22.0	31 013.6	19.52	8 140.2	6.53
1993	373.8	1.1	26 464.8	25.2	35 451.3	19.65	8 869.0	9.03
1994	469.2	1.2	27 776.8	26.0	38 814.9	20.04	10 275.3	10.15
1995	604.2	1.5	28 782.3	23.5	42 522.1	20.46	12 403.9	11.56
1996	703.1	1.6	30 068.2	24.4	37 421.7	20.60	13 254.6	11.36
1997	774.5	1.7	31 572.6	24.4	34 294.9	21.14	12 196.8	11.39
1998	820.9	1.8	32 949.3	25.5	30 967.3	17.97	8 133.7	9.55
1999	864.7	2.3	34 620.8	27.7	34 998.8	17.43	10 432.2	15.09
2000	949.2	2.6	36 449.9	26.4	37 291.7	18.37	11 947.6	14.45
2001	1 041.6	2.6	37 273.5	21.6	32 716.4	16.84	11 255.9	15.22
2002	1 135.4	3.1	38 166.0	21.8	31 235.6	15.71	12 788.0	16.36
2003	1 273.6	3.9	39 677.3	20.9	33 690.9	18.25	14 219.2	17.31
2004	1 490.4	4.6	41 921.7	20.5	36 441.5	18.06	15 921.9	19.38
2005	1 731.1	5.4	44 307.8	20.1	35 781.2	17.40	18 657.5	20.33
2006	2 069.3	6.7	46 437.1	17.8	34 102.1	16.54	20 917.0	19.40
2007	2 651.3	9.3	48 061.4	17.0	34 095.0	16.06	23 101.4	19.88
2008	3 413.6	9.9	48 401.5	12.8	37 972.1	16.71	20 474.8	15.71
2009	3 748.5	10.8	47 001.4	10.7	39 473.4	11.64	18 338.7	18.04
2010	4 433.3	11.8	48 377.4	11.1	43 117.8	14.93	22 151.2	19.80
2011	5 447.3	13.2	49 803.5	11.3	46 203.7	13.98	24 155.8	17.72
2012	6 092.8	15.0	51 495.9	12.4	46 679.3	13.97	24 454.0	19.07
2013	6 807.4	16.4	53 042.0	14.3	38 633.7	12.40	25 977.0	19.97
2014	7 589.0	17.8	54 496.7	15.9	36 331.7	—	28 100.7	—

资料来源:世界银行数据库,http://minerals.usgs.gov/minerals/pubs/commodity/aluminum/。

表 5-8 世界主要发达经济体人均原铝消费出现拐点时的相对经济发展水平

国家	人均原铝消费量峰值(千克/人)	人均GDP水平(美元/人)	峰值时间
美国	27.70	34 620.8	1999 年
英国	14.10	18 072.9	1993 年
德国	17.07	30 318.5	2003 年
日本	21.14	34 294.9	1997 年
韩国	20.33	18 657.5	2005 年

资料来源:根据世界银行数据库和 http://minerals.usgs.gov/minerals/pubs/commodity/aluminum/的相关数据整理。

人均原铝产量的预测

在经济高度增长的过程中,和钢材、水泥等工业产品一样,人均原铝的增长曲线也呈现Gompertz曲线。首先加速上升,然后减速上升,最终趋向一个长期稳定值。美国人均原铝产量的峰值为27.7千克;日本的峰值为21.14千克;韩国为20.33千克。虽然目前还没有足够的根据预测中国的人均原铝产量的长期稳定值,但可以假定这个峰值在20—30千克。

在模拟过程中,以2013年人均原铝产量16.4千克作为起点,分别把人均原铝产量20千克、25千克和30千克作为Gompertz曲线的长期稳定值(见表5-9、表5-10、表5-11)。按照历年数据预测各年的人均原铝产量,然后乘以人口总数,得出中国未来原铝产量的增长曲线(见图5-7)。

表5-9　以20千克作为长期稳定值的人均原铝产量和总产量

年份	总人口数(万人)	人均原铝产量(千克/人)	原铝总产量(万吨)
2014	136 752	16.52	2 259.7
2015	137 431	17.09	2 348.7
2016	138 113	17.57	2 426.7
2017	138 799	17.98	2 495.1
2018	139 488	18.32	2 555.1
2019	140 181	18.60	2 607.9
2020	140 877	18.84	2 654.5
2021	141 572	19.04	2 695.8
2022	142 275	19.21	2 732.7
2023	142 982	19.34	2 766.0
2024	143 687	19.46	2 796.0
2025	144 401	19.55	2 823.5
2026	145 118	19.63	2 848.8
2027	145 834	19.70	2 872.3
2028	146 558	19.75	2 894.4
2029	147 286	19.79	2 915.2
2030	148 013	19.83	2 935.0

表 5-10　以 25 千克作为长期稳定值的人均原铝产量和总产量

年份	总人口数(万人)	人均原铝产量(千克/人)	原铝总产量(万吨)
2014	136 752	16.29	2 227.4
2015	137 431	17.25	2 370.3
2016	138 113	18.12	2 503.2
2017	138 799	18.92	2 626.1
2018	139 488	19.64	2 739.2
2019	140 181	20.28	2 843.1
2020	140 877	20.86	2 938.1
2021	141 572	21.37	3 025.0
2022	142 275	21.82	3 104.5
2023	142 982	22.22	3 177.1
2024	143 687	22.57	3 243.5
2025	144 401	22.88	3 304.3
2026	145 118	23.16	3 360.2
2027	145 834	23.39	3 411.6
2028	146 558	23.60	3 459.1
2029	147 286	23.78	3 503.1
2030	148 013	23.94	3 543.9

表 5-11　以 30 千克作为长期稳定值的人均原铝产量和总产量

年份	总人口数(万人)	人均原铝产量(千克/人)	原铝总产量(万吨)
2014	136 752	17.89	2 446.7
2015	137 431	18.97	2 606.9
2016	138 113	19.98	2 759.2
2017	138 799	20.92	2 903.4
2018	139 488	21.79	3 039.2
2019	140 181	22.59	3 166.8
2020	140 877	23.33	3 286.3
2021	141 572	24.00	3 397.8
2022	142 275	24.61	3 501.9
2023	142 982	25.17	3 598.9
2024	143 687	25.68	3 689.2
2025	144 401	26.13	3 773.4
2026	145 118	26.54	3 851.8
2027	145 834	26.91	3 924.7
2028	146 558	27.24	3 993.0
2029	147 286	27.54	4 056.8
2030	148 013	27.81	4 116.3

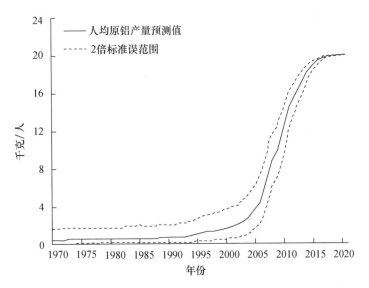

图 5-7　人均原铝产量的 Gompertz 曲线

在长期人均原铝消费量趋于 20 千克的假设下，从总量来说，中国原铝产量继续保持上升态势，从 2013 年的 2 205.9 万吨上升到 2030 年的 2 935 万吨，增产空间在 729.1 万吨左右。假设长期人均原铝产量的稳定值为 25 千克，原铝产量有可能在 2030 年上升为 3 543.9 万吨，增长空间为 1 338 万吨。假设长期人均原铝产量的稳定值为 30 千克，原铝产量有可能在 2030 年上升为 4 116.3 万吨，增长空间为 1 910.4 万吨。

尽管模拟的结果具有相当高的不确定性，但是可以清楚地得出这样的结论：有些人认为中国原铝产能已经严重过剩的言论的根据不足。

原铝企业利润率与产能过剩

有人认为，原铝企业利润率下跌是产能过剩的证据之一。

2011 年 8 月以来，电解铝的销售价就低于生产成本。2012 年，全国电解

看懂中国产能过剩

铝平均销售价格为 15 636 元/吨,平均生产成本为 16 200 元/吨,亏损面达到 93%。① 2013 年第一季度,铝价再度下挫,跌破 15 000 元/吨,亏损面继续扩大。近几年来,国内原铝价格在国际铝价的带动下一路下滑,而占生产成本约 45% 的电价却不断上涨,原铝行业全面亏损。2010 年,整个铝业的工业销售利润率下降为 3.59%;2013 年,其依然徘徊在 4.25% 的低水平。②

河南是原铝生产大省,在 2012 年仅存的 12 家原铝企业中没有一家盈利,其中 3 家企业关门停业。许多人大喊产能过剩,强烈要求政府出面严格控制新建铝厂的审批,似乎只要减少新建的铝厂数目就可以让那些亏损的铝厂生存下去。

能不能从原铝企业的利润率判断产能过剩?或者说,原铝行业利润率下降是否意味着产能过剩?如此判断,不够严谨。产能过剩意味着一部分设备处于闲置状态,企业成本增加,必然导致利润下降。可是,反过来说却不一定成立。企业利润下降甚至亏损的原因很多,不一定意味着产能过剩。

首先,在 2006 年和 2007 年,原铝生产企业的销售利润率曾经高达 14.5%。那个时候正是有关部门大力整顿原铝产能过剩的时期,高回报率刺激了投资,西部许多地方纷纷新建铝厂。在那几年,发改委整治原铝产能过剩的理由中并没有企业利润率低这一条。实际上,无论企业利润率高低都没有妨碍发改委十几年一贯地整治原铝产能过剩。由此可见,产能过剩和利润下降并没有一对一的联系。

其次,近几年来,当河南、山东的原铝企业利润下降、陷入困境的时候,西部新建的原铝企业利润率依然相当高。其原因在于,东部和西部原铝企业的成本大不相同。在山东、河南等地,人口密集、工业发达、供电偏紧,电力部门不得不实行电费差价,如果用电超过一定额度就会收取较高的电费。电费是原铝企业生产成本的大头,只要电价增加 1 分钱,1 吨原铝的成本就上升 140

---

① 2012 年,原铝的平均生产成本为 16 200 元/吨,这个数据是按照全国原铝产业的统计数据计算出来的。其实,这个计算结果很不靠谱。河南、山东的铝厂的生产成本远远高于新疆、宁夏。当河南、山东原铝企业亏损的同时,新疆、宁夏的原铝企业盈利甚多。

② 北京世经未来投资咨询有限公司,"2008 年铝行业风险分析报告"(2004—2007 年数据)。

元。东部地区的铝厂,如果不能自行发电,基本上都亏损。西部电力资源比较充沛,电费较低,如果能够建立坑口电厂或水电站自行发电,铝厂就可以大幅度降低生产成本。河南、山东铝厂的利润率很低甚至全面亏损,不等于西部的铝厂亏损。恰恰相反,在西部大开发的政策鼓励下,当地民众利用充沛的水电和坑口电站资源,显著地降低了生产成本,取得很高的利润率。

原铝产业的数据表明,采用平均成本讨论产业政策往往具有较大的局限性。如果只看平均数,原铝行业的利润率一片黯淡,如果分各个地区来看,西部地区铝厂的利润率一片光明。因此,靠平均数来说事,往往要出错。

原铝行业的产能过剩和其他行业并不一样。原铝的产能过剩属于局部产能过剩;从总体上来讲,原铝产能并不过剩。但是,在东部地区,受到电力供应的制约,原铝产能过剩。如果继续在这些地区投资建设新的铝厂,无疑就是过度投资,而过度投资必然导致产能过剩。如果东部地区的铝厂因为利润率太低、承受不起亏损,那就关门吧。而西部的电价低廉,投资铝厂有利可图,新的铝厂不断建成投产,那就放手让它们发展吧。

尊重市场规律比什么都重要。

原铝产业的空间转移

表面上看,河南、山东的铝厂几乎活不下去了,很容易给人们造成一种误解,好像原铝行业产能严重过剩。实际上,原铝产业正在经历着一场伟大的变革,在空间上由东向西重新布局。

河南、山东是传统的原铝生产大省。2011年以前,河南和山东稳坐全国原铝生产的前两把交椅。2007年,新疆勉强进入全国前20名,但原铝产量仅仅是河南的1.8%,是山东的3.9%。可是,新疆原铝产量在全国各省份的排名不断上升,新疆的原铝产量在2013年超越了山东,位居全国第2。2014年,新疆超过河南(337.8万吨),夺得全国原铝产量的第1名(426.8万吨)。青海、内蒙古、甘肃、宁夏、贵州等西部省份的排名也越来越靠前。2013年,山东从第2位退到第4位,在排名榜上的位置还在继续后退(见表5-12)。显然,全国原铝产业的空间布局正在发生着巨大的变化。

表 5-12　排名前 20 的各省份原铝产量　　　　　　　　　单位：万吨

排名	2007 年		2008 年		2009 年		2010 年	
	省份	产量	省份	产量	省份	产量	省份	产量
1	河南	301.0	河南	327.5	河南	317.7	河南	365.5
2	山东	139.7	山东	148.4	山东	149.5	山东	163.9
3	山西	105.9	内蒙古	127.3	内蒙古	128.1	内蒙古	148.7
4	内蒙古	103.5	青海	102.4	甘肃	94.8	青海	146.8
5	青海	94.7	山西	97.3	青海	91.0	甘肃	108.4
6	贵州	75.1	甘肃	95.8	贵州	80.3	宁夏	91.5
7	甘肃	74.4	宁夏	60.4	山西	76.4	贵州	88.8
8	宁夏	60.0	贵州	58.1	宁夏	65.6	山西	80.6
9	云南	54.3	云南	53.1	云南	60.8	云南	67.6
10	四川	46.7	广西	49.8	广西	52.9	广西	66.7
11	湖北	40.1	四川	48.7	四川	44.8	四川	58.4
12	广西	31.8	湖北	40.9	陕西	29.5	湖北	40.1
13	陕西	20.1	湖南	28.5	湖北	28.2	陕西	29.5
14	湖南	18.2	陕西	26.5	湖南	18.8	湖南	28.5
15	辽宁	12.8	重庆	12.7	重庆	18.2	辽宁	20.6
16	重庆	12.2	辽宁	10.8	江苏	10.7	重庆	16.0
17	江苏	9.8	江苏	10.0	浙江	10.1	浙江	15.0
18	浙江	9.8	福建	7.6	辽宁	7.6	江苏	10.9
19	福建	7.5	浙江	6.1	福建	7.5	福建	10.6
20	新疆	5.4	新疆	5.4	新疆	5.4	新疆	6.6

排名	2011 年		2012 年		2013 年		2014 年	
	省份	产量	省份	产量	省份	产量	省份	产量
1	河南	388.4	河南	368.8	河南	332.5	新疆	426.8
2	山东	191.0	青海	203.2	新疆	246.3	河南	337.8
3	青海	169.2	山东	196.9	青海	223.6	山东	283.6
4	内蒙古	165.7	内蒙古	179.4	山东	209.2	内蒙古	235.9
5	宁夏	118.4	甘肃	176.0	内蒙古	208.8	青海	233.6
6	甘肃	109.9	宁夏	152.4	甘肃	200.5	甘肃	213.9
7	山西	104.7	山西	105.6	宁夏	149.8	宁夏	139.0
8	云南	88.3	贵州	104.3	贵州	112.3	云南	100.0
9	贵州	87.7	新疆	93.2	山西	104.2	山西	82.7
10	广西	63.1	云南	89.5	云南	93.7	陕西	66.8

(续表)

排名	2011年		2012年		2013年		2014年	
	省份	产量	省份	产量	省份	产量	省份	产量
11	四川	58.0	广西	65.6	广西	65.9	贵州	65.2
12	湖北	35.5	四川	62.1	四川	63.1	重庆	62.6
13	陕西	31.3	湖南	33.6	陕西	44.4	广西	51.5
14	湖南	29.9	陕西	29.9	湖南	33.0	四川	44.0
15	新疆	29.4	湖北	28.6	辽宁	32.4	湖南	33.0
16	重庆	22.8	重庆	26.8	重庆	31.5	辽宁	24.4
17	辽宁	21.2	辽宁	26.3	湖北	23.1	湖北	19.8
18	浙江	15.3	浙江	15.3	福建	14.9	福建	14.3
19	福建	14.7	福建	15.0	浙江	7.7	河北	1.6
20	江苏	11.0	江苏	11.3	江苏	5.7	江苏	1.3

资料来源:http://www.chyxx.com/data/yousejinshu/。

自1998年中央提出西部大开发的号召以来,原铝产业的重心大幅度向西部转移,也许是西部大开发见效最为显著的一个行业。为什么其他行业向西部的转移远远不如原铝行业?道理很简单,原铝生产耗电量很大,而长途输送电力的成本较高,把原铝生产企业布置在电能充沛的地方,在水电站和坑口电站附近就近建设原铝企业,有利于节能减排,也有利于保护生态环境。

我国东部沿海地区人口密度很大,工业发达,尽管发电量很大,但人均发电量并不高,经常供电能力不足;可是,西部地区能源开发潜力很大。近年来,在西部大开发政策的指导下,西部地区的发电能力迅速增加。例如,以2000年为基准,全国人均发电量增长了3.44倍;同期,内蒙古的人均发电量增长了6.76倍,宁夏的人均发电量增长了6.28倍,新疆的人均发电量增长了5.29倍(见表5-13)。由于当地人口密度低,工业基础相对薄弱,在局部地区发电能力过剩。

表5-13 各省份人均发电量　　　　　　　　单位:千瓦时/人

省份	2009年	2010年	2011年	2012年	2013年	2014年
宁夏	7 663	9 276	14 700	15 605	16 430	17 471
内蒙古	9 154	10 048	11 978	12 740	13 915	15 400
青海	6 481	8 384	8 154	10 196	9 787	9 954

(续表)

省份	2009年	2010年	2011年	2012年	2013年	2014年
山西	5 468	6 018	6 524	7 050	7 173	7 256
新疆	2 646	3 109	3 962	5 540	6 385	9 099
江苏	3 821	4 269	4 763	5 052	5 402	5 462
浙江	4 266	4 715	5 084	5 127	5 245	5 238
贵州	3 902	3 984	3 976	4 643	4 626	4 982
甘肃	2 755	3 094	4 009	4 278	4 422	4 790
福建	3 194	3 673	4 249	4 329	4 354	4 922
天津	3 388	4 535	4 583	4 173	4 240	4 123
云南	2 568	2 966	3 358	3 776	4 170	5 409
上海	3 543	4 094	4 044	3 723	3 973	3 266
陕西	2 413	2 978	3 266	3 575	3 967	4 293
湖北	3 178	3 626	3 623	3 873	3 654	4 096
山东	3 032	3 224	3 288	3 316	3 596	3 771
广东	2 723	2 970	3 620	3 553	3 567	3 682
辽宁	2 678	2 960	3 126	3 283	3 453	3 753
河北	2 508	2 770	3 214	3 309	3 392	3 386
安徽	2 168	2 456	2 740	2 958	3 248	3 344
河南	2 180	2 319	2 753	2 810	3 031	2 893
四川	1 794	2 093	2 460	2 663	3 020	3 783
吉林	1 996	2 202	2 582	2 515	2 731	2 804
广西	1 944	2 254	2 237	2 533	2 541	2 756
海南	1 448	1 717	1 972	2 238	2 404	2 708
黑龙江	1 913	2 064	2 177	2 215	2 155	2 299
重庆	1 498	1 583	1 994	2 029	1 965	2 259
湖南	1 605	1 806	2 042	2 106	1 909	1 950
江西	1 120	1 383	1 626	1 617	1 743	1 923
北京	1 328	1 376	1 303	1 406	1 587	1 691
西藏	608	805	897	852	705	1 014

资料来源：根据经济与社会发展数据库中发电量和各省份人口数据计算得到。

从各省份人均发电量数据可见，2014年，宁夏人均发电量为17 471千瓦时，内蒙古为15 400千瓦时，青海为9 954千瓦时，新疆为9 099千瓦时。相比之下，原铝生产大省河南的人均发电量只有2 893千瓦时，山东为3 771千瓦时。宁夏的人均发电量是河南的6.0倍，是山东的4.6倍。人均电能资源分布极不均衡。当山东和河南闹电荒的时候，宁夏、内蒙古和新疆等地发的电可能还用不了。

开发电力资源受到资源禀赋的约束。西南地区水电资源丰富,内蒙古、山西、宁夏等地区的煤炭资源非常丰富,有了水电和火电的资源,就有可能发展原铝生产。因此,原铝产业的空间布局必然会向西部转移。资源禀赋的空间配置是不能改变的,为什么不把过剩的电能用来冶炼电解铝呢?原铝生产重心的转移符合经济规律,是不可阻挡的历史趋势。可以说,原铝产能过剩属于产业生产重心转移过程中的必然现象。

在分析原铝产能是否过剩的时候不能只见树木不见森林,只知其一不知其二。在计算总产能的时候,不应简单地在现有原铝产能的基础上再加上中西部新建产能,如此计算必然会得出产能过剩的结论。事实上,在西部新铝厂投产的同时,中东部地区的老铝厂正在逐步退出,全国原铝生产正在发生良性的调整和重新布局,原铝生产中心正在从传统的河南、山东向西部转移。这不仅符合西部大开发的战略部署,还能更有效地利用稀缺资源,提高能源利用效率。切切不可看到东部某些省份出现的原铝产能过剩就惊慌失措,采取"一刀切"的行政命令,阻碍西部新兴的原铝生产基地的发展。

当然,东部现有的电解铝厂下马,会给当地带来就业和税收等多方面的压力,需要政府在政策上给予扶持,通过调整税负、转移支付等手段帮助这些地方加快完成原铝产业的战略转移。历史上有过很多产业升级成功的案例。当年上海是全国著名的纺织业、印染业中心,有好几十个纺织厂。可是,随着上海居民的生活水平不断提高,劳动力密集型产业逐步丧失了竞争优势,绝大部分纺织厂、印染厂都关门、内迁了。在20世纪末,上海安置下岗工人的任务非常艰巨。经过一段时间的阵痛之后,上海的产业成功地实现了升级换代。广州、深圳也正在"腾笼换鸟",产业升级。既然大部分山东、河南的铝厂(少数具有自营坑口电厂者除外)不适应资源禀赋的优化配置,迟早要关闭,那就迟关不如早关。下定决心,壮士断臂,依据河南、山东的比较优势,开创新的产业基地,主动调整是上策,空喊产能过剩是昏着。[1]

---

[1] 为了尽快消除企业退出障碍,中国有色金属工业协会副会长文献军主张建立一套补偿机制,让中东部能源成本高地区的电解铝产能逐步退出,仿照淘汰落后产能的方式,对退出市场的企业给予政策支持。

原铝库存与能源战略储备

原铝用途广泛、化学性质稳定、便于储存、能够回收再生利用,因此各工业大国都把原铝作为战略储备物资,保持着较高的库存量。2008年金融危机爆发之后,经济不景气,原铝库存量略有下降。全球原铝库存总量从2007年的2 848万吨下降为2013年的2 519万吨,下降11.6%。

如果分地区观察原铝库存,有的地区下降,有的地区上升。非洲原铝库存下降29.4%,欧洲下降34%,北美下降8%;与此同时,南美上升5.7%,亚洲上升67.3%(见表5-14)。亚洲原铝库存量大幅度上升,恰恰反映了亚洲经济正在迅速崛起,对原铝的需求逐步增加。原铝库存正在由北美、欧洲向亚洲转移。

表5-14 全球原铝库存　　　　　　　　　　　　　　　单位:万吨

年份	非洲	北美	南美	亚洲	欧洲	大洋洲	合计
2007	119	787	229	339	1 243	131	2 848
2008	98	668	237	394	1 442	120	2 959
2009	79	522	178	336	1 004	108	2 227
2010	137	544	178	423	1 153	80	2 515
2011	138	631	218	450	1 118	92	2 647
2012	—	—	—	—	—	—	—
2013	84	724	242	567	821	81	2 519
2014	72	682	247	567	833	77	2 478
期间变化率(%)	−29.4	−8.0	5.7	67.3	−34.0	−38.2	−11.6

资料来源:中铝网,"原铝库存统计",2014年11月27日;2012年数据暂缺。

2013年,全国纳入统计的库存原铝约130万吨,全社会原铝库存估计约200万吨,中国原铝库存占年产量2 205.9万吨的10%左右,占全球原铝库存量的比重还不到10%。无论从哪个角度来看,中国的原铝库存量并不算高。

近年来,中国的原铝库存量不断增加,除满足市场需求之外,原铝库存还有更重要的能源战略储备作用。

众所周知,经济建设和民众生活须臾离不开能源。中国人均能源占有量偏低,能源危机始终是悬在头上的一把达摩克利斯之剑。近年来,中国大力拓展海外的能源供给基地,取得了很大的成绩;但是,为了防范能源危机,必须建立有效的能源储备机制。

无论居民生活还是各项工业生产都离不开电能,我国发电主要靠火电和水电。在2013年的发电量中,火电占78.2%,水电占16.94%,核电占2.05%,风电占2.59%。新型能源所占的比例不大。[①] 火力发电是主力,燃油电站很少,主要靠煤炭。煤炭资源的地理分布很不均衡,主要集中在西部地区,特别是在山西、宁夏、甘肃、内蒙古等地有很丰富的煤炭资源。水力发电产能的分布也不均衡,西南地区的水电资源非常丰富,东部沿海地区的大型水电站则很少。

中国人口和工业分布状况与能源分布刚好相反。东部人口密集,工业发达,电力供应偏紧,某些沿海省份尚须建设一些核电站才能缓解供电压力。西部人口密度不高,工业基础比较薄弱,耗电量不大,可是电力资源充沛,发电产能相对过剩。多年来,我国已经形成西煤东运、西电东输的格局。从西部向东部送电、送煤,实属不得已之举。输电网络投资巨大,长途输电,损耗大、成本高。煤炭运输一直是铁路货运的主要负担,运输成本较高;还有一些灰分较高、质量较差的煤炭不适合长途运输。如果能够建设一些坑口电站,就地消化,不仅有利于保护环境,在经济上也更加合理。与其千里迢迢把西部的电能送到沿海地区,或者把煤炭运送到河南、山东然后再发电,冶炼电解铝,不如在西部直接生产原铝,一部分运送到东部供给市场,一部分纳入国家能源战略储备。原铝的运送成本要远远低于运送煤炭或者高压输电成本。

众所周知,储存煤炭和原油的难度很大,成本也比较高。储存电能的主要方法是通过蓄电池将电能转化为化学能,在使用的时候再逆向转化回来。蓄电池容量有限,转换效率不高,设备成本很高,那为什么不换个思路?与其储备煤炭、石油和电能,还不如储备原铝。生产电解铝耗电甚多,在原铝的生产成本中电费的比重超过48%。可以说,原铝就是被固化的电能。大幅度增加

[①] 《中国统计摘要2015》,第75页。

原铝库存就是建立战略能源储备的一个有效措施。从某种意义上来说,储备原铝就是储备能源。

和水泥、钢材、木材相比,铝锭的价值较高,抗腐蚀能力强,既不生锈也没有自燃、挥发的危险,库存非常安全、简单,要放多久就放多久。2014年全国库存原铝大约200万吨,相当于储备了1 120万吨的煤,或者780万吨原油。黄金储备是金融系统的稳定器,而原铝在很大程度上可以成为能源战略储存系统的稳定器。

此外,各个季度的降雨量并不均衡,雨季丰水,旱季缺水。在丰水季节,发电产能很高,可是发出电来用不掉。为了安全起见,许多电站只好泄洪,把水库蓄水白白放掉。事实上,可以通过生产电解铝来熨平水力发电产能的波动,在雨季多发电,多生产原铝,将水能转换为电能,再转换为原铝储存起来。

在建立能源战略储备体系的时候,不能完全依靠市场机制。显然,如果在雨季大幅度增加原铝产出,很可能在短时间内导致供大于求,原铝价格下跌,生产企业利润下降甚至出现亏损。因此,需要政府出面,专项收购原铝,纳入战略储备,熨平原铝价格的波动。

不断开拓原铝需求,促进原铝产业大发展

不能静止、孤立地看待原铝的消费需求。随着科学技术进步,原铝的用途会越来越宽。

第一,铝合金门窗。长期以来,铝制品被广泛地应用于航空、造船、汽车、机械制造等行业。近年来,随着人民生活水平不断提高,建筑业中大量采用铝制门窗。铝制门窗重量轻、耐腐蚀,具有良好的隔音隔热功能,逐步取代了传统的木质门窗。

可以预料,如果能够把经济发展的突破口放在给低收入家庭修建廉租房上,中国的建筑业在未来五年将有一个很大的发展,每年的房屋竣工面积将从2013年的38亿平方米增加到43亿平方米以上。其中,住宅竣工面积将从

2013年的25.9亿平方米增加到30亿平方米以上。① 居民住宅总面积将从2011年的136亿平方米增加到2030年的287亿平方米,总量要增加一倍多。② 毫无疑问,绝大部分廉租房将采用铝制门窗,中国对原铝的需求将出现一个新的高峰。原铝产能非但不过剩,还可能严重不足。

第二,铝合金挂车。除建筑业大量采用铝制门窗之外,运输车辆使用的铝制品也越来越多。且不说应用在各类汽车和货车上的铝制部件,仅以货车拖拉的载重挂车为例。2013年,全国民用载重汽车2 010万辆,挂车保有量约300万辆。虽然载重挂车数量不多,但其燃油消耗量却占汽车燃油总消耗量的25%以上。为了实现节能减排,必须降低载重挂车的重量。在世界上许多发达国家,铝制挂车占比已经高达70%;可是,在中国,铝制挂车还刚刚问世。别看铝制挂车造价较高,却远比钢木结构的挂车经久耐用,而且最大的优点是体重轻,可以显著地节能减排。譬如,普通挂车可载100吨货物,全铝挂车由于自重轻,可载重110吨。在不超载并且不增加油耗和排放的情况下,提高了运输效率。如果将我国现有300万辆载重挂车当中的70%改为铝制挂车,一年可以减少燃油消耗766万吨,减少二氧化碳排放2 200万吨。③

第三,原铝储备。如果把原铝储备当作国家能源战略储备的一个重要组成部分,有可能在未来几年内每年增加100万吨原铝库存。今后,一旦出现能源危机,就可以从容不迫地调整原铝产业用电,放在国库里的铝锭就能够起到保护能源市场的稳定器作用。

综上所述,如果每年东部原铝产能减少100万吨,增加原铝战略储备100万吨,原铝市场需求增加100万吨,那么在实现原铝市场供求均衡的前提下,就需要每年在西部增加原铝产能300万吨,让那些坑口电站就地利用质量较差的煤炭发电、炼铝,让西部水电站在丰水季节多发电、多炼铝。原铝产业任重而道远,期待着原铝行业在生产重心实现地域战略转移的同时出现另一次跨越式大发展。

---

① 房屋建筑竣工面积资料来自《中国统计摘要2014》,第120页。
② 对居民住房需求的预测请详见本书第二章。
③ 参见文献军,"电解铝产能过剩现状及应对策略",中铝网,2013年5月20日。

第六章

造船产能是否过剩

导 读

- 由于没有能够顺应国际市场的周期变化,在外部市场萎缩的时候按照惯性逆势扩张,造成造船业的产能严重过剩。今后应当加强搜集和分析经济信息,提高投资决策水平。

- 对于中国造船行业的前景过于悲观的论调是没有依据的。中国造船业具有规模经济和低劳动力成本的比较优势。造船业不仅提供大量的就业机会,而且对国民经济中上游、下游行业(例如钢铁、机械等)具有很大的拉动作用。在船舶市场低迷三年之后,随着全球经济复苏,造船业的产能过剩将得到缓解。

- 造船市场的特点是寡头垄断竞争。在外部市场不景气的时期,即使在短期内亏损也要硬着头皮顶住。不能轻言放弃造船市场份额,不能太在意短期的利润率和产能利用率。政府理应在资金和政策上给予一定的扶助。只要能基本保持市场份额,在市场恢复之后很快就能收回成本,赢得收益。

- 我们应该通过兼并重组,提高造船产业的集中度,充分发挥规模经济的优势,结合中国的国情,推进产业分工,改善工业组织。

- 在坚守传统造船市场份额的同时开拓新产品,发展海洋工业设备、开发极地船舶和高科技船舶,不断推进产业升级,增强造船业的国际竞争力。

中国造船业的辉煌历程

2015年,造船业产能过剩一点儿都不含糊,千真万确。

从2011年开始,全国造船完工量逐年下降;2013年,全国造船完工量4 513.6万载重吨[①],同比下降29.9%;船舶企业利润总额同比下降21.4%;出口金额290.2亿美元,同比下降25.3%。[②] 许多造船厂拿不到订单,设备闲置,产能严重过剩。

交船难、盈利难、融资难困扰着大部分船厂。

在讨论造船业产能过剩的时候,有必要回顾中国造船业走过的道路。

中国造船业在历史上曾经一度辉煌,领导潮流。明朝永乐年间,郑和下西洋,无论在造船技术还是船队的规模上,中国都遥遥领先,举世无双。可是,由于固步自封、闭关自守,错过了工业革命,近百年来一误再误,积贫积弱。世界造船业的桂冠先后被荷兰、西班牙、葡萄牙、英国等国摘取。第二次世界大战之前,美国取代了英国,成为无可争议的造船业霸主。改革开放之前,中国的造船业实在落后,好不容易倾全国之力造了一艘万吨轮船就好像是惊天动地的伟大成绩。

斗转星移,沧桑巨变;三十年河东,三十年河西。世界造船业的重心不断向亚洲转移,传统的造船大户(美国、英国、德国、荷兰等)在世界造船业的排名不断下降。中国、韩国、日本、印度、巴西、俄罗斯、新加坡和越南等国陆续崛起,逐步占据了世界造船市场的大部分份额。[③]

[①] 载重吨(dead weight tonnage,DWT),一般分为总载重吨和净载重吨。总载重吨=船舶满载时候的排水量-空船重量;净载重吨(货物的总吨数)=总载重吨-油、水、船员、食物等东西。修正吨(CGT):修正吨即修正总吨,是船舶总吨(船舶修正位丈量规范)乘以船舶修正总吨系数(船舶修正总吨系数规范)得出的。在船舶总吨基础上根据船舶复杂难度进行修正,它基本反映的是造船的工作量。普通船舶比较简单,专业、特殊船舶比较复杂,耗用工作量比较大,造船产生的附加值也高,因此不能简单地用船舶的吨位衡量造船能力。

[②] 《中国船舶工业年鉴2014》,第6页。

[③] 美国在第二次世界大战期间的造船能力曾经达到不可思议的高度,建造或改装航空母舰141艘,各种船舰1万多艘。可是,在进入21世纪之后,造船业在美国基本消失了。2013年,美国只造了33艘船,仅仅10万载重吨;而全球总产出为10 820万吨,美国所占比重低于0.1%。为什么美国造船业以如此快的速度衰落了?带来的后果是什么?这些问题都值得认真思考。

改革开放以后,中国造船业日新月异。中国的造船产量在超英赶美之后,在1995年超过德国,占世界市场份额超过5%,成为继韩国和日本之后的第三造船大国。当时,主管船舶工业的国防科工委提出中国造船业的长期发展目标:争取用10—15年的时间,在船舶工业的综合竞争力上接近日本、韩国;造船总量计划在2005年达到1 000万载重吨,占世界市场份额的16%左右;到2015年达到2 400万载重吨,占世界市场份额的35%。

2003年,中国造船完工量占全球比重为10%,新接订单占16%,手持订单占15%。2003年、2004年和2005年每年的民用机动运输船舶载重吨位增长率都超过20%(见表6-1)。

表6-1 中国民用运输船数和载重量

年份	民用机动运输船数(艘)	艘数增长率(%)	民用机动船净载重量(万载重吨)	载重吨位增长率(%)
1991	303 314	−6.93	2 941	1.11
1992	302 313	−0.33	3 123	6.16
1993	307 285	1.64	3 468	11.07
1994	293 473	−4.49	3 960	14.18
1995	299 717	2.13	4 094	3.39
1996	269 879	−9.96	3 977	−2.85
1997	215 814	−20.03	3 875	−2.58
1998	212 093	−1.72	3 890	0.38
1999	194 590	−8.25	3 891	0.04
2000	185 018	−4.92	4 264	9.58
2001	169 329	−8.48	4 553	6.77
2002	165 936	−2.00	4 837	6.25
2003	163 813	−1.28	6 075	25.58
2004	166 854	1.86	7 511	23.65
2005	165 900	−0.57	9 076	20.82
2006	157 805	−4.88	9 824	8.25
2007	157 544	−0.17	10 644	8.35
2008	152 247	−3.36	11 105	4.33
2009	149 367	−1.89	13 338	20.11
2010	155 624	4.19	16 899	26.69
2011	157 950	1.49	20 260	19.89
2012	158 309	0.23	21 879	7.99
2013	155 340	−1.88	23 432	7.10
2014	154 974	−0.23	24 740	5.58

资料来源:《中国统计年鉴2015》。

2005年,全国造船突破1200万载重吨,国内最大的造船基地——江南长兴造船基地正式开工,同时在环渤海地区形成400万吨的造船能力。该年实际造船能力已经达到1356.4万载重吨,大大超出了当初的计划(见表6-2)。

表6-2 中国造船数量和载重吨位

年份	造船数量 (艘)	艘数增长率 (%)	载重吨位 (万载重吨)	载重吨位 增长率(%)
2005	1 979		1 356.4	
2006	2 034	2.8	1 587.0	17.0
2007	1 943	−4.5	2 163.8	36.3
2008	2 385	22.7	3 040.6	40.5
2009	2 525	5.9	4 307.3	41.7
2010	3 338	32.2	6 756.6	56.9
2011	3 401	1.9	7 696.1	13.9
2012	2 672	−21.4	6 021.2	−21.8
2013	2 119	−20.7	4 534.0	−24.7

资料来源:2006—2014年《中国船舶工业统计年鉴》;《中国船舶工业年鉴2013》,第187页;《中国船舶工业年鉴2014》,第191页。

2006年以后,中国造船业继续以超常规的速度发展;2007年,中国造船总吨位突破2 000万载重吨。

2008年,中国造船完工量达到2 881万载重吨,占世界造船完工量的29.5%;新接订单5 818万载重吨,占世界市场份额的37.7%;手持船舶订单超过两亿载重吨,占世界市场份额的35.5%(见表6-2、图6-1)。[①] 中国在造船完工量、新船承接订单和手持订单上均超过日本,跃居世界第二位。

评价造船业景气的指标体系

评价造船业景气有三大指标:造船完工量、新船承接订单、手持订单。

造船厂根据手中持有的订单安排设计、备料和制造,从开工到完工一般需要1—1.5年。从理论上讲,如果承接的新船订单数量和完工量相等,手持订

---

① 2008年以前,造船完工的总数和吨位都在持续增加。吨位增长率高于艘数增长率,说明造的船越来越大。

图 6-1 中国造船载重吨和增长率

单的数量就基本稳定。只有不断拿到新的订单,船厂才能充分地利用现有的产能,保持生产线稳定、连续地运行。

如果承接的新船订单数量大于完工量,手持订单总量增加,就会出现两种可能:第一,船厂扩张产能,按期交船;第二,维持原有产能,推迟交船时间,或者丢失新的订单。倘若不能按照合同交船,则不仅需要赔偿对方的损失,还会损伤信誉、错失商机,把市场份额让给竞争对手。

如果承接的新船订单低于完工量,船厂手持订单数量就会逐渐减少。执行完现有合同之后,船厂只好部分停工,产能过剩。

新船承接订单的数量取决于国际贸易形势。如果国际贸易处于上升期,船舶需求量上升,新船订单就会纷至沓来,船厂欣欣向荣。如果国际贸易衰退,新船订单数目下降,船厂手持订单的数量自然就会下降。即使经济形势不佳,上了船台的工程也必须进行下去直到完工。造船完工量有一定的时间滞后,不会立即随着国际贸易的低迷而下降。特别是在全球金融危机之后,国际贸易量急剧下降,可是新船完工量依然在高位运行。由于船舶市场供大于求,新船订单急剧下降,很可能导致船厂产能过剩。倘若手持订单的数目下降到一定程度,则船厂的生产便难以为继了。

造船业的景气随着国际经济周期而变化,在经济衰退期出现造船业产能过剩在所难免。由于造船产能对于市场变化有一个明显的时间滞后,因此要求造船业对于市场的周期波动具有较强的前瞻能力,根据市场需求的波动适时调整投资。如果能够提前预测到经济衰退期,在此之前就理应适度收缩对造船企业的投资,千万不能在经济衰退期继续扩大造船业投资;否则,很容易导致严重的产能过剩。

一般而言,造船业产能利用率在75%左右波动。即使某些时候产能利用率低于这个标准也不要紧,等到经济周期复苏了,产能过剩的态势自然会得到化解。

形势逆转,乐极生悲

不言而喻,航运市场需求是造船业景气的决定性因素。内河船舶的数量虽然很多,但是载重吨位较小;现代海运船舶动辄几万吨、十几万吨,甚至几十万吨。海运船舶和内河船舶的吨位不可同日而语。海运船舶占据造船业的主要部分,大部分用于出口。中国造船业的对外依存度一直在80%上下(见表6-3)。换言之,80%左右的新船是给外国海运公司造的。如果国际海运市场萧条,就势必对中国造船行业产生很大的冲击。

表6-3 中国造船业对外依存度

年份	中国造船总产量 (万载重吨)	出口量 (万载重吨)	造船出口量 占总产量比重(%)
2001	390	305.7	78.4
2002	417	332.2	79.6
2003	641	411.7	64.2
2004	880	560.5	63.7
2005	1 310	768.5	58.7
2006	1 587	1 186.9	74.8
2007	2 164	1 550.4	71.6
2008	3 041	2 125.4	69.9
2009	4 243	3 203.7	75.5
2010	6 560	5 373.9	81.9
2011	7 665	6 181.7	80.6
2012	6 021	—	—
2013	4 534	3 678.4	81.1

资料来源:《中国船舶工业年鉴2014》;2012年出口量数据暂缺。

2003—2007年,全球经济繁荣,国际贸易总量不断上升,国际贸易进口量和出口量都以两位数的速度持续增长。毫无疑问,国际贸易的繁荣拉动了海洋货运,海运能力跟不上市场需求,各大船运公司的业务异常繁忙,忙得不可开交,利润不断上升。它们纷纷订购新船,订单总量从2004年的10 253万载重吨直线上升到2007年的27 050万载重吨,翻了一番还多(见表6-4)。

表6-4　全球造船业三大指标　　　　　　单位:万载重吨

年份	造船完工量	新船订单	手持订单	新船订单和完工量之差	手持订单增长率(%)
2004	6 021	10 253	21 945	4 232	—
2005	7 129	7 287	22 017	158	0.3
2006	7 548	18 110	34 600	10 562	57.2
2007	8 060	27 050	53 000	18 990	53.2
2008	9 130	16 500	59 700	7 370	12.6
2009	11 640	4 110	51 800	−7 530	−13.2
2010	15 060	13 050	47 800	−2 010	−7.7
2011	16 250	7 210	37 800	−9 040	−20.9
2012	15 340	4 900	26 000	−10 440	−31.2
2013	10 820	15 820	29 800	5 000	14.6
2014	9 086	10 975	31 688	1 889	11.8

资料来源:《中国船舶工业年鉴2014》,第248页。

2007年,全球新船完工量仅仅8 060万载重吨,新船订单数字是完工量的3.36倍。各船厂的手持订单从2006年的34 600万载重吨上升为2007年的53 000万载重吨,增长率为53.3%。2008年,手持订单进一步上升为59 700万载重吨,是完工量的6.54倍。

2007—2008年是国际造船业的黄金岁月。由于订单不断增加,要排到3年之后与才能交付船主。各国造船企业积极投资,扩大产能,新的造船厂和船台不断落成。中国、日本、韩国三国的造船业迅猛发展。中国造船业的发展速度尤其迅猛,与日本、韩国之间的差距不断缩小。

风云突变,2008年,美国次贷危机和欧洲债务危机触发了一场全球金融危机,并在很短的时间内席卷全球。国际宏观经济形势逆转,造船业很快陷入困境。

第一,新船订单急剧下降。由于全球市场低迷,海运总量迅速萎缩。2009

年,全球出口量萎缩22.3%,进口量下降23.0%(见表6-5)。各家航运公司的运力过剩闲置,由于没有足够的货物可运,无需购买新船。新船订单从2007年的27 050万载重吨急剧减少到2008年的16 500万载重吨;2009年,新船订单继续下降,只剩下可怜的4 110万载重吨。

表6-5 世界货物进出口

年份	出口(亿美元)	出口变化率(%)	进口(亿美元)	进口变化率(%)
1991	35 150	1.9	36 320	2.3
1992	37 660	7.1	38 810	6.9
1993	37 820	0.4	38 750	−0.2
1994	43 260	14.4	44 280	14.3
1995	51 640	19.4	52 830	19.3
1996	54 030	4.6	55 440	4.9
1997	55 910	3.5	57 370	3.5
1998	55 010	−1.6	56 810	−1.0
1999	57 120	3.8	59 210	4.2
2000	64 560	13.0	67 240	13.6
2001	61 910	−4.1	64 830	−3.6
2002	64 920	4.9	67 420	4.0
2003	75 860	16.9	78 670	16.7
2004	92 180	21.5	95 680	21.6
2005	104 950	13.9	108 600	13.5
2006	121 200	15.5	124 440	14.6
2007	140 120	15.6	143 110	15.0
2008	161 400	15.2	165 410	15.6
2009	125 420	−22.3	127 360	−23.0
2010	152 740	21.8	154 640	21.4
2011	182 550	19.5	184 380	19.2
2012	184 040	0.8	186 080	0.9
2013	188 260	2.3	189 040	1.6
2014	189 350	0.6	190 240	0.6

资料来源:《国际统计年鉴2015》,第313页。

第二,在金融危机的冲击下,船价持续下滑。2013年,散装船的价格从2008年的高峰下跌了40%,造船企业普遍严重亏损。

第三,资金链异常紧张。造船业传统的付款方式分为五个节点:签订合同生效、开工、上船台、下水、交船,每次支付20%。可是在全球金融危机冲击下,许多船东只肯在交船前支付30%,其余部分在交船之后才支付。造船企业资金回笼减慢,不得不经常垫付资金,融资压力增大。

第四,产能严重过剩。由于国际贸易萧条、市场萎缩,许多已经下了新船订单的海运公司纷纷或者要求减价,或者要求延期付款,有些船东宁可支付违约金也要撤销订单,干脆弃船。可是,已经在船台上造了一半的新船必须完工,船舶完工量居高不下,新船订单和完工量之间的差距越来越大,船厂手持订单的数量逐渐减少。许多造船企业在新船下水之后不得不闲置设备,甚至关门歇业。

不仅中国的造船行业产能过剩,其他主要造船国家也是哀鸿遍野。2008—2013年,全球共有138家规模以上造船企业被市场淘汰出局,而在剩下的480多家企业中,86家中国、韩国、日本、印度、巴西、俄罗斯、新加坡和越南的造船企业在2013年第一季度末的手持订单量为零。产能过剩的现象以中国最为严重,有些新建的船厂尚未拿到任何订单就被列入产能过剩的名单。

惯性驱动,逆势扩张

祸兮福所倚,福兮祸所伏。

造船业的高速增长不一定是好事。如果说在2008年以前中国造船业的成就可喜可贺,那么对于在2008年以后中国造船业逆周期而上的举动只能给出四个字的评价:不合时宜。

按照常理,造船业必须预测海运量的起伏波动,提前调整造船产能。2008年,金融危机横扫全球,世界上主要造船国家见势不妙,纷纷收敛造船产能。2009年以后,日本和韩国的造船业都大幅度减少造船投资,进行结构调整。尽管这些国家的造船行业也出现了产能过剩,但尚且不是十分严重。唯独中国造船业依然保持着巨大的惯性,不顾一切地开足马力,大肆扩张产能。

2008年,中国推出了4万亿元投资计划。各个地方政府为了提高GDP增长率,创造更多的就业机会,千方百计寻找新的增长点。银行拿着钱到处寻找好的投资项目。按照2003—2007年造船业的统计数据,投资回报率相当高,于是,政府、企业和银行一拍即合,沿海各省纷纷制订计划,大张旗鼓地兴建新的造船基地。

2009年上半年,中国造船厂新船订单量突破4 000万载重吨,超越韩国,成为全球第一。

2010年,中国造船业造船载重吨位增长率高达56.9%,创历史最高纪录;完工船舶载重吨位突破6 000万载重吨,占全球比重为41.9%,超过韩国位居世界第一,增长速度之快令世人瞩目。2011年,中国完工船舶载重吨位达到7 696.1万载重吨,在2010年的基础上再增长13.9%。中国的造船总吨位很快就超过了日本和韩国,登上了世界第一的位置(见表6-6)。[①]

表6-6　2013年三大造船国比较

指标	项目	世界	中国	韩国	日本
完工量	载重吨(百万吨)	107.57	43.35	33.36	24.68
	占比(%)	100.00	40.30	31.00	22.90
新接订单量	载重吨(百万吨)	144.77	68.94	44.19	22.60
	占比(%)	100.00	47.60	30.50	15.60
手持订单量	载重吨(百万吨)	284.30	130.10	76.41	54.43
	占比(%)	100.00	45.80	26.90	19.10

资料来源:Clarkson Research Service,2014。

2011年,中国在造船行业景气评价体系的三大指标上全部位居世界第一,但殊不知就在盲目扩张的时候把枷锁套上了自己的脖子。虽然中国的造船数字和GDP增长率看起来很光鲜亮丽,但是当这些新建的船厂投产之日,就是中国造船业产能严重过剩之时。历史上,造船产能过剩出现过不止一次,不过以这次最为严重。中国是这次全球造船产能过剩的推波助澜者,也是最大的受害者。

2011年,中国造船载重吨位达到峰值之后掉头向下,2012年中国造船载重吨位下降21.8%,2013年再下降24.7%,由2011年的7 696.1万载重吨下降到2013年的4 534万载重吨。下滑趋势如此严重,让造船企业叫苦不迭,许

[①] 虽然中国在新船订单、完工船舶量和手持订单上名列前茅,但是韩国在订单金额、船舶附加值和技术含量上依然处于领先地位。韩国在造船规范、船舶设计、船舶配套和生产技术上具有明显的优势;而中国造船业凭借劳动力成本优势,在散装船、集装箱船和油船上具有较强的竞争力。

多企业不得不关门倒闭。中国造船业面临着严重的挑战。

近年来,中国船舶行业的产能利用率不断下滑,从2010年的75%下降至2013年的65%。① 2013年前三季度,中国造船业的产能利用率仅为50%—55%,比2012年75%的利用率下降了约20个百分点,远远低于国际造船业平均产能利用率。②

实践证明,规模较大的造船企业抵抗风险的能力要强于中小企业。2012年以后,许多中小造船厂的状况惨不忍睹。2013年,我国前20家造船企业承接新船订单量占全国总量的80%,前10家船舶企业产能利用率为71%,前20家为69.5%,远高于全国平均水平。总的来说,大企业优于中小企业,有军工生产任务的造船企业优于民用造船企业。

为什么中国造船业产能过剩特别严重

产能过剩分三大类:周期性过剩、局部过剩、短板过剩。③ 显然,造船业产能过剩与钢铁、水泥等行业的产能过剩不同,属于周期性过剩。由于在钢铁、水泥产业的产能数据中混杂了不少落后的产能,许多技术落后、高能耗、高污染的设备理应逐步淘汰,不能把这些设备也计算进产能。钢铁、水泥等行业的产能过剩数据并不准确,其产能过剩程度往往被夸大了。可是,造船业产能过剩的统计数据可靠性较高。

中国许多造船厂的历史并不长,大部分设备、装置不属于高污染、高能耗的范畴,需要淘汰的落后产能不多,也没有很强的负外部性。在造船业统计数据中,基本上没有把技术落后、高污染、高能耗、高排放的产能混杂在产能总量之中。与钢材、水泥、平板玻璃、原铝等行业不同,各家船厂的产能数字比较准确,也比较容易核实;其新船订单的数字也很容易审核。只要订单数字下降,就会实实在在地出现产能过剩。

---

① 2014年3月24日,工业和信息化部副部长苏波在"中国发展高层论坛2014"年会上的讲话。
② "中国造船业前三季产能利用率仅50%",《中国证券报》,2013年11月8日。
③ 关于产能过剩的分类请详见本书第一章。

为何造船业产能过剩如此严重？

第一，大型造船企业多为国有企业，缺乏利润最大化的激励。在政府和银行双重特殊关照下，缺乏防范金融风险的危机意识。

第二，造船企业高层管理人员对海外市场缺乏了解，缺乏判断市场动向的前瞻能力。许多国有企业负责人的头脑中依然保留着计划经济思维，盲目服从上级，好大喜功，对市场变化不够敏感。2008年全球金融危机爆发之后，许多国有企业依然按照惯性办事，缺乏调整弹性，继续扩张造船产能，结果是搬起石头砸了自己的脚。

第三，地方政府过度追求GDP和就业指标，希望通过扩张造船业拉动本地经济增长。

第四，政府投资政策和货币政策失误。2008年全球金融危机爆发之后，中国政府推出了4万亿元投资计划。金融政策相对宽松，银行发放大量贷款，基础货币（M2）在2009年一年内增长了27%。银行送贷上门，造船企业在地方政府的支持下很容易就拿到了贷款，大举扩张新的船台。

第五，学风浮躁，智库建设滞后，对国际市场动态的研究不够深入，没有及时向企业传递国际市场变化的信息。

一般来说，地方政府和国有企业的决策效率比较高，说干就干。虽然也有决策正确的时候，但是一旦犯错误就不可收拾。因此，应当深化国有企业改革，把决策权交给企业，鼓励它们按照市场动向决定投资的方向和力度；尽量减少政府干预，相信市场。

不平坦的复苏之路

全球经济在2011年开始触底反弹，逐步复苏；随之，国际贸易和海运总量逐步走出谷底。在船舶市场低迷3年之后，人们普遍预期造船业的订单会有所增加。不过，由于造船的周期长，造船业的复苏明显滞后于宏观经济周期，造船业的复苏之路并不平坦。

尽管国际市场各项宏观经济指标在2012年开始好转，但是造船市场依然困难重重。受国际金融危机滞后效应的影响,2011年以来全球造船行业手持订单数量继续下降,造船完工量持续下滑,普遍出现产能过剩。2011年,全球造船完工量高达1.5亿载重吨以上,可是新船订单只有7000万—8000万载重吨。由于供大于求,船舶价格下降,造船企业普遍亏损。

国际著名的船舶行业研究机构克拉克松(Clarkson)公司指出,2010—2014年,全球主要造船国家的造船规模将大幅削减。其中,中国的造船产能将从2230万修正总吨降至1610万修正总吨,韩国将从1820万修正总吨缩减至1700万修正总吨,日本将从1000万修正总吨压缩至760万修正总吨,而欧洲国家将从650万修正总吨减少至630万修正总吨。2014年,全球造船产能从2010年的5700万修正总吨压缩至4700万修正总吨。

实际上,2013年,全球造船完工量同比下降30.4%。同年,中国造船完工量为4534万载重吨,同比下降24.7%,与2011年高峰时期7665万载重吨的造船完工量相比,降幅达40.8%。

从2013年开始,全球造船业逐渐复苏。2013年前三季度,全球船厂总订单量较上年同期攀升62.6%至3022万修正吨。其中,中国造船厂得到1168万修正总吨订单,同比增加83.4%,占全球订单总量的38.7%;韩国造船厂获得新船订单1087万修正总吨。

新船价格在2013年开始反弹。2013年9月末,18万载重吨级"好望角型"散货船平均新造船价为5000万美元,相比1年前的4600万美元上升8.7%;12800—13500 TEU级集装箱船的价格也从同期的1.09亿美元上升到1.11亿美元。

2014年,全球造船产能超过2亿载重吨,折合大约6120万修正吨。中国、日本、韩国三大造船国的产能占全球90%,而中国所占份额接近40%。有的研究机构预期,2013—2015年船舶全球年均成交量为3200万修正吨,也就是说全球产能过剩将超过50%。

根据中国船舶工业行业协会的数据,2014年1—9月,全国造船完工3061万载重吨,同比下降26.4%;船舶行业80家重点监测企业主营业务收入同比下降15.8%,利润总额同比下降53.9%。船舶出口形势依然非常严峻。2014

年1—8月,中国出口船舶1907万载重吨,同比下降7.3%;承接出口船订单4465万载重吨,同比增长50%;8月末手持出口船订单14616万载重吨,同比增长57.2%。出口船舶分别占全国造船完工量、新接订单量、手持订单量的86.4%、94.2%、95.1%。

受到国际市场波动的影响,从2014年8月开始,造船业再次出现下滑态势。2014年1—8月,全球新接订单合计7736万载重吨,相比2013年同期减少22%。2014年8月,全球新接订单216万载重吨,同比回落86%,环比回落74%。其中,散货船、游轮和集装箱船的新接订单分别同比下降92%、73%和89%。

造船业的寡头垄断竞争特征

世界经济经历过许多次的周期波动,各国造船行业的景气状况也随着周期上下起伏。在经济周期度过谷底之后,造船业必然逐步复苏。2008年的金融危机已经过去很久,造船业依然在泥淖中挣扎,产能严重过剩。

能不能干脆撒手,让那些产能过剩的船厂关门破产,自生自灭?问题恐怕没那么简单。造船业是资金密集型产业,建立一个造船基地谈何容易。它不仅需要大量的资金投入,还要培养一支专业、相互配合良好的团队;而且,建好的船台和专用设备基本上不能改作他用。进入造船业的门槛相当高,想退出也不容易。

寡头垄断市场是市场经济的四个基本模式之一。[①] 由于小企业受到资金和能力的约束,无法通过规模效益降低成本,因此在竞争中逐渐被淘汰出局。企业必须具有相当大的生产规模,才能降低成本,提高经济效益。不少行业(例如汽车行业、手机行业、罐头行业等)都具有寡头垄断市场的特征,少数几家厂商控制了大部分的生产和销售,其他小品牌很难和这些大企业同台竞争。例如,汽车行业形成了美系的通用、福特、克莱斯勒,日系的丰田、本田,德系的大众等六大汽车集团;手机行业形成了苹果、三星、诺基亚等几大集团。与汽

---

① 按照微观经济学的分类,市场可以分为充分竞争、垄断竞争、寡头垄断和垄断四大类型。

车、手机等行业一样,造船行业也具备寡头垄断市场的各项主要特征。

在寡头垄断市场上,几个寡头的产量囊括了大部分的市场份额,它们产量和价格的变动会影响整个行业的产量与价格。近年来,国际造船业通过不断的兼并、重组,形成了若干大的集团,进入造船业的资金门槛越来越高。规模经济使得大企业拥有竞争优势,在竞争上不断排挤小公司,最终形成寡头垄断竞争格局。对试图进入这些行业的企业来说,除非一开始就能形成较大的生产规模,并且占据一定的市场份额,否则过高的平均成本将使其无法与原有的企业相匹敌,进入寡头垄断市场的门槛越来越高。在寡头垄断市场中,市场份额之争是决策者不能不考虑的关键问题。

几个寡头之间的博弈决定了市场的定价机制。每个寡头厂商在决定产量和价格之前,必须判断改变自身决策对其他厂商的影响并且预测其他厂商可能采取的对策。往往在这些寡头背后还有政府的背景,因此寡头垄断市场模型是典型的多元博弈模型。从理论上讲,这类多元博弈不存在一个确定的解。

民用船舶分三大类——散装船、油轮、集装箱船,除此之外还有豪华邮轮、海洋工程设备(如钻井平台、专业勘探船)等。造船行业的寡头垄断属于有差别的寡头垄断。也就是说,在每一类船舶中形成寡头,而不会出现样样都强的绝对寡头。寡头之间的竞争主要是价格竞争,当市场萎缩时,同类船舶厂商之间就靠降价争取新船合同。因此,造船行业的价格波动远比充分竞争市场要大。从理论上讲,若干寡头厂商可以通过协议、默契等多种方式达成共谋,排挤对手,维持市场份额。

当前,世界造船业三国鼎立(见表6-7),中国、韩国和日本的造船完工量在2013年占全球总量的94.2%(见表6-8)。

表6-7 2013年船厂接单情况

地区	接单艘数(艘)	艘数占比(%)	接单量(万载重吨)	载重吨占比(%)
中国	1 151	46.4	7 420	46.9
韩国	505	20.4	4 770	30.2
日本	459	18.5	2 610	16.5
其他	366	14.8	1 020	6.4
全球	2 481	100.0	15 820	100.0

资料来源:《中国船舶工业年鉴2014》,第247页。

表 6-8 世界各地区造船完工量

地区	2012 年 造船数量（艘）	2012 年 造船完工量（万载重吨）	2013 年 造船数量（艘）	2013 年 造船完工量（万载重吨）
韩国	459	4 850	379	3 330
日本	451	2 950	387	2 470
中国大陆	1 154	6 530	806	4 390
中国台湾	17	100	9	50
亚洲其他地区	163	660	222	390
亚洲合计	**2 244**	**15 100**	**1 803**	**10 630**
德国	13	10	9	10
丹麦	2	0	0	0
法国	3	0	0	0
意大利	9	0	9	0
荷兰	37	20	26	10
西班牙	14	0	0	0
芬兰	5	0	2	0
挪威	39	20	44	20
土耳其	15	20	21	20
波兰	12	0	0	0
乌克兰	1	0	0	0
克罗地亚	11	30	6	10
欧洲其他地区	36	80	71	70
欧洲合计	**197**	**190**	**188**	**140**
巴西	17	30	19	20
美国	22	20	33	10
其他地区	11	10	6	0
合计	**50**	**50**	**58**	**40**
世界合计	**2 491**	**15 340**	**2 049**	**10 820**

资料来源：《中国船舶工业年鉴 2014》，第 249 页。

显然，同一个国家的寡头企业更容易相互协调、让步，结成联盟共同对付其他国家的竞争者。它们在各国政府的协调之下更容易在信息互享、价格调整和市场营销上取得一致。

为争夺市场份额，寡头之间往往爆发价格战，争相降价，争取市场份额，导致低利润甚至亏损。在经济不景气的时期，价格战格外惨烈，有的时候即使两败俱伤也在所不惜。2008年金融危机爆发之后,造船业很快出现恶性竞争,新船价格暴跌。如果资金不能支持竞争,企业就只好退出造船业市场。一旦被赶出竞争舞台,企业就很可能永远也别想回来。荷兰、英国、美国曾经是世界造船业的霸主,它们何尝不想重温旧梦,发展造船业,为本国民众提供更多的就业机会。可是,不跨越寡头垄断竞争的门槛,它们就难以回归造船业。

对于身陷困境的船厂不能袖手旁观,必须伸手拉一把。在寡头竞争中,有的时候寡头们之间比拼的就是资金实力。好在中国拥有较为充裕的资金,有必要由政府或银行给予亏损船厂一定的资金扶助,在亏损的状况下咬牙挺住,不能太在意短期的利润率。造船企业很可能在短期内亏损,但是一旦保持住市场份额,待市场景气恢复之后很快就能捞回来。

整顿、重组、创新,提高竞争力

提高产业集中度。按照经济周期理论,经济衰退的低谷时期恰恰给造船业提供了整顿、重组、提高竞争力的机会。

如同汽车、钢铁等行业一样,中国的造船企业数目太多。2010年,中国有3 000多家造船企业,规模以上企业约400家。在过去几年内,中小船厂完工的船舶中,七成都是低端的散装货船,技术水平不高,同质化的产能过多。这些缺乏竞争力的船厂在地方政府的支持下不断扩大生产规模,加剧了国内造船业的产能过剩。

2011—2012年,大量中小造船企业关门倒闭。当时有业内人士预计,"中国有50%的造船厂将在未来2—3年内破产"。

2013年,全国船舶企业总数下降为1 664家(包括船舶制造、配套、修理企业),其中中小企业1 541家(船舶制造中小企业717家)。2013年11月,为了提高行业标准化,淘汰落后产能,化解产能过剩,工业和信息化部发布了《船舶行业规范条件》,对国内造船企业的生产设施、建造技术、质量保证体系、节能环保等多个环节提出要求。总体来说,造船企业的数量仍然过多,产业集中度偏低。经过兼并整合,2014年,国内船舶企业总数下降为1 485家。①

毫无疑问,兼并重组,提高行业集中度,发挥规模效应,有利于投入国际竞争。国内造船行业的兼并重组主角无疑是中国船舶重工集团公司(简称"中国重工")和中国船舶工业集团公司(简称"中国船舶")两大集团。中国重工和中国船舶作为这两大集团的上市旗舰企业,有可能成为承担并购重组的主体。有些颇具竞争力的民营造船企业也可能在兼并重组中起到重大的作用。

极地船舶制造。此外,中国造船行业需要拓展眼界,不断通过技术创新开辟新的市场。在亚洲和欧洲之间有两条传统航线,在苏伊士运河开通之前,人们只能绕远经过非洲好望角。这条航线与苏伊士运河相比,航程长了几千海里,每艘船的运输成本至少增加上万美元。经过苏伊士运河的航线是目前欧洲到亚洲海运的最佳途径。可是,苏伊士运河沿岸各国政局动荡,索马里海盗猖獗,使得苏伊士运河航线的风险很高。

冰雪覆盖的北冰洋历来被视为海运禁区。随着科学技术的进步,出现了新的船舶类型——极地船舶,穿越北冰洋的可行性越来越大。与传统航线相比,北极航线极大地缩短了亚洲与欧洲之间的航程,比经过苏伊士运河节省15天左右,比绕道好望角节省的时间更多。只要在船舶设计和制造上有所突破,北极航线的安全性并不低于其他航线。近年来,各国都在探索开辟北极航线,极地船舶建造也随之升温。

2014年6月,工业和信息化部在其官方网站发布《高技术船舶科研项目指南》,针对极地油气资源开采与北极航线提出了发展极地甲板运输船、极地原油运输船、极地多用途集装箱船和极地甲板机械的设想。如果能够有效地组织国内科技力量协同攻关,不断提升我国极地船舶和设备的自主研发能力,完全有可能迅速发展极地船舶,有效地化解造船产能过剩。

海工装备制造。近海油田的勘探、开采需要大量海工装备,这是一个迅速增长的船舶市场。造船行业的过剩产能完全可以转移生产海工装备。中国在全球海工装备市场的份额在2013年已经达到29.5%,超越新加坡,位居世界

---

① 中国船舶工业行业协会对2014年上半年船舶工业经济运行情况的统计数字。

第二。不过,2014年以来,许多造船企业一窝蜂地转向海工装备制造。千万不要矫枉过正,在今后又出现海工装备产能过剩的情况。[①]

高端和特殊船舶。当前,对于技术要求不高的中低端船舶而言,确实产能过剩,可是真正高端的船舶需求量依然很大。国内的大型造船企业理应加大对科研、发展的投入,不断采用先进技术,进行产业升级,向技术要求较高的高端船舶和特殊船舶制造转型。

更新改造。国务院印发的《船舶工业加快结构调整促进转型升级实施方案(2013—2015年)》,鼓励老旧运输船舶提前报废更新;支持行政执法、公务船舶的建造和渔船的更新改造。此举也可以部分化解造船业的产能过剩。

发挥比较优势,再振造船业雄风

在困难的时候,要看到成绩,要看到自身的比较优势,要对未来的竞争充满信心。

造船业是劳动密集型产业。中国造船业拥有大量熟练的技术工人,在生产线上形成了各个工种的有效配合。与日本、韩国相比,中国工人的平均工资较低。中国的劳动力成本只占造船总成本的10%,而韩国和日本的劳动力成本几乎占20%—30%。尽管中国的劳动生产率尚且赶不上日本和韩国,但是近年来,中国工人的劳动生产率在不断提高,其增长速度超过了工资增长速度。因而,在单位产品劳动力成本上,中国造船业具有显著的比较优势,这是最近十几年造船业积累的竞争力。在经济衰退时期,不要轻易让造船生产线的工人改行。在产能过剩的情形下,可以考虑由国家补贴,帮助企业培训员工,提高技术水平。

造船业也是资金密集型产业。投资兴建新的造船企业需要投入大量资金。近年来,中国居民储蓄率很高,在2015年3月外汇储备3.73万亿美元,位居世界第一。用好、用活这些外汇资源是一个新的挑战。由于经济面临困

[①] 《中国船舶报》,2014年4月10日。

境,不少造船技术先进国家的企业和研发设计机构的资金周转遭遇到困难,开始寻求新的合作伙伴。我国造船企业可以利用有利的市场和资金条件,与欧美先进造船企业开展合作,促进自主创新能力的提升,迅速补强自己在核心技术方面的短板,从船舶设计到附属装备上发展自己独特的竞争优势。

中国造船企业另外一个显著的比较优势在于,国内商品出口的海运需求规模巨大。随着中国经济高速增长,进出口贸易总量急剧上升。2014 年,中国出口总额 23 427 亿美元,位居世界第一;进口 19 603 亿美元,仅次于美国(24 094 亿美元),位居世界第二。[①] 中国出口的主要市场是北美和欧洲,大部分的进出口货物都要通过海运。毫无疑问,中国对远洋货运的需求将持续增长。当前,我国大量的货物由外资海运公司承运;除中国远洋之外,能够在硬件和软件上有实力与外资运输公司竞争的企业并不多。众所周知,中国疆域辽阔,大部分出口商品需要通过陆路运输到港口之后才能出口。如果能够通过海陆联运,把各个港口腹地的公路、铁路和海运综合一体化,就势必可以进一步降低运输成本,缩短运输时间,方便客户。而实现海陆联运,国内企业具有外资企业无法抗衡的竞争优势,无论是中国远洋还是其他运输公司都可以在联运上大做文章。

回顾历史,造船业几度繁荣,几度萧条,每次金融危机都会导致造船产业中心从一个地区转移到另一个地区。转眼之间,当年称霸国际造船舞台的荷兰、西班牙、英国、美国都成了昨日黄花。在当前这次大调整中,中国的造船业有两种可能出现的前景:第一,适度调整、保护主力、产业升级、技术创新,在外部市场复苏时,重振雄风,再度高速发展;第二,在政府强力干预下,打着产能过剩的旗号,矫枉过正,从而大伤元气,丢失国际市场份额,造船产业中心如同黄鹤别去,花落他家。

造船业对于中国的经济增长和就业非常重要,不仅提供大量就业机会,还拉动上下游钢铁、机械设备等许多行业的增长[②],因此无论如何不能轻言放弃

[①] 《中国统计摘要 2015》,第 176 页。
[②] 2013 年全国造船钢材消耗量为 1 100 万吨,同比下降 8.3%。《中国船舶工业统计年鉴 2014》,第 30 页。

造船市场份额。在2008年金融危机的冲击下,全球经济经历了一次大调整,造船业也面临产业的重新布局。在困难的时候,要硬着头皮顶住,积极做好各项调整,大力投入科研和新产品开发,提高技术水平,提高产业集中度。国家应当给予资金和政策扶持,帮助造船企业度过黎明前的黑暗。待到全球造船行业走出低谷时,中国造船业就可以迅速站起来,重振雄风。

第七章

产能过剩与政府作用

导 读

- "看得见的手"和"看不见的手"就像一枚硬币的两个面,不能只强调一个方面而忽略另一个方面。

- 产能过剩是过度投资的结果,而导致过度投资的主要原因是政府在投资决策上权力太大,手伸得太长。在各项政府作用中,没有防止产能过剩这一条。产能过剩是市场运行中出现的问题,理应交给市场去解决,用不着政府多管闲事。

- 不应当过分强调政府宏观调控的作用。经济改革是一个快速发展的动态过程,政府机构很难准确地识别经济体制中的扭曲,也很难迅速、有效地纠正这些扭曲。产能过剩是一种市场现象,既然是市场发生的问题就应当通过市场机制来解决。

- 某些企业大喊产能过剩,是为了排斥新的竞争对手,维持自己的市场份额。某些官员大喊产能过剩,是为了扩张审批权力。审批权在市场上成为寻租的利器。近年来,在治理"产能过剩"的同时,腐败如影随形,泛滥成灾。好的制度可以防止好人变坏,坏的制度可以将好人拖进泥淖。

- 通过对发改委下达文件的整理,可以发现在过去15年内发改委一直预测产能过剩。但事实证明,发改委的预测一错再错。

- 在整治产能过剩的过程中可以明显地感觉到对民营企业的歧视。

看懂中国产能过剩

"看得见的手"和"看不见的手"

为什么产能过剩在中国变成了一个久治不愈的"痼疾",甚至有人说"产能过剩将成常态"?[①]

市场均衡是相对的,不均衡是绝对的。在不断变化的市场中,产能过剩是寻常事。有时候产能过剩,有时候产能不足,交替出现,司空见惯,不足为奇。在市场机制能够充分发挥作用的情境下,企业追求利润最大化,根据市场价格信号决定投资的数量和时间。倘若产能不足就增加投资,倘若产能过剩就削减投资,淘汰落后设备。产能过剩只不过是市场动态平衡中的一个短期现象,绝对不可能"常态化"。

把政府作用比喻为"看得见的手",人们常常把市场机制比喻为"看不见的手"。理论和实践都告诉我们,"看得见的手"和"看不见的手",两者都很重要,绝对不能强调某一方而忽略了另一方。不知道有多少文章和专著从不同角度讨论政府在经济发展中的作用!这个问题是如此重要,以至于人们无法回避。这个问题的解答又是如此多变,因时而异,因地而异。看起来,只要人类经济活动不中断,这个讨论就会继续下去。

要发展经济,万万不能没有市场。市场机制固然非常重要,但是市场并不是万能的,经常出现市场失灵。如果对经济活动完全放任不管,就会出现20世纪30年代大萧条那样的经济危机,或者出现环境污染、资源浪费等不受市场机制约束的外部效应。有些经济学家认为,中国当前出现的产能过剩是市场失灵的一种表现。

一方面,不能忽视政府作用;另一方面,如果过分强调政府对经济的干预,就有向计划经济倒退的可能。虽然在实行计划经济的初期可能会取得一些成果,但是必然损伤竞争机制,失去经济发展的活力。控制得越久,问题越大,改革的难度就越大。有些官员往往以为自己很高明;但实践反复证明,如果瞎指

[①] 《人民日报》2013年5月6日一篇报道的标题为"产能过剩将成常态,销售利润率几乎为零"。

挥往往事倍功半,甚至事与愿违。在经济转型时期,如果不控制政府官员的权力,往往会给寻租活动创造空间,导致贪腐成风。许多经济学家认为,当前出现的产能过剩在很大程度上属于政府失灵。

政府该干什么,完全取决于国民经济的具体状况。如果出现市场失灵,就说明在过去政府没有起到应有的作用,管得不够或者管得不当,应当相应地增强政府的作用。如果出现政府失灵,显然政府干预过多,就应当减少政府对经济活动的干预,让市场起到更多的作用。"看得见的手"和"看不见的手"就像一枚硬币的两个面,不能只强调一个方面而忽略另一个方面。

有没有可能在市场失灵的同时政府也失灵了?当然可能。在当今世界上我们不难找到这样的例子:在许多转型经济国家中,"看得见的手"和"看不见的手"都没有正常发挥作用。这种状况不仅存在,而且出现的概率相当高。其结果是,国民经济大起大落,停滞混乱,损失惨重。要不然世界各国怎么会穷的穷、富的富,差距悬殊?

面对产能过剩,矛盾的焦点是:政府该不该出手?该如何出手?

当前,中国正处于由计划经济向市场经济转型的过程中,市场机制和政府调控并存,政府在重大项目投资决策上具有很大的影响力。产能过剩是过度投资的结果,而导致过度投资的主要原因是政府在投资决策上权力太大,手伸得太长。即使完全是民间投资,没有政府的批文,许多项目也寸步难行。政府的强行干预使得市场机制不能正常发挥作用。政府干预抑制了市场机制的纠错功能,一抓就死,一放就乱,越管越乱。

朱镕基早在 2000 年的时候就说过:"淘汰过剩产能要采取经济手段。"他指出:"经验证明,对污染环境、破坏资源、质量低劣、不符合安全生产条件的企业,必须依法采取行政关闭措施。不如此,这些企业不会自动退出市场。但是,压缩、限制供过于求的长线产品生产企业,只能采取经济手段。地方财政更不能以补贴等手段保护这些落后企业。当前,防止那些被淘汰企业死灰复燃的最好办法,仍然是利用市场机制和价格杠杆。"[①]

---

① 参见《朱镕基讲话实录》(第 4 卷),第 12 页。

李克强在2015年5月12日说:"十八届二中全会指出,转变政府职能是深化行政体制改革的核心。十八届三中全会强调,经济体制改革的核心问题是处理好政府和市场的关系,使市场在资源配置中起决定性作用,更好地发挥政府作用。""长期以来,政府对微观经济运行干预过多、管得过死,重审批、轻监管,不仅抑制经济发展活力,而且行政成本高,也容易滋生腐败。"

2015年7月15日,李克强再次表明:"必须坚定不移推进改革,继续加大简政放权、放管结合、优化服务等改革力度,清除对市场的不合理束缚和羁绊,有效发挥市场配置资源的决定性作用,更好地发挥政府作用。"①

朱镕基和李克强等人说得很清楚,治理产能过剩最好的办法是利用市场机制和价格杠杆。可是,某些部门习惯于用行政命令在钢材、水泥、平板玻璃、原铝、造船等领域整治产能过剩,动辄祭起行政干预的"尚方宝剑",严格控制审批,甚至扬言几年之内一个都不批。结果是,把简单的事情搞得很复杂,事与愿违。

动态地看待政府作用

老子说:"道可道,非常道。"世上万物都在发展变化,没有亘古不变的道理。

经济学理论是在实践中不断地发展的。

强调经济自由主义的新古典学派和强调政府干预的凯恩斯学派是经济学的两大流派,此起彼落、相互交替地占有主流地位。第二次世界大战以后,经济学界一度是凯恩斯主义的天下。许多刚刚赢得独立的发展中国家走上了计划经济的道路,纷纷制订五年计划。短期内,虽然计划经济可以交出一份亮丽的成绩单,但是从长期看,走计划经济道路的国家鲜有成功的案例。②

到了20世纪80年代,美国的里根和布什政府奉行经济自由主义。等到克林顿上台,主张政府干预的凯恩斯主义的调门又高了起来。美国两大政党,

---

① 参见《人民日报》,2015年5月15日,2015年7月16日。
② 参见徐滇庆等,《终结贫穷之路》,北京:机械工业出版社,2009年版。

一般来说,共和党倾向于保守,主张自由经济(里根和布什都属于共和党);民主党带有自由、改良的倾向,主张政府应该积极干预经济(克林顿和奥巴马属于民主党)。英国两大政党,保守党倾向于自由经济(撒切尔和梅杰),工党倾向于政府干预。从历史上,我们可以大致看出这两大政党的区别,但是谈到具体政策,情况就复杂了。特别是近年来,人们从历史变迁之中学到了教训,变得更聪明了。克林顿和奥巴马政府的政策就绝不是当年凯恩斯主义的翻版。经过了多次交锋,两大学派互相取长补短,各自做了许多的修正、相互融合。如今,在新古典学派的理论中大量地讨论政府政策,凯恩斯学派也重视市场竞争、价格机制。例如,萨缪尔森多次修订他的《经济学》,认为"几乎在不知不觉中,纯粹的资本主义已经逐渐演变成保持公私两个方面的主动性和控制权的混合经济"。[①] 两大流派之间的融合反映了经济学正在逐步加深对客观规律的认识,这是人类社会的进步。

从表面看来,这似乎是两大学派"你方唱罢我登场",三十年河东,三十年河西。实际上,这个变迁正反映了一个最根本的真理——实践是检验理论的唯一标准。无论是主张政府干预还是主张自由经济,其经济政策必须经受实践的检验。如果某个理论指导下的政策遇到了挫折,那么新的理论就会呼之即出、取而代之。过度强调自由经济是导致20世纪30年代经济危机的主要原因之一,纠错的结果产生了凯恩斯主义的政府干预政策。政府过度干预造成了20世纪70年代的滞胀和衰退,为新经济自由主义登台创造了条件。过度放任自由导致了又一次经济衰退,使得主张政府干预的经济学家有了表演的机会。不管是什么样的权威、大师,如果其理论、政策通不过实践的检验,就会有人出来反对,最终被新的理论所取代。

解放生产力,促进社会进步

究竟是政府干预好还是市场机制好?在回答这样的问题之前不妨反问一下:为了身体健康,是加强体育锻炼好还是重视医疗看病好?众所周知,体育

[①] 参见萨缪尔森,《经济学》,北京:商务印书馆,1982年版。

锻炼固然重要,但保不住不生病;生了病,当然要去看医生,该吃药就吃药,该动手术就动手术。同时人们也都明白,就是泡在药罐子里也解决不了问题,平时还是要加强体育锻炼。讨论政府和市场的关系也不是一个非此即彼、非黑即白的问题。简单地做出一个判断,不可能抓住问题的本质。

不管是白猫黑猫,抓住老鼠就是好猫。

无论是强调政府的作用还是强调市场机制的作用,目的只有一个:解放生产力,促进社会发展,提高劳动生产率。把生产搞上去才是硬道理。

要促进经济发展,最根本的就是解放生产力,调动人的积极因素。要发挥人的积极性,就一定要有一个正确的激励机制;而产生正确的激励作用的前提条件是公平的竞争环境。在经济发展过程中,政府的主要功能就是应当通过制度、法令和其他许多措施,创造和保证这样一个公平的竞争环境。例如,20世纪80年代,中国农村改革解除了束缚农民的桎梏,调动了他们的生产积极性,农村生产发生了极大的变化。同样的土地、同样的劳动力,农产品产量节节上升,在很短时间内就消除了长期困扰中国的食品短缺问题。这便是明证。

从中国的情况来看,我们应该强调哪一个方面呢?关键取决于我们对当前社会经济状况的判断。在中国当前的经济生活中是强调市场机制过度,还是强调政府干预过度呢?显然,在绝大多数情况下,应强调政府作用过了头。

由于受到凯恩斯行动主义的影响,目前,世界上许多发展中国家往往政府干预过多。在发达国家中,政府官员干预经济的权力很小,企业家在做出投资决策的时候,几乎用不着咨询地方官员。可是在中国,官员的权力大得很。没有发改委的批文,上个较大的项目比登天还难。显然,当前的主要矛盾是克服政府干预过度的问题。

政府在经济发展中应该做的事情

政府在经济发展中到底应当做哪些事?大致上可以列出以下几条:

(1) 维护市场秩序,保持公平竞争。诺斯(North)指出,国家所提供的基本服务通过政策、法律为市场竞争制定规则,为各个经济活动的主体创造公平、公开、公正竞争的环境,保障市场经济有效运转;充分发挥对市场的监督、服务、沟通作用,维护市场秩序;反对任何形式的垄断,反对非法竞争,保护产权(特别是要保护知识产权),保护生产者和消费者权益(取缔伪劣产品、不实广告等)。

(2) 稳定宏观经济环境,建立稳定、健全的金融货币政策,控制货币供应量,稳定价格,稳定利率。保持政府预算平衡,控制国家的固定资产投资规模。

(3) 抓紧包括交通、通信、能源在内的基础设施建设,特别要统筹规划,解决那些制约经济发展的"瓶颈",促进整个国民经济的均衡发展。

(4) 推动对外贸易和经济合作、交流。在与外国政府和国际组织的谈判中,政府是民族工业的代表,要为民族工业争取一个平等的地位;要加强对外经济法规的建设,培养专门人才,改善投资环境。政府要责无旁贷地主导国际经济的研究,收集国际经济、贸易信息,帮助企业投入公平的国际竞争;反对不公平贸易,反对外国商品倾销,适度保护国内幼稚产业。

(5) 教育是关系国家未来的最重要的人力资本投资。国家必须在国民教育中起到主导作用,不断增加对教育的投资。政府在科学研究,特别是在基础研究上一定要发挥主导作用,大力支持新技术和新产品开发。

(6) 在城镇化过程中,必然会出现较大规模的经济结构调整,相当多的劳动力将从农业转移到制造业和服务业。因此,必须要建立、健全劳动力和人才市场,促进劳动力合理流动,为需要转移的劳动力提供职业培训。

(7) 消除由于价格管理、行政管理、规章制度等因素对经济体系造成的扭曲,建立、健全全国统一的市场。完善和规范股票、债券、期货市场,完善融资渠道,促进资金、技术等生产要素的自由流动,优化资源配置。为企业和公众提供市场信息和咨询服务,特别是提供有关国际市场信息的服务。

(8) 建立、健全合理的税收制度,调节各个社会集团的利益关系,缩小贫富差距,通过税收、信贷等手段来实现国家的产业政策。

(9) 保护环境和生态平衡。合理开发、利用土地和其他自然资源,提高资源利用效率。

(10) 建立、健全社会保障系统(医疗保险、失业保险、退休养老、城乡社会福利和社会救济、扶助贫苦、食品安全等),通过财政转移支付来扶助贫困地区和弱势群体。

在经济改革的过程中,政府要尽力做好应该做的事情:稳定宏观经济环境,维护公平竞争,改善基础建设,提供信息服务等,而把许多微观经济运行的问题交给"看不见的手"去处理。有所不为才能有所为。在中国经济转型的过程中,由于存在旧有计划经济的强大惯性,与其注意什么是政府应该做的,还不如多研究一下什么是政府不应该做的。

不应当过分强调政府宏观调控的作用。经济改革是一个快速发展的动态过程,政府机构很难准确地识别经济体制中的扭曲,也很难迅速、有效地纠正这些扭曲。往往"按下葫芦起了瓢",在纠正一个扭曲的时候又制造了另外一些扭曲。

但是,这并不意味着政府就可以撒手不管、放任自流。政府的注意力应当集中在如何创造一个生机勃勃的公平竞争环境,激发生产单位的活力。特别是要在大力发展民营经济的同时,为那些在旧有的计划经济体制中受到严重束缚的国有企业松绑,让它们在公平竞争中改变企业的运行机制,提高竞争能力,脱胎换骨。在一个蓬勃兴旺的经济增长过程中,许多看起来很严重的扭曲会在公平竞争中得到逐步纠正。

研究政府政策时,我们既不抹杀政府所起的作用,也不否认政策是经济发展的一个重要因素。在某些关键时刻,政府政策会起到决定性的作用;然而总的来说,政府在经济发展中可以施展的空间和作用都是极其有限的。决定经济发展的是市场竞争机制,以及一国内部的资源禀赋、发展目标模式和外在的经济环境。客观环境给一个国家的经济提供的机会和约束在任何时候都是第一位的。比较高明的领导人往往能够想办法把约束放得宽松一点,并且迅速抓住历史提供的机会。如果反应迟钝,把机会让给了竞争对手,或者头脑发昏,超越了条件允许的范围,就必然在经济发展上犯错误。

在中国,由于许多官员脑海中存留着计划经济观念,政府对经济的干预往往特别严重。有人认为,计划经济能够合理规划、统筹安排,避免上下起伏的周期波动。这个假说的前提是计划经济的指导部门能够准确地掌握信息,全面规划,综合平衡。事实上,计划部门根本就无法掌握千变万化的市场信息,甚至连基本的经济数据都搞不清楚。

计划制订者的目标是实现全局最优化。可是,地方政府之间,以及地方政府和中央政府之间存在广泛的利益冲突,根本就不存在能够兼顾各方面的利益分配方案。矛盾冲突的结果使得所谓的计划徒具形式,上有政策、下有对策,各行其是、分庭抗礼。在计划经济体制下,宏观经济大起大落的程度甚至超过市场经济中的经济周期波动。

在各项政府作用中,有没有防止产能过剩这一条?没有。产能过剩是市场运行中出现的问题,理应交给市场去解决,用不着政府多管闲事。

2001年以来,发改委一直在与产能过剩做斗争;可是,发改委自己也承认,产能过剩的问题越来越严重。发改委说的到底对不对?开的药方有用没用?如果说发改委有什么事情非做不可,那就是加强法制建设,监管高污染、高能耗的企业,监管地方政府对土地、矿产资源的审批权,促进全国统一市场的形成,防止地方政府为了局部利益而盲目扩充产能;提倡公平竞争,推进市场化,让国有企业逐渐退出竞争性行业,限制各级官员对经济的干预,把投资决策权交给企业。

产能过剩是市场失灵还是政府失灵

近年来出现的产能过剩究竟是市场失灵还是政府失灵?按照经济学理论,出现市场失灵是因为企业成本不能内生化。换言之,由于某种经济活动产生的外部性,使得价格机制被扭曲,导致不能合理地配置资源。例如,钢铁厂排出的烟尘、污水污染环境,在企业谋取高额利润的同时损害了周边居民的利益。企业经济利益和社会利益不一致。在这种情况下,市场价格机制并不能纠正企业的污染行为,即市场失灵了。这要求政府强行采取污染税、罚款甚至强令严重污染厂家关门停产等措施维护社会福利。

如果市场机制能够正常地发挥作用,产能过剩只不过是一种短期现象。假若企业的产品卖不出去,积压在仓库中,资金不能回笼,利润下降,则企业将不得不关停部分设备,降低产能。在市场机制作用下,企业绝对不会再盲目扩张,人们也绝对不会继续投资于这个行业,产能过剩自然得到缓解甚至消失。产能过剩并没有"外部性"。倘若有人能够证明产能过剩具有抑制市场机制的"外部性",我们乐于洗耳恭听。显然,要把产能过剩和市场失灵联系在一起,难度极大。

既然产能过剩和市场失灵无关,那么很可能和政府失灵有关。

第一种可能是产能根本就没有过剩,统计数据错了。如果把落后、高污染、高能耗的产能都包括在统计当中,就很可能高估了企业的产能。如果低估了未来的市场需求,就很可能导致产能过剩的错误结论。在过去十几年里,凡是听发改委的话的地区或企业都吃了亏,而阳奉阴违的反而占了便宜。这样的错误只要重复犯上几次,地方政府和企业就会学"乖"了。哪怕发改委严格控制产能过剩的口号喊得再响,上有政策、下有对策,它们或者巧立名目、化整为零、改头换面;或者提着钱包、"跑部钱进"、拉拢行贿。毫无疑问,这是典型的政府失灵,最终将导致官员腐败。

第二种可能是国有企业明知产能过剩还要继续投资,其深层原因是某些国有企业的经营目标不是企业利润最大化,而是遵循长官意志。地方政府官员和国有企业负责人为了晋升而片面地追求 GDP 增速、就业等指标,完全不顾是否会导致产能过剩。这是典型的政府失灵。

第三种可能是地方政府在土地、财税政策上给予种种好处,鼓励投资。企业(包括民营企业)明知投资之后可能遭遇产品过剩,但是即使产品卖不出去,却获得了土地、贷款、人脉关系等资源,得大于失。显然,在这种情况下,地方政府扭曲了市场机制,问题的本质仍然是政府失灵而不是市场失灵。

第四种可能是近年来,进入钢铁、水泥、平板玻璃等行业的民营企业越来越多。民营企业在劳动生产率、工业生产组织、激励机制和营销策略上具有较强的比较优势。尽管国有企业的利润率远不及民营企业,但是在政府和银行的支持下,国有企业不仅不会退出反而会逆势扩张,试图以规模经济降低成本。显然,破坏市场公平竞争规则的恰恰是政府的不当干预。表面看起来是市场失灵,本质还是政府失灵。

我们要建立一个法制社会，只有人人都按照法律办事才最公平。姑且不说许多法规是否合理，也不说制定这些法规是否经过了认真的研究、论证，就算这些法规都是合理的，执行这些法规的各级官员是否能够秉公办事？能不能做到严格把关，在产能严重过剩的行业中一个都不批？事实上，政府调控卡的是民营企业、中小企业，但国有企业特别是大型央企照样拿到批文，照样上马。为了拿到发改委的批文，一般的地方企业和民营企业不得不"跑部钱进"，拉拢行贿。只要行贿到位，照样能拿到批文。

实践证明，即使真的产能过剩也不能让政府官员管。产能过剩是一种市场现象，无论如何，产能过剩不属于政治、思想问题，既然是市场发生的问题就应当通过市场机制来解决。

好的制度可以防止好人变坏，坏的制度可以将好人拖进泥淖。

控制产能过剩与腐败

为什么"产能过剩"会迅速占领舆论领域，并且在屡次被证明失误之后还继续流行？

如同流行性感冒一样，流行的东西不一定是正确的。

首先，某些企业大喊产能过剩，是为了排斥新的竞争对手，维持自己的市场份额。在西方工业国家，企业家从来不喊产能过剩，因为他们知道就是喊了也没用，没有发改委帮助他们限制、破坏竞争。在市场不景气的时候，一些技术落后、利润率低下的企业自然被淘汰出局，整个产业得以新陈代谢、更新升级。在中国，部分企业家跟在发改委后面喊"产能过剩"，就像挤公共汽车一样，没上去的人喊"使劲挤"！上车的人喊"快关门"！当市场不景气时，某些企业家（往往是国有企业的老总）上了车，希望发改委赶紧关门，不让别人上车。那些大型国有企业特别是央企，动不动就喊产能过剩，目的就在于保护它们的垄断利润。偏偏它们的行政级别高、离决策层近、嗓门大，很容易影响媒体舆论。

其次，有的官员热衷于喊"产能过剩"，是因为权力的诱惑。只要喊产能过剩就势必要加强审批,大大扩张政府官员的权力。只要放出紧缩审批的风声,就不怕没有人"跑部钱进"。批文在市场上的价格很容易被越炒越高,审批权在市场上成为寻租的利器。近年来在治理"产能过剩"的同时,腐败如影随形,泛滥成灾。

中国正处于从计划经济向市场经济的过渡转型过程。在转型过程中,市场和计划并存。一部分资源按照市场机制分配,另一部分资源按照计划体制分配。两个体系之间的价格差距为寻租提供了极好的机会。只要手里有分配物质、金融、人事资源和项目审批的权力,就不愁没人来行贿。对于企业来说,只要行贿成本低于市场差价,行贿就是企业的理性选择。对于官员来说,只要被抓住的概率较小,被惩罚的成本低于受贿的利益,受贿就是各级官员的理性选择。如果制度缺陷没有得到改正,靠纪检部门来整治腐败就只不过是治标,没法治本。只有迅速地推进改革,大力削减政府官员手中的权力,把该由市场决定的东西都交给市场,让各级官员回归正常的管理职能,才能从根本上杜绝贪污腐败。

有人认为,计划经济体制下的腐败现象并不像今天这样严重。其实,并不是以前人的道德、觉悟有多么好,主要原因是在计划经济体制下没有市场,官员手中的权力在大多数情况下不可能在市场上交换个人利益,官员权力寻租的机会很少。作为企业的负责人,替公家办事,办成了也没有个人的好处,因而也没有足够的理由行贿。在计划经济体制下行贿、受贿较少,恰恰是人们的理性选择。

在比较完善的市场经济体制中,政府官员手中的权力很有限。除服务社会的职责之外,基本上不涉及资源的分配。投资决策时,企业只需要考虑市场因素,用不着找政府要批文,找银行贷款也用不着地方官员的批准。土地、环保、饮食卫生各有各的主管部门,法制比较健全。由于大部分官员不贪污,因此查处贪腐官员比较容易,社会风气比较好。

许多人感叹,如今道德沦丧,人心不古,贪污腐败泛滥成灾。其实,今天民众的道德并不比三十多年前差。就是那些贪官本人也知道贪污腐败是不道德的,之所以还要贪污是因为利益的诱惑。如果不能铲除腐败产生的根源,只是强调加强监管,效果就极其有限。

如果说产能过剩指的是企业的一部分设备未能得到充分利用,这是市场现象,完全可以通过市场来解决。试图让政府管制解决产能过剩,轻者削足适履,重者导致贪污腐败。为了防止"产能过剩"而加强发改委审批权,实质上就是以产能过剩为名,行开改革倒车之实。非但产能过剩得不到治理,反而导致整个体制的进一步腐朽。

治理产能过剩只是在医治肌肤之疮;扩大政府对市场的干预,导致官员贪污腐败才是心头大患。

漩涡中的尴尬角色

存亡安危,勿求于外,务在自知。[①]

实事求是地说,预测经济的难度很大,难免出现各种失误。即使预测出现一些技术上的失误也可以谅解。例如,通常人们根据回归分析预测经济参数的走势,有的时候预测偏高,有的时候预测偏低。真实数据有一半在回归线上方,另一半在回归线下方,而高低偏差的幅度在容许的区间之内。这样的预测对于决策研究能起到一定的参考作用。如果预测偏差一面倒,则说明估计方法本身出了严重的问题。

在过去十几年里,为了整治产能过剩,某些领导部门不知道下了多少文件。哪怕是最近下达的文件,也是似曾相识,了无新意。回顾过去的文件,在数据上常常前后打架、自相矛盾。有些官员们往往唯领导意志为准,随便弄几个人拼凑点数据,走个过场就写出"××规划"。无论是上马还是下马都没有经过严格的论证。也许人们应当把历年下达的文件好好整理一下,看看到底有几份文件达到了预期的目标?

过去15年内,发改委一直说产能过剩;但事实证明,发改委的预测一错再错。

---

① 引自《吕氏春秋·自知》。

看懂中国产能过剩

1999年,政府文件要求各地坚决制止重复建设,三年内不再批准新建炼钢、炼铁、轧钢项目,三年内不再开工常规火电项目。实际上,由于新的钢铁和基建项目纷纷上马,没到三年,许多地方都遭遇了严重的电力短缺,不得不采取限电措施,"停三供四"甚至"停四供三"。在实践的检验下,限制电力投资的决策被证明是错误的。

2002年4月,国家计委、国家经贸委发布《关于制止电解铝行业重复建设势头的意见》,预测2005年电解铝需求量550万吨,过剩130万吨。实际情况是,2005年电解铝产量781万吨,市场消费量774.85万吨。发改委的预测比真实情况少了354万吨,偏差程度为84.3%。事后,没听说有谁追究为什么出现这么大的预测偏差。当然,限制原铝投资的决定成了一纸空文。

2003年11月,国家发改委等五部门发布《关于制止钢铁行业盲目投资的若干意见》,预计在2005年年底将形成3.3亿吨钢铁生产能力,大大超过2005年的市场预期需求。实际情况是,2005年钢材产量3.77亿吨,生产出来的钢材基本上都卖出去了,库存量在合理范围之内。实践证明,市场预期需求相当旺盛。许多企业明知发改委又错了,但敢怒不敢言。上级领导部门也从来没有对这样的失误总结一下经验教训。

2003年11月,国家发改委等七部门发布《关于制止电解铝行业违规建设盲目投资的若干意见》,预测2005年年底电解铝产能将超过900万吨,远远超过2005年全国电解铝预计消费量600万吨的水平。实际上,2005年原铝消费量780万吨,发改委的预测误差超过30%。随后的10年内,发改委对原铝的预测一错再错。2013年,原铝(电解铝)产量2206万吨,生产的原铝基本都顺利销售出去了,库存量一直在合理范围内。

2005年以后,国家发改委关于整治产能过剩的文件一个接着一个。

2005年11月,国家发改委等部门发布《关于制止铜冶炼行业盲目投资的若干意见》,指出2005年在建、拟建铜冶炼项目总能力205万吨,预计2007年年底将形成370万吨铜冶炼能力,远远超过全国铜精矿的预计保障能力和国际市场可能提供的铜精矿量。

2006年,国家发改委发布抑制产能过剩的文件说,"今后三年停止审核单纯扩大产能的焦炭、电石项目""今后三年原则上不再安排新的现代煤化工试点项目""今后三年原则上不再核准新建、扩建电解铝项目"。事实上,大批新建铝厂陆续上马投产。

2007年9月,国家发改委等十部委、行、局、会《关于抑制部分行业产能过剩和重复建设引导产业健康发展的若干意见》预计,2008年我国粗钢产能6.6亿吨,需求仅5亿吨左右,约四分之一的钢铁及制成品依赖国际市场。2009年上半年全行业完成投资1 405.5亿元,目前在建项目粗钢产能5 800万吨,多数为违规建设,如不及时加以控制,粗钢产能将超过7亿吨,产能过剩矛盾将进一步加剧。

2009年颁布的若干部门《产业振兴计划》再次规定,不再核准和支持单纯新建、扩建产能的钢铁项目,今后三年原则上不再核准新建、改扩建电解铝项目。

2009年3月公布的《钢铁产业调整和振兴规划》预测,2009年我国粗钢产量4.6亿吨,同比下降8%;表观消费量维持在4.3亿吨左右,同比下降5%。

2013年10月,国务院发布了《关于化解产能严重过剩矛盾的指导意见》。文件指出,2012年年底,我国钢铁、水泥、电解铝、平板玻璃、船舶等五大行业产能严重过剩,产能利用率分别仅为72%、73.7%、71.9%、73.1%和75%,明显低于国际通常水平。钢铁、电解铝、船舶等行业利润大幅下滑,企业普遍经营困难。值得关注的是,这些产能严重过剩行业仍有一批在建、拟建项目,产能过剩呈加剧之势。如不及时采取措施加以化解,势必加剧市场恶性竞争,造成行业亏损面扩大、企业职工失业、银行不良资产增加、能源资源瓶颈加剧、生态环境恶化等问题,直接危及产业的健康发展,甚至影响到民生改善和社会稳定大局。

现在回过头来看一看,发改委的预测错得实在离谱;可是,从上到下,没有人追究这些失误的责任。

发改委等有关部门的预测出现一次失误,那是可以理解的;但如果出现多次同样的失误,人们就会对这些预测产生怀疑。一错再错,这些预测的信用必然破产。事实证明,听信这些预测的人往往吃亏。因此,上有政策,下有对策,

看懂中国产能过剩

阳奉阴违，人们对这些政策的态度越来越不严肃，上面姑妄言之，下面该怎么办就怎么办。

其实，很多官员早就认识到了这些问题。参与制定解决产能过剩政策措施的国家发改委产业协调司原司长陈斌在接受新华社记者采访时说，近10年来，国家出台了一系列控制钢铁、电解铝、水泥等行业盲目投资、重复建设的调控政策，但均未达到预期目标。"从主观上看，我们当时所采取的主要政策措施，过多依靠控制和限制审批，总以为控制和限制审批就能够解决产能过剩的问题。但几年过去了，产能过剩愈演愈烈。"

为什么发改委的预测屡战屡败，但是屡教不改呢？

在市场经济中，局部或短期的产能过剩几乎是无法避免的。如果"产能过剩"，各家企业自行调整，该减产的减产，该关门的关门，该怎么调整就怎么调整。事实上，每年都会有一批企业关门倒闭，没有什么大惊小怪的。为什么美国、英国、加拿大、日本等国家从来没有把"产能过剩"当作一个严重的问题？原因很简单，在这些国家中没有"发改委"。美国在2005年生产汽车1 195万辆，到了2011年只生产865万辆，减少了38.2%。日本也是这样，在2005年汽车生产下降为1 080万辆，到2011年为840万辆，减少了28.6%。[①] 由于市场机制能够充分发挥作用，没有听说美国或日本政府为汽车业的产能过剩着急。

发改委的权力非常大，只要有人喊产能过剩，发改委必然颁布相关文件，三令五申，扬言不再审批新厂。事实上，只要"加强审批"就意味着加强各级官员的权力。扩大官员手中的审批权，就扩大了他们的寻租空间。中国正处于由计划经济向市场经济过渡的转型期，理应逐步削减政府官员的权力，加强审批实际上就是在开历史的倒车，阻碍市场机制的完善。审批制度往往降低了投资决策效率，投资不注重可行性而关注可批性，逼得企业把一部分精力和资源用来跑批文。政府过度干预扭曲了市场竞争机制。

发改委审批项目的流程设计是否存在问题？有没有听取学术界、企业界

---

① 《国际统计年鉴2013》，第286页。

的意见？在讨论各种审批项目的时候，能否做到公开、公平、公正？

毫无疑问，国家发改委作为国家一级的统筹、规划部门，具有很强的搜集信息和数据的能力，可是发改委及它的前身（计委）对于数据处理是不够慎重的。发改委很多文件中的资料来源不清，对钢铁、电力、水泥等工业产品的需求预测数据屡屡出错。

对于那些数据严重失误的文件，不论是谁发的文件，错了不要紧，起码要好好总结一下，做个自我批评；这样，今后才能提高执政水平，以免重蹈覆辙。

只要发改委一讲产能过剩，要加强行政审批，各地立即纷纷进京跑批文。难怪发改委成了贪污腐败的重灾区。在2014年的反腐风暴中，一大批发改委官员纷纷落马，似乎也说明了一定问题。

不要歧视民营经济

改革开放以来，民营经济突飞猛进，截至2014年，民营经济在GDP中占据70%，贡献了80%以上的新增就业。中央文件多次强调，一定不要歧视民营企业；可是在有关部门整治产能过剩的过程中，可以明显地感觉到对民营企业的歧视。

对于那些国有企业绝对垄断的行业（例如电信、银行、铁路等），很少听说产能过剩。在市场竞争比较充分的行业（例如餐饮、服务、轻工业等），也很少听说产能过剩。只有那些国有企业和民营企业并存的部门，才常常闹产能过剩。

在国有企业抓大放小的改革之后，中小规模的国有企业已经不多了。在整治产能过剩的政策中往往设定一条杠——企业规模不可低于某个标准。控制产能过剩的矛头往往对准那些中小企业，而大部分中小企业是民营企业。

整治产能过剩的原则是鼓励竞争、优胜劣汰，而决定取舍的标准是劳动生产率、资源使用效率、节能减排和环境保护等。生产规模大小并不等于竞争能力高低。如果中小企业的生产效率不低于大型国有企业，也没有污染环境，没有超标排放，产品销路不错，利润效益较好，那么有什么理由仅仅因为其规模

看懂中国产能过剩

较小就判定属于过剩产能?

有人说,西方国家的行业集中度比较高,因此希望能够通过兼并重组来提高行业集中度。这种说法值得商榷。提高行业集中度的目的是提高生产效率。例如,在有些国家中只需要几家水泥厂;可是中国国土辽阔,许多地方交通不便,各地的需求规律不同,因此不仅需要大水泥厂,也需要相当数量的小水泥厂。大有大的优势,小有小的优势。仅仅按照规模判定是否属于过剩产能,不知道有没有理论根据?

按照生产规模区分是否属于过剩产能实质上就是抑制民营企业,巩固国有企业的垄断地位。有的时候,即使民营企业的规模够大,也常常被莫须有地指控为过剩产能。在严控产能过剩的旗号下,一批民营企业成了替罪羊。江苏常州铁本钢铁公司在 2004 年被强行关闭就是一个例子。铁本公司的设计生产能力是年产 800 万吨钢,毫无疑问,生产规模符合大型钢铁企业的标准。在关闭铁本公司的时候,最初的理由是产能过剩,当时全国钢材产量 1.92 亿吨。实践证明,钢铁产能并没有过剩,到 2013 年全国钢材产量已经突破了 10 亿吨。也许有关部门很快就意识到这个理由站不住脚,于是改口说铁本公司违背了审批规则——化整为零。随后,这条罪名也不见了,只好拿"逃税漏税"来搪塞。事情已经过去十几年了,铁本公司和常州地区为此付出了沉重的代价。[①] 即使无意追究责任,但是道理还是要讲讲清楚。

整治产能过剩的策略

毋庸讳言,当前有许多企业经营困难,设备闲置,利润下降。从企业自身的角度来看,这可以解释为产能过剩。必须正视企业面临的困难,帮助这些企业走出困境。

第一,如果企业面临的是周期性产能过剩(如造船业),就要鼓励企业开源节流,硬着头皮顶住。企业只要坚持一段时间就可以迎来下一个繁荣期。在

[①] 关于铁本公司事件的讨论请参见周其仁,"产能过剩的原因",《招商周刊》,2005 年第 52 期。

市场不景气的状况下,积极推进技术革新,淘汰落后设备和产能,增强企业自身的竞争力。

第二,如果是因为政府政策失误而带来市场需求波动,就是典型的短板过剩。例如,在限购、限贷政策下,房地产的销售量必然下降,导致与建筑业相关的部门需求萎缩,钢材、水泥、平板玻璃、家电、装饰材料等行业的市场需求下降。如果能够纠正错误政策,把基建重心转移到廉租房,假以时日,市场需求就会逐步恢复。在这种情形下,与其砍过剩产能,还不如迅速纠正错误政策,把短板补起来。

第三,如果企业确实属于设备陈旧、技术落后、缺乏市场竞争力,或者企业生产方式落后、污染严重、不符合节能减排的要求,那么该停产的就停产,该关门的就关门。

第四,如果企业设备尚且跟得上时代要求,只是国内市场规模有限,满足不了企业的要求,那么就应当打开眼界,走出国门,投入国际大市场的竞争。在许多行业中,中国企业在国际市场上很有竞争力,中国产品在世界市场上很受欢迎。山重水复疑无路,柳暗花明又一村。走出国门就能开辟一片新天地,尤其要鼓励和支持那些中小企业走出去。由于缺乏资金、缺乏经验、对海外市场缺乏了解、存在语言障碍等困难,因此要求中小企业走出去的难度很大。此时,政府理应发挥积极的作用,建立海外工业园,为走出去的民营企业、中小企业提供法律、商务、金融等多方面的服务。这样可以将相当一部分产能转移到海外,缓解国内市场产能过剩的压力。

参 考 文 献

[1] Berndt, E. R., C. Morrison, and G. C. Watkins (1981), Dynamic Models of Energy Demand: An Asessment and Comparison, Modeling and Measuring National Resource Substitution.

[2] Cassels, J. M. (1937), Excess capacity and Monopolistic Competition, *The quarterly Journal of Economics*, Vol. 51, No. 3.

[3] Chamberlin, E. (1947), *The Theory of Monopolistic Competition*, Cambridge: Harvard University Press.

[4] Demsetz, H. (1959), The Nature of Equilibrium in Monopolistic Competition, *Journal of Political Economy*, 67(1).

[5] Johansen, L (1968), Production Functions and the Concept of Capacity, Recherches Recentes Sur Le Fonction De. Production collection, *Economie mathematique et econometrie*, Vol. 2.

[6] Kirkley, J. E., C. J. Morrison, and D. E. Squires (2002), Capacity and Capacity Utilization in Common-pool Resource industries: Definition, measurement and a comparison of approaches, *Environmental and resource economics*, Vol. 22.

[7] Klein, L. R. (1960), Some Theoretical Issues in the Measurement of Capacity, *Econometrica*, Vol. 28, 2.

[8] Ross, M. H. (1959), A Study in Exces Capacity, *Land Economics*, Vol. 35.

[9] Shaikh A. M., and J. Moudud (2004), Measuring Capacity Utilization in OECD Countries: A Cointegration Method, The Levy Economics Institute Working Paper, 9:1—19.

[10] Smithies, A. (1957), Economic Fluctuations and Growth, *Econometrica*, 25(1).

[11] Spence, A. M. (1977), Entry, Capacity, Investment and Oligopolistic Pricing, *The Bell Journal of Economics*, Vol. 8.

[12] 鲍丹,"钢铁业:如何迈过生死线",《人民日报》,2013 年 5 月 6 日。

[13] 北京师范大学国民核算研究院,《国民核算报告 2013》,北京:中国财政经济出版社,

2014年版。

[14] 陈明森,"产能过剩与地方政府进入冲动",《天津社会科学》,2006年第9期。

[15] 董敏杰等,"中国工业产能利用率:行业比较、地区差距及影响因素",《经济研究》,2015年第1期。

[16] 国务院发展研究中心课题组,"当前我国产能过剩的特征、风险及对策研究",《管理世界》,2015年第4期。

[17] 韩国高等,"中国制造业产能过剩的测度、波动及成因研究",《经济研究》,2011年第12期。

[18] 江飞涛等,"投资规制政策的缺陷与不良效应",《中国工业经济》,2007年第6期。

[19] 李昕、徐滇庆,"房地产供求与演变趋势:澄清一种统计口径",《改革》,2014年第1期。

[20] 梁云芳等,"房地产市场与国民经济协调发展的实证分析",《中国社会科学》,2006年第5期。

[21] 林毅夫,"潮涌现象与发展中国家宏观经济理论的重新构建",《经济研究》,2007年第1期。

[22] 林毅夫、巫和懋等,"潮涌现象与产能过剩的形成机制",《经济研究》,2010年第10期。

[23] 卢锋,《大国追赶的经济学观察:理解中国开放宏观经济(2003—2013)》,北京:北京大学出版社,2014年版。

[24] 陆娅楠、左娅,"经济风向标还灵不灵:不再是绝对权威",《人民日报》,2015年6月1日。

[25] 王立国、鞠蕾,"地方政府干预、企业过度投资与产能过剩:26个行业样本",《改革》,2012年第12期。

[26] 王文甫等,"企业规模、地方政府干预与产能过剩",《管理世界》,2014年第10期。

[27] 徐朝阳、周念利,"市场结构内生变迁与产能过剩治理",《经济研究》,2015年第2期。

[28] 徐滇庆,《房地产的供求与保障》,北京:机械工业出版社,2014年版。

[29] 许宪春,《经济分析与统计解读》,北京:北京大学出版社,2014年版。

[30] 植草益,《日本的产业组织:理论与实证前沿》,经济管理出版社,2000年版。

[31] 钟春平、潘黎,"'产能过剩'的误区——产能利用率及产能过剩的进展、争议与现实判断",《经济学动态》,2014年第3期。

[32] 周其仁,"产能过剩的原因",《经济观察报》,2005年12月12日。

[33] 左小蕾,"产能过剩并非根源",《中国电子商务》,2006年第3期。

[34] 左娅,"水泥业:产能扩张必须急刹车",《人民日报》,2013年5月13日。